W0467789

Dana Horáková

Wenn Frauen jüngere Männer lieben

Und warum diese Beziehungen so erfüllend sind

ZS Sachbuch
Eine Kooperation der ZS Verlag Zabert Sandmann GmbH
und der Elisabeth Sandmann Verlag GmbH.
www.zsdebatten.com

Innenlayout: Georg Feigl, Thomas Übelacker
Umschlaggestaltung: bürosüd°, München
Herstellung: Karin Mayer, Peter Karg-Cordes
Lithografie: Christine Rühmer
Druck und Bindung:
Mohn media Mohndruck GmbH, Gütersloh

© ZS Verlag Zabert Sandmann GmbH
Alle Rechte vorbehalten
1. Auflage 2009
ISBN 978-3-89883-246-5

Dana Horáková

Wenn Frauen jüngere Männer lieben

Und warum diese Beziehungen so erfüllend sind

ZABERT SANDMANN

*»Das Herz, so scheint es, kennt kein Alter.
Ich hätte nie geglaubt,
dass ich noch einmal lieben könnte.
Und doch – der alte Schmerz ist wieder da,
das Glück, die Freude ...«*

Pearl S. Buck (Literaturnobelpreisträgerin,
die 70-jährig den 30-jährigen Theodore F. Harris
zum Lebensgefährten wählte)

Ja, ich hatte einen Jüngeren ...

Es war der – bislang – beste Sex meines Lebens. Natürlich war ich mit knapp 40 kein verklemmtes Mauerblümchen mehr, war ja auch damals dabei (warum lügen?), als die Stars der Prager Dissidentenszene nach einem stressigen Oppositionseinsatz ihrer männlichen Power mit einer Genossin im Geiste freien Lauf ließen. Guter Sex als Ausdruck geistiger Unangepasstheit spielte für den Erhalt des Selbstwertgefühls in Diktaturen eine fast ebenso wichtige Rolle wie die Freiheit des Denkens, schon zu Lenins Zeiten. Soll heißen: Ich wusste, worauf es im Bett ankommt, theoretisch wie praktisch.

Aber das, was an jenem Nachmittag des Wonnemonats Mai in München passierte, ließ mich doch jungfräulich erröten.

Kein Wunder, könnte man meinen, mein Mann war zurück nach Prag gegangen und allzu lange schon spielten lediglich meine eigenen Hände zwischen meinen Beinen.

Doch es war nicht diese ungesunde Abstinenz, die jenen Samstag so unvergesslich werden ließ. Es war wohl eher die Leichtigkeit, mit der ein anderer mich dazu brachte, irre »unanständige« Dinge zu tun. Dinge, die – in meiner damaligen Wahrnehmung jedenfalls – lediglich Damen des horizontalen Gewerbes ihren Kunden boten. Und ich war verblüfft, wie viel Spaß es mir machte, dass ich mehr verlangte, dass ich erkunden wollte und erforschen ließ, dass mein Körper meinen Kopf so vollkommen in Schach hielt. Fühlte ich mich treulos?

Nein, eher aus dem Dienst entlassen.

Mit meinem Mann, den ich einst fast hysterisch geliebt hatte, war es im Bett auch schön, aber ich fühlte mich meistens eher wie ein Schulmädchen beim Hausaufgabenmachen. Fleißig, brav und zuverlässig. Ich habe mich immer angepasst. Orgasmus? Den gab es, aber mit angezogener Handbremse. Ich habe es nicht gewagt, mich wirklich fallen zu lassen, denn ich wollte in seinen Augen nicht als »Nutte« dastehen. Klar hatte ich wilde Fantasien, schämte mich aber gleichzeitig dafür.

Irgendwann lebten wir die Neugierde auf Neues (nicht nur im Bett) nicht mehr gemeinsam aus – und da verschwand allmählich auch die Sehnsucht nach dem anderen. Es herrschte Routine, was nichts Böses ist, keineswegs, nur eben so aufregend wie Staub auf kostbaren Möbelstücken.

Mein Mann war zwölf Jahre älter als ich. Der Mann, mit dem ich unser Ehebett »entweihte«, knapp zehn Jahre jünger.

Ich wusste, dass er jünger war. Aber da ich es nicht sah, spielte der Altersunterschied erst einmal keine Rolle.

Es gab Knackigere als ihn, aber ich mochte seinen leicht subversiven Humor und seine ruppige Art mir klarzumachen, dass er vor allem an meinem Körper interessiert war und nicht an meinem Job, meinem Image oder Ähnlichem. Und was das erotische Spiel betrifft – beibringen konnte ich diesem Bengel da rein gar nichts. Im Gegenteil. Außerdem fühlte ich mich danach so geborgen, so sicher, so frisch!

An der Seite meines Mannes war ich stets die Jüngere, die »noch viel lernen« musste. Plötzlich war ich die Ältere – und das war ein Gefühl, das verblüffte. Erst an seiner Seite wurde mir bewusst, dass auch ich dem Altwerden ausgeliefert bin. Bis dahin spielte das Alter in meinem Leben keine Rolle, es war kaum mehr als eine Schimäre am nebligen Horizont. Geburtstage wurden groß und stolz gefeiert, und die Tatsache, dass ich in eine Jeans passte, die ich mit 23 gekauft hatte, erschien mir selbstverständlich …

Plötzlich musste ich an meine Mutter denken.

Wie alt war sie eigentlich, als sie anfing, wie ein Schmetterling mit Staubsauger durch die Wohnung zu flattern und beim Geschirrspülen zu singen? Ich war damals etwa 16, also musste sie 40 gewesen sein (wie ich an jenem Samstag im Mai). Vater sah das gar nicht gern. Ich fand es eher komisch und hielt ihn, wie so oft, für einen Spielverderber, da mir Mama in dieser Zeit einiges durchgehen ließ, was sonst beanstandet wurde, z.B. schlampig gebügelte Taschentücher.

Da gab es einen Mann, Mamas Chef, der in meinen Teenageraugen zwar uralt, doch in Wirklichkeit jünger war als sie (und als mein Vater sowieso). Milan hieß er. Ein Mann, der im Unterschied zu meinen Eltern rauchte, gerne lachte und vor Energie nur so strotzte.

Mir entging nicht, dass Mama ab und zu errötete, wenn er sie ansah, aber was kümmerte mich das schon! Erst als sie anfing, mich in seiner Gegenwart mit absolutem Unsinn zu schikanieren (»Geh und wasch deine Hände!« – meine Hände waren sauber), gelangte ich zu der Überzeugung, dass sie ihren Chef auf meine Kosten beeindrucken wollte, indem sie ihre erzieherische Autorität demonstrierte. Peinlich war das.

Aber nicht einmal, als sie ihm für seine Tochter mein einstiges Lieblingsspielzeug, ein weißes Puppenhaus, schenkte, und Vater mich (!) dafür bestrafte, vermutlich weil er eine klärende Auseinandersetzung vermeiden wollte, nicht einmal da kam mir der Gedanke, der auf der Hand lag: Sie war verliebt. Mamis stehen schließlich jenseits solcher Gefühle, nicht wahr?

Wie überfällig, denke ich heute. Vater ging schon immer fremd, sie wusste es, klagte nie, aber manchmal hörte ich sie weinen, wenn sie, wieder einmal allein, im elterlichen Schlafzimmer einzuschlafen versuchte.

Ja, sie liebte ihren Chef. Als er mit kaum 50 Jahren an Krebs starb (wie später mein Mann), wagte ich, sie danach zu fragen.

Sex hatten sie nicht, niemals, es gab in ihrem Leben nur einen einzigen Mann, meinen Vater: »Aber das musste auch nicht sein, obwohl ich manchmal vor Sehnsucht verging, das verstehst du doch jetzt. Dein Vater hat mir so wehgetan ... Milan [während dieses Gesprächs hat sie ihn zum ersten Mal bei seinem Vornamen genannt, bislang hieß es »mein Chef«] war anders, immer fair, hat mich respektiert.«

Aber hat er dich auch geliebt? »Nein, ich denke nicht, er mochte mich, weil er wusste, dass er sich auf mich verlassen konnte. Wir haben manchmal abends eine Flasche Wein zusammen getrunken.« Ach, daher die Fröhlichkeit daheim ... Sie trank sonst nie. Aber, sagte ich und log ein bisschen, ich kann mich doch erinnern, wie er dich angehimmelt hat!

Tiefer Seufzer: »Unsinn. Ich war doch älter«, widersprach sie, »wäre er wenigstens gleich alt gewesen, wer weiß ... Aber mich mit einem Jüngeren einzulassen? Ausgeschlossen. Das wäre nicht gut gegangen, das gehört sich nicht.«

Präziser hätte sie ihre Weltanschauung nicht formulieren können. Das Scheitern war in ihren Augen, und vor allem in den Augen der anderen, programmiert: Es muss schief gehen, damit die Ältere abgestraft und zur Vernunft gebracht wird – das ist die legitime Strafe der Anständigen für diejenigen, die die konventionellen Spielregeln ignorieren.

Jahre später, als ich ihr berichtete, dass ich heiraten werde, sprachen wir zum letzten Mal über Milan. Er habe ihr das so direkt niemals gesagt, dass sie für ihn zu alt sei (»So intim waren wir nicht!«), doch er habe immer von irgendwelchen jungen Frauen geschwärmt.

»Aber doch nur, um dich zu provozieren!«, erwiderte ich, »er hat ganz bestimmt gemerkt, was du für ihn empfindest, obwohl du dich hinter deinen Moralvorstellungen versteckt hast.«

Sie lächelte: »Einmal wollte er mit mir schlafen.« Ich war keineswegs bereit, mir Mami mit einem Mann im Bett vorzustellen, aber triumphierte dennoch: »Na bitte!«

Mama: »Ich habe ihm eine geknallt.« Ich: »Aber du hast es doch auch gewollt!« Sie nickte: »Mach nicht den gleichen Fehler wie ich, mein Kindchen, verlieb dich nicht in einem Jüngeren. Die Menschen würden sich über dich lustig machen und hinter deinem Rücken tuscheln.«

Ich traute meinen Ohren nicht: Meine ach so couragierte Mutter, eine Herzblut-Kommunistin, die im Krieg Hitlers Zwangsarbeitern wie meinem Vater heimlich Essen brachte, die kompromisslos Gerechtigkeit und Toleranz gegenüber Andersdenkenden (frei nach Rosa Luxemburg, ihrer Heldin) verteidigte, machte sich darüber Sorgen, was die anderen wohl sagen würden?

»Mit einem normalen Mann ist vieles einfacher«, fuhr sie fort.

Sie sagte tatsächlich: »normalen Mann«. Sollte wohl heißen: Jeder kennt von klein auf seine Rolle und hat sich danach zu richten.

»Wie hat er reagiert, als du ihm eine geknallt hast«, wollte ich wissen. »Ich weiß es nicht, ich bin weggerannt ... Danach fühlte ich mich so schmutzig, so alt!«

Alt? Mama und alt? Nicht doch, meine Mutter war weder jung noch alt, sie war wie Mütter sein sollen: Vorhanden, alterslos, rein. Mama leb-

te das, was man ihr als »anständiges« Benehmen eingeimpft hatte: Mund halten, Kinder sauber halten, Seitensprünge des Gatten dulden und die eigenen Gefühle schlucken. Emanzipation kam später.

Zurück zu meinem Jüngeren.

Einige Monate nach dem »Stichtag« – so nannte er unser erstes Mal – wollte ich wissen, ob er sich daran erinnert. »Klar, du hast mich verführt!«

»Ich? Niemals!«, protestierte ich, da ich, wie jedes »gute Mädchen« meines Jahrgangs irgendwann verinnerlicht hatte, dass eine Frau niemals erotische Initiative ergreifen darf, sondern warten muss, bis sie von einem Mann angesprochen wird. Beute sein, keine Jägerin. Gott, was habe ich, züchtig wartend, Zeit vergeudet! Vielleicht sogar mehr als nur Zeit.

Und nun, im reifen Alter von 40, sollte ich mir einfach so geholt haben, was ich wollte? Diesen jungen Mann mit angenehmen Manieren, geschickten Händen und einer zarten Seele?

»Dich verführt ... wie denn?«, bohrte ich schließlich nach, beflügelt von einem seltsamen Stolz, da ich plötzlich sicher war, dass er recht hatte.

Ich hätte ihm von Carlos Sauras Flamenco-Filmen erzählt. Das war alles? Er nickte: »Außerdem hast du in den weißen Jeans ziemlich sexy ausgesehen!« Mein Mann wusste nie, was ich anhatte.

Da fragte ich mich, wieso habe ich eigentlich so lange (immerhin fünf Monate) gewartet, bis ich ihn endlich »verführt« habe? Wir hatten uns kennengelernt, als ich für die BILD-Zeitung in München Kulturtexte schrieb, er arbeitete in der Werbeabteilung des Verlags. Wir begegneten uns immer wieder auf den Gängen, aus dem Small Talk wurden rasch Gespräche, die mir Spaß machten. Nach zwei Wochen fragte ich ihn, ob er nicht Lust hätte, mich ins Theater zu begleiten. Hatte er. Ja, am Anfang war das Wort.

Ganz wichtig: Was an jenem Maisamstag passierte, passierte im Kopf. In meinem Kopf. Ich wagte es, diesen jungen Mann zu verführen. (Wie das klingt!) Weil er jünger war? Also scheinbar weniger Autorität besaß? Möglich. Vielleicht glaubte ich, dass eine Affäre mit ihm (an eine ernst zu nehmende Beziehung dachte ich damals nicht, denn: »Das gehört sich nicht!«) »lecker« sein könnte wie Eis am Strand. Problemlos.

Keine Verpflichtungen, kein Alltagstrott. Kein Hemdenbügeln, weder Altlasten noch Unterhaltspflichten. Nur ein Spiel, frei nach dem Motto »Jugend forscht«.

In Wirklichkeit habe ich ihn verführt, weil er etwas in mir entfesselte, was in meiner Ehe versiegelt blieb: Lebenslust, Neugierde, Leichtigkeit. Hatte ich Nachholbedarf? Intuitiv wusste ich, dass dieser Samstag ein Schnitt war, der Beginn von etwas Neuem; dass mir dieser Mann gut tun würde, weil ich an seiner Seite mein weibliches Selbstwertgefühl festigen könnte.

Eines sei an dieser Stelle betont: Ich habe ihn nicht verführt, weil ich Probleme mit meinem Alter hatte.

Ich bin sicher, ich wirkte damals jünger als 40. Allein schon wegen meines Kleidungsstils. Ihre Klamotten haben das Alter meiner Oma verraten – auf den ersten Blick. Die Modeindustrie bediente ja schließlich bis in die Sechzigerjahre die moralischen Imperative der in klare Alterskategorien aufgeteilten Gesellschaft. Weiße Kniestrümpfe für Teenies, schicker Plisseerock bis Mitte Zwanzig, danach braves Kostümchen in Altrosa.

Meine Oma trug von morgens bis abends, von Montag bis Sonntag ein Kopftuch. Auch meine Mutter zog ab einem »gewissen« Alter keine Hosen mehr an. Ich hingegen kam sehr wohl mit Klamotten zurecht, an denen sich die Grenzen zwischen einzelnen Lebensabschnitten nicht mehr eindeutig festmachen ließen. Sowohl 20-Jährige als auch manche 60-Jährige kleideten sich wie ich. Und wenn ich mich in Kleidern, die in Wirklichkeit für jüngere Frauen entworfen worden waren, wohlfühlen konnte, was sollte mich also daran hindern, es auch mit einem jüngeren Partner zu tun?

Nachdem ich ihn also verführt hatte, kuschelte ich mich an ihn und sagte betont sachlich: »Du weißt schon, dass ich älter bin …« Er lachte: »Das sieht man doch!«

Patsch. Das saß.

Ich zwang mich aus dem Bett und warf ihm seine Kleider vor die Füße, er grinste. Ich bat ihn, zu gehen. Sofort. Er schmunzelte und ging. Widerstandslos.

Als er weg war, habe ich zum ersten Mal in meinem Leben vor dem Spiegel ausgiebig nach Spuren des Alters gesucht. Da war nicht viel. Das eine oder andere Fältchen, aber sonst alles bestens! Und außerdem: Wäre ich alt und runzlig, hätte er sich doch nie und nimmer mit mir eingelassen! Kein Mensch schläft mit einer hässlichen Hexe. Nein, nein, er wollte mich, sprich: meinen Körper.

Und dann hüpfte ich nackt herum und lachte, um an meinem überschäumenden Glücksgefühl nicht zu ersticken. Ob sich Dornröschen genauso gefühlt hat, nachdem es vom Prinzen wachgeküsst worden war? Es war auch völlig egal, ob aus diesem Nachmittag irgendwann eine bedeutende Liebe werden würde. Plane nicht, vergiss die Zukunft und genieße!

Plötzlich eine Panikattacke.

Wieso ist er so kampflos gegangen? Fast, als wäre er erleichtert oder erlöst! Was, wenn er nicht wiederkommt? Eine Abfuhr – und auch noch von einem Jüngeren – hätte ich nicht verkraftet, also musste ich handeln. Ich stürzte ans Telefon. Gott sei Dank war da nur sein Anrufbeantworter: »Hi, ich wollte nur sagen, du musst nichts erklären, ich verstehe schon. Man sieht sich ...«

Somit waren die Vorhänge wieder zugezogen. Ich verkroch mich wieder hinter der Hecke, die man um sein Herz wachsen lässt, damit ja keiner hereinspaziert und einen verletzt. Lieber einsam als verspottet. Um ein Haar hätte ich mich lächerlich gemacht! Hoffentlich wird er »damit« nicht angeben (wir hatten einige gemeinsame Bekannte), hoffentlich sehe ich ihn nie wieder.

Ich gönnte mir einige Wodka Tonic und betete, dass er zurückrufen möge. Tat er nicht. Er ließ mich sitzen. Jetzt schon.

Ich verging vor Sehnsucht nach ihm, konnte mich nicht erinnern, jemals zuvor ein so rasendes Bedürfnis nach körperlicher Wärme verspürt zu haben.

Ich rief ihn noch einmal an: »Leb wohl, das hat eh keinen Sinn«, sprach ich wieder auf seinen Anrufbeantworter.

Eine unglaubliche Erleichterung und zugleich eine lähmende Traurigkeit ließen mich in die Knie gehen. Ich starrte meine Hände an. Kein

Altersfleck, weit und breit nicht. Lange, schlanke Finger. Langes, blond gelocktes Haar. Eigentlich müsste er verdammt froh sein, eine Frau wie mich getroffen zu haben.

Und für Sonntag waren wir noch zum Tennis verabredet. Ich fuhr hin, er wartete schon. Nicht einmal die Hand reichte er mir zur Begrüßung. Aber sehr entschlossen sagte er: »Ich habe keine Angst vor dir. Und auch nicht davor, was wird.«

»Was soll schon werden? Weißt du eigentlich, wie alt ich bin?«

»Klar. Und es stört mich nicht. Aber falls es dich stört, dann mach was dagegen.« »Was denn?!«

»Vergiss es!«

»Wie?«

»Du wirst schon sehen«, verkündete er, gab mir einen Klaps auf den Po (noch nie zuvor ist mir so etwas passiert; ich hasste, wie meine Mutter, diese kindische Demonstration machistischer Überlegenheit) und forderte mich auf: »Na dann wollen wir mal ..., meine Alte!«

Er war so wohltuend unaufgeregt. Er wusste genau, was er wollte. Mich. Mit allen meinen Macken und leisen Falten.

Wir wurden ein Paar.

*Eines Tages fand ich in meinem Briefkasten einen Zettel: »Eine Frage nach dem 9. Monat. Hast Du Lust, am 4.3. mit mir zu ***?«*

Warum am 4. März? Da war weder ein Geburtstag, noch ein Jubiläum zu feiern.

Dennoch hatte er ein Geschenk für mich. Durchsichtige Reizwäsche aus schwarzer Spitze. So etwas hatte ich mir immer gewünscht, aber mich nie getraut: »Das kann ich nicht anziehen!« Konnte ich doch. Und fühlte mich unwiderstehlich. Ich verstand seine Botschaft: Alt wird, wer Angst vor Neuem hat.

Mein Mann hatte es immer wieder geschafft, das »Kind im Mann« auszuspielen, um sich elegant aus der Verantwortung zu befreien und Verpflichtungen zu umgehen. Ich schmunzelte dann mütterlich, verstand und verzieh. Mein Mann drehte sich immer nach anderen Frauen um. Mein Jüngerer machte mich kokett auf knackige Jungs aufmerksam.

Mein Mann hatte ganz selbstverständlich die Rolle des Belehrenden übernommen, auch in Bereichen, in denen eigentlich ich die Wissende war. Er unterschätzte mich; ich fühlte mich nicht ernst genommen, abgewertet. Der typische Frauenrollenalltag eben, Hemden bügeln inklusive. Der neue Mann in meinem Leben bügelte selbst. Und ich war diejenige, die ihre Erfahrungen weitergeben, ihre Kenntnisse teilen konnte.

Wenn mein Mann und ich als Paar aufgetreten waren, trat ich irgendwann nur noch als ein austauschbarer Teil von ihm in Erscheinung. Als mein Jüngerer und ich anfangs unsere Zweisamkeit offen zeigten, ließ er mich meistens einen Viertelschritt vor ihm gehen. Sprich: Er ließ sich »führen«, überließ mir aus freien Stücken jene Rolle, die in einer patriarchalischen Gesellschaft dem Mann zusteht.

Einfach war das nicht, eine jahrtausendealte Tradition lässt sich nicht über Nacht abschütteln. Ich fühlte mich anfangs von ihm überrumpelt, ja unwohl in der Rolle »meines Mannes«. Aber mein Jüngerer hat sich durchgesetzt und jene Klischees und Vorurteile ignoriert, die vor allem mir zu schaffen machten: »Entrümple doch ein wenig deine Kinderstube«, pflegte er zu sagen, wenn ich mich mal wieder im Werte-Käfig eingesperrt fühlte. »Lass uns doch nach unserer eigenen Fasson glücklich werden.« Das klang fast zu demokratisch, sogar für eine Gesellschaft, die heute eine immer größere Vielfalt unterschiedlicher Lebensformen akzeptiert.

Ich konnte mich auf ihn verlassen, mich an ihn anlehnen. Ich, die Powerfrau. Er gab mir zurück, was lange vorüber zu sein schien: ein freies Leben. Ich liebte ihn für das, was er aus mir machte und was ich erst später erkennen würde: Lebensgier, honigschwere Melancholie, Hoffnung, Dankbarkeit, Gelassenheit.

Er küsste in mir die Frau wach, sodass ich mich weiblicher fühlte als jemals zuvor.

Es war eine Partnerschaft auf Augenhöhe; wir trafen uns in der Mitte, mit gelöster Selbstverständlichkeit. So etwas hatte ich vorher noch nie erlebt.

Und er war nicht so festgefahren wie ein Gleichaltriger – während ich wohl das schlimme Hausfrauen-Gezicke abgelegt habe. Ich hatte genug von launischen, grauhaarigen Machos, er war gelangweilt von willigen, unreifen Jüngeren.

Klar krachte es manchmal, aber das hatte mit unserem Altersunterschied nichts zu tun.

Ich glaube, viele Männer, die sich in ihrer Zweit- oder Drittehe für eine Jüngere entscheiden, hoffen insgeheim, durch die Jugend ihrer Geliebten auf magische Art verjüngt zu werden. Ich habe mir nie eingebildet, dass ich an seiner Seite das Altwerden aufhalten oder überlisten könnte. Die Liebe zu einem Jüngeren macht das Altern nicht ungeschehen. Aber sie setzt es auf die Tagesordnung.

Ist die Liebe zu einem Jüngeren ein Jungbrunnen?

Nur, wenn man den Kopf hineinsteckt. Der Körper trägt weiterhin Falten. Falten, die er akzeptiert, weil er dich liebt.

Warum ich dieses Buch geschrieben habe

In Amerika, dem Land, aus dem die meisten Trends kommen, heirateten anno 2007 knapp 32 Prozent aller Bräute jüngere Männer. Bei Frauen, die zwischen 35 und 44 Jahre alt sind, liegt die Quote sogar bei 44 Prozent.

Auch in Deutschland ehelicht inzwischen jede fünfte Frau einen Jüngeren, und bei Frauen um die 40 bereits jede Zweite. Den Statistiken zufolge steigen die Zahlen. Ich gestehe, dass mich diese Daten überrascht haben.

Auch die Berichte über Prominente, die diese ungewöhnliche einer traditionellen Beziehung vorziehen, häufen sich. Es ist schon spannend, wie gelassen die Hollywood-Schauspielerin Demi Moore und ihr fünfzehn Jahre jüngerer Gatte Ashton Kutcher im Netz über ihre Ehe twittern (»zwitschern«) und so die ganze Internetcommunity daran teilnehmen lassen.

A propos Internet: Dort gibt es unzählige Foren zum Thema »ungleiche Paare«! Das ist natürlich eine einmalige Chance, sich anonym, unsichtbar, frei von allen konventionellen Fesseln darzustellen und Verbündete zu finden. Im Alltag aber, mit seinen Tücken und Problemen, ist man alleine.

Wie auch immer: Mehr Offenheit im Erfahrungsaustausch, wohlwollende mediale Aufmerksamkeit, steigende Prozentzahlen – das klingt doch mindestens nach einem Trend, wenn nicht gar nach dem Beziehungsmodell der Zukunft!

Warum also tun sich viele Verliebte schwer, sich zu outen, wie ich es in meinen Gesprächen mit älteren Frauen und ihren jüngeren Partnern feststellen musste? Vor allem Frauen deutlich über 40 fällt das schwer. Wieso? Ganz einfach: aus Angst, verletzt zu werden. Die Vorurteile, die den Altersunterschied als eine Störung der Ordnung bzw. als einen Angriff auf die klassische Rollenverteilung zwischen Mann und Frau fürchten, beherrschen immer noch das Denken vieler Menschen, so meine Erfahrung – aber nur, wenn die Frau der ältere Beziehungspartner ist.

Die andere Konstellation, bei der der Mann älter als seine Partnerin ist, gilt als normal. Ist der Unterschied sehr groß, wird er meist schmunzelnd akzeptiert, manchmal sogar bewundert. Der alte Mann belohnt sich mit einer Jüngeren wie ein Manager mit Dividenden, sie ist das Zeichen seines Erfolgs sowie seiner Potenz. Der alternden Frau wird indes die sexuelle Begierde als unangemessen abgesprochen. Dabei wurden 2008 in Deutschland 191.900 Ehen geschieden. Mehr als die Hälfte der geschiedenen Frauen ist um die 50 …

Attraktive, finanziell unabhängige Frauen im besten Alter, die einen jüngeren Partner haben, müssen sich bisweilen die Frage gefallen lassen, ob sie es nötig haben, sich an die Freunde ihrer Kinder heranzumachen: »Robbing the cradle« (die Wiege ausrauben) nennen »das« die Amerikaner. Selbstverständlich gibt es auch für den Jüngeren einen Begriff: »Toy Boy« (Spiel-Bube). Man sagt ihm einen Mutterkomplex nach und unterstellt ihm gigoloähnliche Absichten.

Bekannte, Freunde und Verwandte eines solchen Paares diskutierten nicht selten süffisant die Frage der sexuellen Hörigkeit bzw. Unmännlichkeit. »Ich möchte nicht, dass man über uns schreibt«, erklärte nach unserem Gespräch der 35-jährige Ingenieur Tom (alle Namen wurden geändert), der seit 16 Jahren mit der 50-jährigen Übersetzerin Susanne lebt, »ich fürchte, dass mir – sollte es rauskommen – diese Beziehung ein Image verpassen könnte, das mir beruflich schaden könnte. Schließlich bin ich Vorgesetzter von 24 Mitarbeitern.« Wohlgemerkt: Er war nicht der einzige Jüngere, der sich nicht outen wollte. Wenn ich das richtig interpretiere, schämen sich manche dieser Männer für das, was sie im Privatbereich als einen Segen empfinden: für ihre Liebe zu einer älteren Frau, die sie – in den Augen der anderen – zu einem Exoten macht. Bislang jedenfalls.

Gegen die Barrikaden in den Köpfen vieler Menschen möchte ich ankämpfen. Die Ältere ist keine »geile Hexe«, Candace Bushnell, die Erfinderin von »Sex and the City«, ist es nicht, Coco Chanel oder Agatha Christie waren es ebenso wenig. Und der Jüngere, z. B. »the sexiest man alive« Hugh Jackman, ist sicherlich weder ein Warmduscher noch ein Muttersöhnchen, genauso wenig wie es ein Napoleon gewesen ist. Diese Klischees sind meistens haltlos.

Ich möchte zeigen, dass diese unkonventionellen Paare einen großartigen Beitrag zur Humanisierung unserer Gesellschaft leisten, indem sie die Allmacht des Geldes relativieren und das Alter entdämonisieren.

Keine Ältere hat meines Wissens den Jüngeren wegen seines Geldes geheiratet, kein Jüngerer erwartet von seiner Partnerin, dass sie Heim und Herd sauber hält. Für eine Ältere beinhaltet die Beziehung mit einem Jüngeren keineswegs den Deal, dass er sie im Ausgleich für die finanzielle Absicherung später einmal pflegen wird. Bei der umgekehrten Konstellation ist das schon eher der Fall. Natürlich findet man auch unter traditionellen Paaren viele, deren Leben sich nicht um den Besitz dreht, dennoch ist es oft so, dass sich die Besitzverhältnisse auf die Machtverhältnisse in der Beziehung auswirken – wenn einer von beiden, meistens auch heute noch die Frau, wegen der Kinder beruflich kürzertritt und finanziell abhängig wird.

Ich möchte außerdem zeigen, dass ebenso entspannt und nachahmungswürdig wie diese Paare selbst ihr Umgang mit dem Alter ist. Bekanntermaßen werden wir immer älter, vor allem die Frauen, die mit 70 noch vital sind und besser aussehen als je zuvor, aber zur Einsamkeit verdammt sind, da ihre meist älteren Männer im Schnitt etwa sieben Jahre früher sterben als sie (so das Statistische Bundesamt).

Im Jahr 2050 wird fast die Hälfte der Deutschen im Rentenalter sein. Und doch ist das Alter nach wie vor ein Tabu. Wer wagt es schon zu sagen: »Ich bin alt«? Mit Homosexualität oder Arbeitslosigkeit wird da schon etwas offener umgegangen. Woher kommen diese Hemmungen? Ich halte sie für das Ergebnis des aggressiven Jugendwahns, der uns ergriffen hat: Die Alten werden oft als nutzlose, nimmersatte Raupen, die den Jüngeren das Haar vom Kopf fressen, dargestellt.

Die »ungleichen« Paare hingegen machen das Alter zum Thema. Und worüber man von Zeit zu Zeit redet, das wird niemals zum Phantom, das bekämpft werden muss. »Ich bin alt!« informiert doch die Ältere ihren Partner immer wieder, nur um einmal mehr seine Antwort zu hören: »Na und?«

Seit es Mädchen gibt, träumen sie von Prinzen – oder werden zumindest dazu angehalten, es zu tun. Dennoch: Sie träumen nicht von Königen. Sie träumen von einem jungen Mann, der stark, sanft und mutig ist, und der sich von keinerlei bösem Zauber (sprich: Klischees), Drachen (sprich: den Entsetzten) und sonstigen Feinden (der Verwandtschaft usw.) abschrecken lässt. Der junge Mann zieht in die Welt, um Prüfungen zu bestehen und seine Traumfrau zu erobern.

Mädchen träumen zwar von Prinzen, nehmen aber dann später als erwachsene Frauen auch gerne einen König, der, älter und wohlhabend, das Leben finanziell absichert und eine starke Schulter bietet. Dies tut er natürlich nicht umsonst, denn er erwartet als Lohn dafür von seiner »Königin« die gewissenhafte Erfüllung der traditionellen Frauenpflichten.

Ein Jüngerer ist in meinen Augen der Prinz, von dem selbst die zuverlässige Gattin eines Älteren ab und zu mal (heimlich) träumt.

So wage ich zu behaupten: Nur ein Jüngerer kann eine Frau wirklich glücklich machen.

Die Männer, die heute 20, 30 oder 40 sind, wurden nicht selten von emanzipierten, berufstätigen Müttern aufgezogen, die bereits die sexuelle Revolution erlebten. Sie fürchten sich daher weniger vor einer souveränen Persönlichkeit und können es auch akzeptieren, wenn ihre Partnerin beruflich bereits erfolgreicher ist. Sie teilen sich die Arbeit im Haushalt mit ihr und entsorgen (wenn auch manchmal verunsichert) althergebrachte Rollenbilder.

Und da beide Partner ein wenig aus der Rolle fallen, entsteht auch für beide genug Freiraum. Der Unterschied wird zur Bereicherung.

Was in einer solchen Beziehung stattfindet, ist mehr als nur ein Rollentausch: Beide sind frei genug, beide Rollen zu spielen. Sie können beide stark, anlehnungsbedürftig, vernünftig oder weich sein. Halt suchen und bieten, ohne dabei das Gesicht zu verlieren.

Der Jüngere kann seine Schwächen zugeben, ohne als unmännlich zu gelten, sie kann die Führung übernehmen, ohne als Mannweib verhöhnt zu werden.

Ich würde mir wünschen, dass sich diese Paare nicht mehr als Exoten empfinden, sondern stolz sind auf sich selbst und darauf, wie sie dazu beitragen, unsere Gesellschaft menschlicher und toleranter zu gestalten. Es war noch nie einfach, ein Vorbote zu sein. Aber es war stets etwas, was dem Leben Sinn und Würde gibt.

Auf der Suche nach einem Namen und einem Vorbild für die »ungleichen Paare«

Mein größtes Problem beim Schreiben dieses Buches war die Tatsache, dass es für die Ältere-Frau-liebt-jüngeren-Mann-Beziehung keinen Namen gibt. Diese Umschreibung ist nicht nur umständlich. Die Erfahrung lehrt, dass das, was keinen Namen hat, nicht wirklich existiert. »Es« wird verdrängt, bewegt sich am Rande der Gesellschaft und ist schutzlos der Ächtung ausgeliefert.

Also habe ich beschlossen, Patin zu spielen. Ich möchte die Ältere und den Jüngeren, die sich vom ganzen Herzen lieben, das Yoko-Paar nennen: **YO**ung **K**isses **O**ld.

Die Idee kam mir, als ich 2008 mit Yoko Ono über ihre Kunst sprach und sie erzählte, dass sie – immerhin fast 30 Jahre nach seinem Tod – immer noch von ihrem Mann träumt. Der Beatle John Lennon war sieben Jahre jünger als sie. Wenn es ein Paar gab, das die festgelegten Geschlechterrollen konsequent über Bord warf (und dies ist einer der Hauptgründe für das Unbehagen, dass die Yoko-Paare wecken), dann die »japanische Hexe« und »Britanniens Superstar«. Als 1975 ihr gemeinsamer Sohn Sean auf die Welt kam, wurde der Rollentausch perfekt: »Ja, ich habe mich um das Baby gekümmert, ich habe Brot gebacken und war Hausmann«, erklärte John. Die Welt staunte – und war entsetzt.

Die Paare, bei denen der Mann älter ist als die Frau, bezeichne ich in diesem Buch als »normal« oder »klassisch« – ohne sie abwerten zu wollen, vielmehr um darauf hinzuweisen, dass man diese Konstellation nach wie vor bevorzugt.

Als ich begann, über die Yoko-Paare nachzudenken, empfand ich es als erfreulich, dass es sie schon immer gegeben hat:

Ein Beispiel: Einige der schönsten Liebesgedichte Europas schrieb gegen Ende des ersten Jahrhunderts vor Christus der römische Dichter Catull an seine Lesbia: »Leben lass uns und lieben, meine Lesbia, und das Lästern verkalkter Greise soll uns keinen lumpigen Pfennig wert sein!« Sie war um die zehn Jahre älter, er nannte sie »mea puella« (mein Mädchen).

Trotzdem haben diese Paare keine Helden, keine Vorbilder. Nicht einmal einen klitzekleinen Schutzengel. Bereits in der Bibel wird deutlich auf den Punkt gebracht, was von solchen Verbindungen zu halten sei: Die alte und verbrauchte Frau von Potifar verliebt sich in Joseph, den jungen Sklaven ihres Gatten, der »schön war von Gestalt und von Aussehen. Und ... da sagte die Frau seines Herren: Liege bei mir! Er aber weigerte sich.« Woraufhin ihn die Verschmähte als einen an ihrem Widerstand gescheiterten Vergewaltiger anzeigt. Der keusche Schuldlose landete im Gefängnis (1 Moses 39, 7-20). Deutlicher kann man kaum darstellen, wozu ein solches Begehren angeblich führt und auch Thomas Mann scheute in seiner »Josef«-Tetralogie kein Adjektiv, um die Abartigkeit dieser Alten darzustellen.

Weder in Mythen oder Märchen noch in Filmen, findet man hingegen die positive Darstellung eines Paares, in dem ein Jüngerer eine Ältere liebt. Die beiden werden bestenfalls geduldet, indem man ihre Affäre ins Lächerliche zieht. Daher möchte ich Ihnen die Geschichten der großen unkonventionellen Liebenden jetzt erzählen.

Welcher Mann tut sich so etwas an?

Um es gleich vorwegzusagen: Die hier vorgestellten Lebenswege der Männer, die ihre Liebe einer Älteren schenkten, entsprechen keiner der beiden gängigsten Denkschablonen. Sie suchten in ihrer Geliebten keine Ersatzmutter, mit der sie unbewusst wie Ödipus ins Bett steigen wollten. Und auch die Unterstellung, der Jüngere sei hinter dem Geld der Älteren her, trifft in diesen Fällen nicht zu.

Ihre Mütter hätten nicht unterschiedlicher sein können: Napoleon hatte eine dominante Übermutter, Raymond Chandlers Mutter war alleinerziehend. Balzacs Mutter war eine Tyrannin, 32 Jahre jünger als ihr Mann. Die Mutter von Johannes Brahms war um siebzehn Jahre älter als sein Vater, Goethe wurde von seiner lebensfrohen Mutter erzogen, die, kaum verwitwet, eine Affäre mit einem um 22 Jahre jüngeren Schauspieler hatte. Ach ja, John Lennon und Hugh Jackman sind mutterlos aufgewachsen.

Und das Geld der Älteren?

Joséphine hatte so enorme Schulden, dass Napoleon diese für gefälscht erklärte, um nur die Hälfte bezahlen zu müssen, Yoko Ono musste John Lennon um ein Darlehen bitten, um eine Ausstellung ihrer Werke verwirklichen zu können – um nur einige Beispiele zu nennen.

Mit der Treue hingegen (wie von Skeptikern vermutet) haperte es manchmal.

Einige der Jüngeren gingen tatsächlich fremd, aber es scheint, dass es ihrer Beziehung nur wenig Abbruch tat, da für die Herren ein Seitensprung noch keine Liebe macht (und in ihren Kreisen ohnehin selbstverständlich war): Napoleon pflegte »dabei« nicht einmal seinen Schwert abzulegen, Raymond Chandler verschwand einfach auf eine »Dienstreise«, Balzac beichtete seine Affären der jeweiligen amtierenden Geliebten.

Wie die Betrogenen reagierten? Na wie wohl, wie jede Frau. Es tat weh. Aber sie wurden damit fertig.

»Meine Liebesgöttin, die Erfüllung meines Lebens!«

John Lennon (9. Oktober 1940 – 8. Dezember 1980)
Mitbegründer der Beatles
SIEBEN JAHRE JÜNGER als
Yoko Ono (* 18. Februar 1933)
Künstlerin, Protagonistin der Fluxus-Bewegung,
Mutter des gemeinsamen Sohnes

Du solltest ein bisschen mehr Interesse für das Kind aufbringen ... Ich will heute Abend nichts von deinen 20-Millionen-Dollar-Deals hören! Ich möchte, dass sich beide Eltern um das Kind kümmern!« Was sich wie das typische Lamento einer vom Alltagstrott gefrusteten Hausfrau anhört, ist ein Seufzer, den eines Frühlingstages anno 1979 der Beatle John Lennon von sich gibt, einer der kreativsten Musiker seiner Zeit. Zu Lebzeiten schon Ikone, später eine Legende.

Die Adressatin ist Yoko Ono, sieben Jahre älter und zu dieser Zeit bereits eine etablierte Künstlerin. Sie ist Lennons zweite Ehefrau und Mutter des gemeinsamen Kindes.

Ihr Sohn Sean ist ein Wunschkind: »Für dieses Kind haben wir wirklich hart gearbeitet. Wir sind durch die Hölle gegangen, um dieses Kind zu kriegen – es gab viele Fehlgeburten und andere Schwierigkeiten. Wir hatten schon fast aufgegeben. Yoko war 43, ein Kind schien völlig ausgeschlossen«, erinnert sich John.

Das Wunschkind Sean erblickt das Licht der Welt am 9. Oktober 1975, an Lennons 35. Geburtstag. Das Glück der Eltern ist vollkommen. Eine hinduistische Weissagung verkündet, dass, wenn Vater und Sohn am gleichen Tag geboren werden, die Seele des Vaters auf den Sohn übergeht.

Ein Paar sind Yoko und John seit 1968, aber die Welt fragt sich trotzdem nach wie vor: Was findet der Sunnyboy und Star-Beatle an dieser alten Japanerin?

Ihre erste Begegnung erinnert entfernt an Eva, Adam und die Frucht vom Baum der Erkenntnis ... John besucht am Vorabend von

Yokos Vernissage die Londoner Indica Gallery, sieht einen Apfel und beißt ein Stück ab. Yoko ist entsetzt, denn dieser Apfel ist eines ihrer Objekte (Preis: 200 Pfund), das vor den Augen der Besucher faulen sollte, um auf die Vergänglichkeit aller Dinge aufmerksam zu machen. Diese Art von Werken ist charakteristisch für Yokos Fluxus-Kunst: Indem sie Alltägliches in neue Perspektiven rückt, fordert sie zu neuen Sichtweisen auf.

Zwei ihrer Arbeiten haben ihr bereits zu Ruhm verholfen: Beim »Cut piece« fordert sie 1964 das Publikum auf, ihre Kleider zu zerschneiden, während sie vollkommen erstarrt als die verkörperte weibliche Ohnmacht auf der Bühne sitzt. Eine enorme gesellschaftspolitische Wirkkraft sprengt das Korsett einer auf reine Ästhetik reduzierten Kunst auch in ihrem zweiten Markenzeichen, dem »Fluxfilm Nr. 4« mit dem Namen »Bottoms«: Gezeigt werden 365 Männer-Hinterteile. Die »verarschten« Patriarchen reagieren empört, eine derartige Respektlosigkeit kann nicht geduldet werden. Der Film wird verboten.

Yoko über ihre erste Begegnung: John wirkte »einigermaßen ansehnlich und, na ja, ganz nett. Und zärtlich. Das hab ich sofort gedacht und dabei völlig übersehen, dass ich ihn in seiner Männlichkeit verunsichere.« Aber: »Wir krachten zusammen.«

John sagt über diesen 9. November: »Ich hatte immer von einer Frau geträumt, die schön und intelligent war, mit hohen Wangenknochen, dunkelhaarig, ein Freigeist, eine Künstlerin à la Juliette Greco. Mit mir seelenverwandt. Jemand, den ich bereits gekannt, doch irgendwie verloren habe.«

Aber John ist immer noch mit seiner ersten Ehefrau Cynthia verheiratet, obwohl die Ehe nur noch auf dem Papier besteht, und Yoko mit ihrem zweiten Mann. Johns Sohn Julian ist genau so alt wie ihre Tochter Kyoko (beide Jahrgang 1963).

Die nächste Begegnung findet ein Jahr später statt, auch bei einer Vernissage. Yoko bittet John um Geld für ihr nächstes Projekt: »Ich gab ihr das Geld.« Sie bedankt sich, indem sie ihm ihr »Grapefruit«-Buch mit klugen kleinen Gedichten schickt. Er blättert darin: »Mal gefiel es mir und mal nicht.« Außerdem lädt sie John, der mit 17 an einer Kunstakademie studieren wollte, zu ihrer nächsten Ausstellung ein. Er nimmt an: Die Show »Yoko Plus Me« ebnet ihm den Eintritt in eine Szene, die sonst selbst für einen Beatle kaum zu erreichen ist. Da die Beatles in einer Krise steckten und immer öfter getrennte Wege gingen, sucht er nach neuen Formen der Verwirklichung.

Nach der ersten gemeinsamen Nacht an 20. Mai 1968 in seinem Landhaus in Kenwood meint er: »Du bist eine wunderbare Künstlerin ... und ich bin reich.« Wohlgemerkt: Ihre kreative Vereinigung findet vor der sexuellen statt, die Nacht wird zu einer langen Musiksession in seinem Heimstudio, in der ihre erste gemeinsame Platte entsteht: »Two Virgins«. Als diese am 29. November veröffentlicht wird, erregt sie viel Aufsehen, allerdings weniger wegen der avantgardistischen Klangcollagen, sondern vielmehr, weil sich das Paar für das Cover nackt fotografieren lässt.

Yoko erinnert sich: »Wir wussten beide, dass es das war. Wir waren so aufgeregt darüber, dass wir uns entdeckt hatten, die Gefühle der anderen waren uns dabei egal. Wir sind einfach losmarschiert. Was wir hatten, war wertvoller als alles andere.«

Nachdem John bekannt gemacht hat, dass er sich von Cynthia trennen würde, erstarrt Großbritannien im schieren Unverständnis. Dieser Beatle kann jedes Mädchen auf Gottes Erden haben. Warum diese seltsame alte »Japse« (die Empörung fand zunehmend in solch rassistischen Äußerungen Ausdruck), die von verdächtiger »Kunst« lebt?

Doch John lässt sich nicht beirren: »Sie hat sich nicht in den Beatle verliebt, nicht in meinen Ruhm. Sie hat mich um meiner selbst willen geliebt und dadurch das Beste in mir zum Vorschein gebracht. Ich merkte: Mein Gott, das ist anders als alles zuvor. Das ist besser als jeder Plattenhit. Es ist mehr als Gold.«

Das Zusammensein mit Yoko ist in der Tat »anders«: »Ich war es gewohnt, dass Frauen mich bedienen, ob es nun meine Tante Mimi war – Gott schütze sie – oder wer sonst auch immer«, gibt er unumwunden zu. »Mit Yoko ging das nicht. Ihr waren die Beatles ziemlich egal. Von dem Tag an, als ich sie kennenlernte, forderte sie die gleiche Zeit, den gleichen Traum, die gleichen Rechte. Ich verstand nicht, wovon sie redete. Ich sagte: ›Was willst du, einen Vertrag? Wir können machen, was immer du willst, aber erwarte nichts von mir und vor allem nicht, dass ich mich ändere.‹ ›Wenn das so ist‹, sagte sie, ›dann ist die Antwort klar: Ich kann nicht bei dir sein. Denn es gibt keinen Platz, wo du bist. Alles dreht sich um dich, und in dieser Atmosphäre kann ich nicht atmen.‹«

Dass sie älter ist, ist kein Thema – und es würde auch in den kommenden Jahren nur zweimal von Belang sein: Als sie nicht schwanger werden kann, und aufgrund seiner Angst davor, dass Yoko vor ihm sterben könnte: »Ich wüsste nicht, wie ich das überstehen sollte. Ich könnte nicht weitermachen.«

Die Presse jedoch empört sich und auch die restlichen Beatles sind alles andere als »amused«. »Sie haben sie beleidigt und tun es immer noch ... Sie saßen alle da mit ihren Frauen wie eine Jury und beurteilten uns«, beschreibt John rückblickend die Situation.

Kaum geschieden, heiraten die beiden am 20. März 1969. Danach findet das legendäre Bed-In statt, wo das Paar eine Woche lang von seinem Bett im Amsterdamer Hilton aus Reportern Interviews gibt.

Die Welt ist im Umbruch: Die Amerikaner blamieren sich im Vietnamkrieg, in China setzt Mao Tse-tung die »Kulturrevolution« in Gang, der Prager Frühling wird brutal niedergewalzt, Paris wird von Straßenkämpfen erschüttert, US-Bürgerrechtler setzen sich für die Rechte der Schwarzen ein.

Auch John möchte die Welt verändern, allerdings ohne Gewalt: »Ich wollte sprechen.« Yoko steckt ihn mit ihrem Mut an. Sein Song »Give peace a chance« wird zur Hymne der internationalen Friedensbewegung. Yoko war zwölf Jahre alt, als die Atombombe Hiroshima ausradierte. Seitdem ist Frieden für sie kein leerer Begriff, sondern eine Mission.

Ende Mai 1969 erscheint unter dem Namen der Beatles die Single »The Ballad Of John And Yoko«, eingespielt nur von Yoko, John und

Ihre Flitterwochen vom 26.3.–31.3.1969 nutzen Yoko und John für ein einwöchiges »Bed-In«, während dessen sie von ihrem Bett im Amsterdamer Hilton Hotel aus Interviews geben, um so ein öffentliches Zeichen für den Frieden zu setzen.

Paul McCartney. Das ist ein Affront. Der unerbittliche Kampf der restlichen Beatles gegen Yoko zerstört auch immer mehr deren Beziehung zu John, der mittlerweile überzeugt ist, dass die Gruppe keine Zukunft mehr hat, nicht einmal als Studioband.

Am 10. April 1970 wird die Trennung der Beatles bekannt, die bei den Fans auf völlige Verständnislosigkeit stößt. In ihren Augen kann es dafür nur einen Grund geben: Johns Japanerin. Keiner will wahrhaben, dass John schon lange gegen sein Image als Beatle und die damit verbundene Fremdbestimmung ankämpft. Aber alle Versuche, einen Keil zwischen Yoko und John zu treiben, schlagen fehl. Gemeinsam treten sie immer radikaler für Menschenrechte und Weltfrieden ein. Heftiger Gegenwind kommt von allen Seiten – von den Medien, von den Konservativen, von Bekannten, die ihr Engagement nicht nachvollziehen können.

Ihr »Leben auf dünnem Eis« (»Walking On Thin Ice« heißt einer ihrer gemeinsamen Songs) gerät zum ständigen Balanceakt, der Tag für Tag neu geprobt werden muss. Das macht sie stark, aber auch härter und scheuer im Umgang mit den anderen. John: »Die Leute verstanden unsere Beziehung nicht. Sie behaupteten, sie sei eine japanische Hexe und hätte mir den Kopf verdreht ... Ich verstand einfach nicht, warum die Leute sie heruntermachen oder mich dafür bestrafen wollten, dass ich sie liebe.«

Sie sind – jedenfalls in ihren eigenen Augen – kein schönes Paar. Aber das spielt für die beiden ohnehin kaum eine Rolle.

»Ich bin keine unsichere Künstlerin, aber als Frau hatte ich in vieler Hinsicht Bedenken, was mich selbst betraf. Als ich John kennenlernte, sah ich mein Äußeres so: Ich bin zu klein, meine Beine haben die falsche Form und ich bedecke mein Gesicht immer mit den Haaren. Meine Hände sind sehnig, deshalb verstecke ich sie immer. John sagte zu mir: ›Nein, du bist schön ...‹«

1971 zieht das Paar nach New York: »Es war Yoko, die mich von New York überzeugte. Sie hatte sich hier ohen Geld durchgeschlagen und kannte jeden Quadratzentimeter.« Die Stadt erinnert John an Liverpool, sie »hat mein Tempo.« Sie mieten zwei Wohnungen im edlen Dakota-Haus am Central Park West. Yoko inspiriert John zu seinem berühmtesten Song »Imagine« über eine Welt ohne materielle Besitzansprüche und die Geißeln einer bevormundenden Religion.

Ein Jahr später, 1972, schreibt John den Song »Woman Is The Nigger Of The World«, der für die Frauenbewegung zur Hymne wird. Die Feministinnen aber spotten über Yoko – aus Neid oder weil sie eine exotische Einzelgängerin ist. Die Journalistin Julie Burchill schürt den Hass gegen die »resolute Geisha«, die eigentlich ihre Verbündete ist: »Sie ist hässlicher als Ringo und singt wie ein Hamster unter der Folter ...« John ist trotz dieser gehässigen Attacken überzeugt: »Es kann keine Revolution geben, ohne dass die Frauen befreit werden und beteiligt sind.«

Lenono (wie man das Paar inzwischen nennt) praktizieren die Emanzipation auch privat: »Was den Wunsch nach konsequentem Rollentausch angeht, so können Yoko Ono und John Lennon als Vorbilder gelten«, schreibt Klaus Hübner in seiner Yoko-Ono-Biografie. Und sie tun es, wie alles andere auch, mit einer Konsequenz, über die die Welt sich einmal mehr empört.

Nach vier Ehejahren, in denen sie sich kaum trennen und Höhen und Tiefen durchqueren, hängt der Haussegen im Hause Lenono dann schief: »Beim Sex mache ich nicht sehr viel. John sagte immer: ›Du bist wie eine dieser viktorianischen Frauen – du liegst nur da und denkst an England‹«, erzählt Yoko. John erforscht Alternativen. Seine Frau fragt sich: »Aber wenn er es jetzt mit einer anderen treiben will, was mache ich dann? Ich hatte das Gefühl, dass ich ihn körperlich nicht mehr an mich heranlassen wollte.«

»Sie kamen zu dem Schluss, dass ihre Ehe keinen Schaden nehmen würde, wenn John sich andere Sexualpartner suchte«, schreibt Philip Norman in seiner John-Lennon-Biografie.

Im Oktober 1973 zieht John nach Los Angeles um, will wieder ein bisschen Musik machen. Yoko lässt die hübsche 22-jährige US-Chinesin May Pang, die für das Ehepaar schon seit Monaten als Mädchen für alles arbeitet, mit ihm gehen: »Ich wusste, was passieren würde, denn er war nie ohne eine Frau gewesen.«

Im fünften Ehejahr trennt sich das Paar schließlich. John befindet sich menschlich und künstlerisch auf dem Tiefpunkt.

Allein im Dakota-Haus schuftet Yoko, die Künstlerin. Und »wildert« sogar in Johns Königreich, der Popmusik. Nach einem Besuch in Salem, der berühmt-berüchtigten amerikanischen Stadt des Hexenwahns, schreibt sie den Song »Woman of Salem«, in dem sie die physischen und psychischen Qualen der angeblichen Hexen thematisiert. Man verbrennt die Ausnahmeweiber zwar nicht mehr, aber stellt sie immer noch an den medialen Pranger. Und dann der Clou: Yoko, die vom ganzen Beatles-Fan-Universum stigmatisierte Hexe, bestätigt dies kämpferisch mit ihrem Song »Yes, I'm A Witch«. Sie erklärt sich selbst zur Hexe, zu einer ewig verfolgten Revolutionärin der patriarchalischen Gesellschaft, die magische Kräfte besitzt, um die Welt von der Männerherrschaft zu heilen.

Jahrzehnte später, im Herbst 2008 frage ich sie, wie man so viel Hass verkraftet. Ihre Antwort lautet: »Auch Hass ist eine enorme Energiequelle. Ich habe ihn aufgesaugt und in Liebe verwandelt.« Wie? »Im Kopf. Indem ich versuchte, es zu verstehen.«

John benimmt sich in L. A. »wie ein Arschloch«, wie es Ono-Biograf Klaus Hübner ausdrückt. Bars, Koks, Girls, Schnaps. Nach einem Jahr Trennung heißt es: »Yoko und ich sind immer noch sehr gute Freunde. Ich liebe sie immer noch, aber wir sind Künstler, und wir fanden es schwierig, zusammenzuleben. Wir telefonieren jeden Tag, ob sie nun in England ist oder hier.«

Das »Lost Weekend« – so nennt er seine Zeit ohne Yoko – dauert 18 Monate. Dann kehrt er heim zu seiner »Hexe« und versucht, es aller Welt zu erklären: »Warum wir wieder zusammen sind? Weil wir uns lieben. Meine Reaktion auf die Trennung war dieser ganze Wahnsinn – ich war wie ein Huhn, dem man den Kopf abgeschlagen hat ... Wahrscheinlich war es bloß Angst: vor dem Alleinsein, vor dem Altwerden.« Vielleicht. Aber der wohl ehrlichste Grund für seine Heimkehr war existenziell: »Ich habe einen echten Horror vor dieser ganzen Normalität ... all die Leute, die sich arrangiert haben, sich mit dem System arrangiert haben.« Offensichtlich ist Yoko für ihn nach wie vor der einzige Mensch, an dessen Seite er sich dem Anpassungsdruck entziehen kann.

Nach der ersten Liebesnacht im Dakota-Haus wird Yoko schwanger.

John trägt sie auf Händen. Sie darf nichts Schweres heben, muss sich gesund ernähren und beide versuchen, mit dem Rauchen aufzuhören.

Der Sohn – Sean Taro Ono Lennon wird geboren.

John wird Hausmann. Yoko tritt die Mutterrolle an ihn ab, er wiederum nimmt die Pflichten bereitwillig an. Ihre eigene Mutter (reich und gebildet) hatte sie einst den Kindermädchen überlassen, ihr Vater (Banker und Pianist) war nie da. Yoko besuchte die gleiche Schule wie die Kaiserfamilie. Menschliche Wärme? Gutenachtkuss? Fehlanzeige. Angesagt war Power, Disziplin, Manieren. Mit 19 hatte sie als erste Frau in ganz Japan Philosophie studiert. Mit 20 ging sie nach New York, macht Kunst, verdient ihr Geld aber mit Kalligrafie und Origami.

Natürlich gibt es auch bei Yoko und John ein Kindermädchen. Aber John will alles selbst tun, weil er überzeugt davon ist, es nur allein richtig machen zu können. Windeln wechseln, den Winzling füttern und baden. Er singt ihm Volkslieder zum Einschlafen vor, hebt die Zeichnungen seines Sohnes auf, bringt ihm das Schwimmen bei, schiebt seinen Buggy über die Wiesen des riesigen Parks vor ihrem Haus. Manchmal kocht er sogar für das Personal (ca. zehn bis zwölf Leute) und seine geliebten drei Katzen.

Er will Sohn Sean das bieten, was sein Vater ihm nie gab: »Der einzige Unterschied in den letzten fünf Jahren war der, dass ich statt Songs Einkaufszettel geschrieben habe ... Es sollen ruhig alle wissen: Ja, ich habe mich um das Baby gekümmert, ich habe Brot gebacken und war Hausmann, und ich war stolz darauf. Der Trend geht genau in diese Richtung und ich finde es schön, dass ich ganz vorne mit dabei bin. Ohne Yoko könnte ich nicht überleben. Sie ist die Antwort auf alle Fragen. Wenn ich mit ihr zusammen bin, bin ich ganz. Ohne sie will ich nicht sein. Unsere Beziehung ist zum Teil eine Lehrer-Schüler-Beziehung. Nur wenige Leute verstehen das. Sie ist die Lehrerin und ich bin der Schüler. Ich bin der Berühmte – der, von dem man meint, er müsste alles wissen, aber alles, was ich weiß, hat sie mir beigebracht. Vom ersten Tag an hat sie gleiche Zeit, gleiche Rechte gefordert. Ich bin ihr dankbar für alles, was ich durch sie gelernt habe.«

John hat sich mittlerweile völlig aus dem Musikgeschäft zurückgezogen; Yoko kümmert sich um die Finanzen. Der Rollentausch ist damit vollzogen. Die einstmals dezidiert antikommerzielle Künstlerin verwandelt sich in eine Geschäftsfrau, die fast pausenlos arbeitet. Vielleicht gewinnt die lange unterdrückte Erziehung der Yasuda-Dynastie der Händler und Bänker jetzt bei ihr die Oberhand.

In den USA gibt es nichts Bedeutenderes als geschäftlichen Erfolg. Aber nicht, wenn eine Frau und dann noch eine Ausländerin sich ihn auf die Fahne schreibt. Die engagierte Fluxus-Künstlerin wird – einmal mehr – als raffgierige Unperson dargestellt, die verbalen Scheiterhaufen brennen höher denn je. Und Yoko erreicht ihr

Ziel, aus Johns »wenigen« Millionen die 25 zu machen, mit denen Paul McCartney herumstolziert.

Rückblickend sagt sie jedoch: »Ich habe das Geschäftliche gehasst.«

Als ich sie 2008 frage, ob es sie nicht verletzt hat, dass man John, den Beatles-Star, zum Hausmann abstempelte, meint sie: »Er hat immer nur das gemacht, was er allein wollte. Er wusste besser als ich, was er brauchte.«

Als man Sean, den Sohn, später fragt, ob ihn der Rollentausch seiner Eltern in der Kindheit nicht gestört hat, meint er trocken: »My parents were transparent – trans-parent.«

Am 17. November 1980 erscheint das Album »Double Fantasy«. Eine Gemeinschaftsarbeit, das Comeback von John und Yoko: »Als ich beschloss, wieder Musik zu machen, da wollte ich eben zusammen mit Yoko Musik machen, genauso wie ich vorher bei Sean bleiben wollte. Und sie wollte mit mir Musik machen.«

Mit »Double Fantasy« haben die beiden gegen alle Widrigkeiten etwas Gemeinsames auf die Beine gestellt. Sie haben dokumentiert, dass sie miteinander streiten, sich verzeihen, aber vor allem auch miteinander arbeiten können. Beflügelt vom Erfolg des Albums, kommt es zum zweiten »Politfrühling«. Die privaten Jahre sind vorbei, Lenono wollen wieder mit Ideen, Kampagnen, Songs und Kunstwerken bei Friedens- und Freiheitsaktionen mitwirken.

Am 8. Dezember 1980 wird John von einem Irren erschossen. Am Eingang zum Dakota-Haus.

Fragt man Yoko nach ihrer Beziehung zu einem Jüngeren, heißt es nüchtern: »Es war wie Frühjahrsputz im Kopf. Viel Arbeit.«

Übrigens: Mitten im Gespräch meint sie zu mir: »Tanzen Sie?«

»Na ja«, stottere ich.

»Man muss durchs Leben tanzen!«

»Und Sie«, frage ich zurück, »tanzen Sie?«

»Nicht genug, manchmal hüpfe ich ein bisschen herum.« Dann, unerwartet: »Wissen Sie, ich träume immer noch von John.« Und in ihren Augen glitzern Tränen.

»Sie war mein Alles«

Honoré de Balzac (20. Mai 1799 – 18. August 1850),
Meister des realistischen Romans in Frankreich
ZWEIUNDZWANZIG JAHRE JÜNGER als
Madame Laure de Berny (24. Mai 1777 – 27. Juli 1836)
verheiratet, achtfache Mutter und seine Geliebte

Ich habe nie eine Mutter gehabt ... Ich habe diese Wunde vor Dir nie enthüllt; dazu war sie zu schrecklich, und man muss so etwas mitangesehen haben, um es zu glauben ... Sowie ich zur Welt gekommen war, wurde ich einer Amme überantwortet ... bis zu meinem sechsten Lebensjahr war ich weiter in Halbpension bei Fremden.« Balzac ist 40, als er seiner Geliebten Evelyn Hanska von seiner mutterlosen Kindheit erzählt. Und wie es scheint, hat er mit diesem Trauma Zeit seines Lebens zu kämpfen gehabt: In den 74 Romanen, die er geschrieben und unter dem Titel *Die Menschliche Komödie* gesammelt hat, wird von 2472 Einzelschicksalen berichtet – viele davon Frauen. Viele davon Mütter. Argwöhnische, egoistische Mütter.

Anne-Charlotte Balzac war 21, als er auf die Welt kam, und 32 Jahre jünger als ihr Gatte, ein Bauernsohn, der während der Revolution Karriere gemacht hatte und es sich als hoher Beamter erlauben konnte, um die Hand einer gutbürgerlichen Pariserin anzuhalten. Glücklich war die Ehe wohl nie. Enttäuscht vom Leben, tyrannisiert die Ehefrau ihren zu allem Elend kleinen, kurzbeinigen und dicklichen Sohn. Auch sonst findet man wenig Schönes an dem jungen Honoré: Seine Haare sind lang und fettig, seine Zähne schlecht. Und die abgewetzten, auf links getragenen Anzüge seines Vaters machen auch keinen Dandy aus ihm.

Er legt zwar brav die ersten juristischen Prüfungen ab, aber bereits mit 20 beschließt er, Schriftsteller zu werden, und lässt sich nicht mehr umstimmen. Mit einem Freund gründet er eine »Romanfabrik«, um seine finanzielle Unabhängigkeit von der Familie zu sichern. Er verbringt 16 Stunden täglich am Schreibpult, trinkt um die 50 Tassen Kaffee, malt sich ein Menü auf den Tisch und glaubt Kaviar zu schmecken, obwohl er am Schwarzbrot knabbert. Er hat Mut und Temperament, strotzt nur so vor Kraft und dem Willen, die Welt zu erobern: »Kühn war ich zwar, aber nur seelisch, nicht in meinem Auftreten«, charakterisiert er sich Jahre später selbst.

Doch das Romanfabrik-Projekt scheitert, Honoré kehrt reumütig zurück nach Hause und versucht, sich nützlich machen. Und er fleht seine Schwester an: »Sieh dich für mich um – nach irgendeiner reichen Witwe mit Vermögen ... und preise mich an: 22 Jahre, ein guter Junge, gut aussehend, mit lebendigem Auge, voll Feuer! Und die beste Pastete von einem Ehegatten, die der Himmel je gebacken hat.«

Die Sommer verbringt die Familie in Villeparisis, nördlich von Paris. Um ein wenig zu verdienen, soll der »gute Junge« die Söhne der befreundeten Adelsfamilie de Berny unterrichten, die ihren Sommersitz in der Nachbarschaft hat.

Nach wenigen Wochen stellt Mutter Balzac fest, dass der 23-Jährige plötzlich mehr auf sein Äußeres achtet. Hocherfreut nimmt sie an, dass diese Wandlung der Liebe zu verdanken sei. Und tatsächlich ist Honoré verliebt: aber nicht in das Mädchen Emmanuelle Berny, sondern in Laure de Berny, Mutter von acht Kindern und mittlerweile Großmutter, 22 Jahre älter als er.

Madame de Berny ist der Prototyp einer einsamen, melancholischen älteren Frau, die von innerem Feuer erfüllt ist und sich für »einen normalen Mann weit jenseits der Grenze erotischer Begehrlichkeit« befindet, behauptet Stefan Zweig, Autor einer großartigen Balzac-Biografie.

Balzac muss anders empfunden haben: »Als ich Sie zum ersten Male sah, da wurden alle meine Sinne erregt und meine Phantasie fing Feuer: Ich glaubte, in Ihnen ein vollkommenes Wesen zu sehen. Ich könnte nicht sagen, was für ein Wesen. Aber schließlich sah ich, von dieser Vorstellung durchdrungen, von allem übrigen ab und erblickte in Ihnen nur noch diese einzige Vollkommenheit!«

Aus der Schwärmerei wird Leidenschaft. Sie ist schockiert – obwohl sie als junge Frau keine Heilige gewesen ist und man munkelt, dass ihre

Laure de Berny, porträtiert auf einem Gemälde von 1810.

letzten beiden Kinder nicht von ihrem halbblinden Gatten stammen. Madame de Berny weist Balzac zurück, betont ihr Alter: »Wozu sich noch einmal einlassen in diese süße Gefahr, wenn eine solche Liebe doch nicht dauern kann?«.

Balzac hingegen hat, im Unterschied zu seinem Romanhelden in *Die alte Jungfer* keine Angst vor dem Fluch der Lächerlichkeit, »die die Welt auf die Liebe eines jungen Mannes von 23 zu einer Frau vor 40 werfen würde«.

Er wird ungeduldig, ermahnt die Angebetete: »Großer Gott, wenn ich eine Frau wäre, wenn ich 45 Jahre alt wäre und noch immer liebenswert – ah, ich hätte mich anders benommen als Sie! Welches Problem: eine Frau zu sein, die sich im Beginn ihres Herbstes befindet und die sich weigert, den Apfel zu pflücken, der Adam und Eva ins Unglück brachte!«

Natürlich gibt sie nach. Sie werden ein Liebespaar: »Es gibt nichts, was der letzten Liebe einer Frau gleichkommt, die einem Manne die Erfüllung seiner ersten Liebe schenkt«, schreibt er.

Eine derartige Affäre ist in einer Kleinstadt kaum zu verheimlichen.

Seine herrschsüchtige Mutter ist außer sich vor Scham, Furcht und vielleicht auch Eifersucht: »Honoré will nicht einsehen, wie indiskret es ist, zweimal am Tag in ihr Haus zu gehen. Er sieht nicht, was man ihm vor Augen hält (...) er begreift nicht, dass er eines Tages dieser Affäre überdrüssig werden wird, wenn er sich ihr jetzt so übermäßig ergibt«, klagt sie ihrer Tochter.

Doch sie irrt sich. Balzac wird dieser Frau nie überdrüssig, die innige Verbindung wird bis zu Madame de Bernys Tod im Jahre 1836 dauern, also vierzehn Jahre. Denn er weiß: »Sie ist mir Mutter, Freundin, Familie, Gefährte und Ratgeber gewesen. Sie hat mich zum Schriftsteller gemacht, sie hat mich als jungen Menschen getröstet, sie hat mir Geschmack beigebracht, sie hat wie eine Schwester mit mir geweint, gelacht, sie ist alle Tage wie ein wohltätiger Schlummer gekommen, der die Schmerzen zur Ruhe bringt (...) Ohne sie wäre ich sicherlich gestorben.« Ja, »sie war mein alles.« Der Altersunterschied? Interessant oder schockierend für alle außer den beiden.

Dieses Gemälde von Honoré de Balzac fertigte ein anonymer Künstlers nach einer 1842 entstandenen Daguerreotypie an.

Er nennt sie »et nunc et semper delecta« (für jetzt und immer Erkorene) und verewigt sie in seinem Roman *Die Lilie im Tal*: »Die Blumen, die vor mir stehen, verströmen immer noch, obwohl sie vertrocknet sind, ihren betörenden Duft.«

Stefan Zweig vermutet, dass sich in Madame de Berny »das Frauliche völlig in das Mütterliche« aufgelöst hat. Balzac jedenfalls findet die Ältere attraktiv genug, um sie zu lieben.

Madame de Berny ihrerseits findet die richtigen Worte und den richtigen Ton, den Honoré braucht, um sich zu entkrampfen. Sie lenkt seine Kraft, ohne ihn zu verletzen; verfeinert das Grobe an ihm, ermutigt ihn, lacht ihn nicht aus, wenn er von seiner Zukunft als Schriftsteller schwärmt. Ihre »conseils d'experiénce« (Ratschläge aus Erfahrung) helfen Honoré, sein Genie herauszulassen – und indem sie ihn zum Mann macht, macht sie gleichzeitig aus dem Schreiberling einen Dichter. »Die Liebe besteht fast nur aus Gesprächen«, heißt es in Balzacs Bestseller *Die Psychologie einer Ehe*, den er 1829 anonym veröffentlicht.

»Die Begegnung mit Madame de Berny ist die lösende Entscheidung in Balzacs Existenz (...) In allen Frauen wird Balzac von nun ab immer wieder dies mütterlich behütende, zartsinnig lenkende, hingebend Helfende suchen, das ihm bei dieser Ersten beglückt hat, die Frau, die nicht Zeit von ihm, dem Unermüdlichen fordert, sondern Zeit und Kraft hat, ihn nach der Arbeit zu entspannen. Vornehmheit im sozialen und im seelischen Sinne wird ihm Vorbedingung zur Liebe sein, Verständnis mehr gelten als Leidenschaft; immer werden ihm nur Frauen genügen können, deren Überlegenheit an Erfahrung und – sonderbarerweise – auch im Alter ihm Aufblick erlaubt.«, schreibt Stefan Zweig.

Die Liebe hat in Honorés Verständnis nur partiell mit Sex zu tun, daher holt er sich die geschlechtliche Erleichterung absolut wahllos, schläft mit Prostituierten, Grisetten, Prinzessinnen. Schön muss eine Frau nicht sein, damit er sie begehrt. Wozu hat man Fantasie? Schmeckt Schwarzbrot nicht wie Kaviar, wenn man nur ganz fest davon überzeugt ist? Und die Treue? Für den aufgehenden Literaturstern der Pariser Salons ein Fremdwort.

Noch während er zärtlich an seine erste Geliebte gebunden ist, stürzt er sich 1825 in eine Affäre mit der Herzogin Laure-Adelaide d'Abrantès – und wird auch künftig fast immer Parallelliebschaften haben. Die Herzogin ist blond, schön und fünfzehn Jahre älter, eine Femme fatale, die Balzac eine erstklassige Garderobe und Manieren verpasst, um ihn dann in den großen Salons einzuführen.

Junge Mädchen reizen den Romancier hingegen wenig: Seine Traumfrau ist herbstlich reifend, von der Liebe enttäuscht, eine Frau, die nichts mehr für sich erwartet und es als Gnade des Schicksals erlebt, noch einmal begehrt zu werden: »Die Frau von fünfzig Jahren wird alles für Sie tun, und die Frau von zwanzig nichts«, behauptet er in *Die Lilie im Tal.*

Mit 33 Jahren, als erfolgreicher, umschmeichelter Autor, verliebt er sich in die 36-jährige Herzogin de Castries, die ihn für ihre politischen Ambitionen missbraucht und zappeln lässt. Um ihr zu imponieren, adelt er sich selbst und nennt sich nun »de Balzac«. Außerdem kauft er eine Villa, eine Kutsche, Möbel und Schmuck, stellt Personal ein – und macht Schulden. Am Ende dieser Beziehung steht er vor einem Totalbankrott und ist gezwungen, sich Hilfe suchend an seine Mutter zu wenden, sorgt aber gleich für klare Verhältnisse: »Ich verlange gewiss nicht von Dir, das Du Gefühle heuchelst, die Du nicht hast, denn Gott und Du selber, ihr wisst beide sehr wohl, dass Du mich, seit ich auf der Welt bin, weder mit Liebkosungen noch mit Zärtlichkeiten überschüttet hast ...«

Seine sparsame Mutter reist nach Paris und sorgt für Ordnung: Kutsche verkaufen, Personal entlassen, mit Gläubigern feilschen. Es gelingt ihr, seine Schulden zu halbieren. Der Sohn hat sich in eine Kammer verkrochen und schuftet, leistet sich dann diverse Affären.

Schließlich verliebt Balzac sich mit einer Entschlossenheit, die an seine Gefühle für Madame de Berny erinnert, in die polnische Gräfin Evelyn Hanska, die in der fernen Ukraine seine Romane gelesen hat und ihm ihre Bewunderung und Liebe bekundet. Sie treffen sich, aber letztlich dauert es 17 Jahre, bis die Aristokratin Witwe wird und Balzac sie heiraten kann.

Doch zu diesem Zeitpunkt leidet er schon seit Jahren an einer Herzerweiterung und ahnt, dass auf seine Gesundheit kein Verlass mehr ist. Fünf Monate später ist Balzac tot.

»Wer Dich gefunden hat, weiß warum er in der Welt ist.«

Johann Wolfgang von Goethe (28. August 1749 – 22. März 1832)
»Dichterfürst«
SIEBEN bzw. ZEHN JAHRE JÜNGER als
Charlotte von Stein (25. Dezember 1742 – 6. Januar 1827)
Hofdame von Anna Amalia
bzw. Herzogin Anna Amalia (24. Oktober 1739 – 10. April 1807)
Witwe, Landesmutter

Meine Klettenburg ist todt ... Gestorben begraben in meiner Abwesenheit, die mir so lieb! So viel war!« klagt Goethe an Weihnachten 1774. Seine Trauer um die Arzttochter und Stiftsfrau Susanne von Klettenburg ist aufrichtig. Er liebte diese Frau, die »in einem kritischen Zustand nach seiner Rückkehr von Leipzig [nach Frankfurt] einen gewaltigen Einfluss auf ihn« hatte, behauptet der US-Psychologe Kurt Eissler in seinem Mammutwerk *Goethe: eine psychoanalytische Studie.*

Erst unter ihrem Einfluss beginnt er, sich intensiv mit mystischen und pietistischen Schriften zu befassen, sie ist es, die ihm Zugang zu Schriften von Paracelsus und zu den Naturwissenschaften vermittelt; er nennt die Stiftsfrau »meine Freundin«: »Ihre Heiterkeit und Gemütsruhe verließen sie niemals (...) Ihre liebste, ja vielleicht einzige Unterhaltung, waren die sittlichen Erfahrungen, die der Mensch, der sich beobachtet, an sich selbst machen kann.« Hinzu kommt, dass Fräulein von Klettenburg »der Ehe ausgewichen« ist, sprich: Sie schiebt ihre sinnlich-sexuellen Bedürfnisse beiseite, um sich höheren, geistigen Zielen widmen zu können. Goethe (seit der Frankfurter Buchmesse 1774, die seine *Leiden des jungen Werther* zum Bestseller machte, verehrt wie ein Popstar) ergibt sich willig der Faszination, die sie auf ihn ausübt.

Dennoch geht er seinen Vergnügungen nach, wohl wissend, dass sie im Sterben liegt. Den Tod möchte er nicht an sich heranlassen. Andererseits lässt er, von Schuldgefühlen geplagt, die geliebte Frau Jahrzehnte später in einem Text auferstehen, der ihn von seiner Schuld befreien soll: Sie ist die »schöne Seele«, die im sechsten Buch von *Wilhelm Meisters Lehrjahre* ihre »Bekenntnisse« abgibt.

Klettenburg ist 26 Jahre älter als Goethe. Eine Frau, die sich, angetrieben von dem Wunsch, den jungen »Wilden« zu verändern und ihn ihrem eigenen Menschenideal anzunähern, voll auf sein Ego konzentriert; die keine Ansprüche in Form von Liebe, Heirat oder Erfüllung persönlicher Wünsche an ihn stellt, sondern von seiner Persönlichkeit, ja sogar von seinen inneren Konflikten entzückt ist – ohne sich selbst dabei zu verleugnen. Wie wohltuend nach all den fast hysterischen Amouren mit blutjungen Mädchen, die er bislang erprobte, nur um sich, sobald es ernster wurde, aus dem Staub zu machen!

Ihr Zuspruch hilft ihm, sich von der Unrast zu lösen, die er zuletzt in Leipzig an den Tag gelegt hat: »Meine Unruhe, meine Ungeduld, mein Streben, mein Suchen, Forschen, Sinnen und Schwanken legte sie auf ihre Weise aus, und verhehlte mir ihre Überzeugung nicht, sondern versicherte mir unbewunden, das alles komme daher, weil ich keinen versöhnten Gott habe. Es läßt sich denken, wie oft ich und meine Freundin hierüber in Streit gerieten, der sich doch immer auf die freundlichste Weise und manchmal damit endigte: dass ich ein närrischer Bursche sei, dem man manches nachsehen müsse.«

»Seine« Klettenburg ist eine tiefgläubige Pietistin, Goethe geht nicht in die Kirche, auch nicht zum Abendmahl, betet auch selten – dazu sei er »nicht genug Lügner«.

Sterbend bittet die 51-Jährige Goethes Mutter, mit der sie seit Jahrzehnten befreundet ist: »Sag ihm Adieu, ich hab ihn sehr lieb gehabt.«

Von nun an wird »Doctor Wolf« (so nennen ihn Susanne und seine Mutter manchmal) nur ältere Frauen als Partnerinnen auf Augenhöhe akzeptieren.

Kaum ein Vierteljahr nach Susannes Tod ist er wieder voller Unruhe – zwei Seelen ringen, ach, in seiner Brust: Einerseits müsse man sich »einen Goethe vorstellen können, der im galonierten Rock (...)

Johann Wolfgang von Goethe auf einem Ölgemälde von Georg Melchior Kraus (um 1775)

und mit allem Interesse des Leichtsinns einer niedlichen Blonden den Hof macht; so haben sie den gegenwärtigen Fastnachts Goethe«, schreibt er im Februar 1775. »Aber nun gibts noch einen, den im grauen Biberfrack (...) der in der streichenden Februarluft schon den Frühling ahndet (...) Weil er arbeitend immer gleich eine Stufe höher steigt, weil er nach keinem Ideale springend, sondern seine Gefühle sich zu Fähigkeiten, kämpfend und spielend, entwickeln lassen will.«

Ihm mangelt es nicht an Kraft, sondern an Orientierung. Im Grunde genommen vermisst er eine neue Susanne von Klettenburg, eine klare Persönlichkeit, zu der er aufschauen kann, ohne sich dabei kindisch vorzukommen.

Am 7. November 1775 kommt der 26-jährige Goethe nach Weimar. Zur gleichen Zeit beginnt die Weimarer Herzogin Anna Amalia Musik zu Goethes Verwechslungs- und Liebesstück »Erwin und Elmire« zu komponieren.

Um die ganze Wahrheit zu sagen: Goethes Entscheidung für Weimar war auch eine Art Flucht, und zwar vor seiner Verlobten, der Bankierstochter Lili Schönemann (1758–1817), die er in Frankfurt einfach sitzen lässt.

In der Residenzstadt herrscht Aufbruchstimmung. Vor nicht ganz zwei Monaten erst wurde der 18-jährige Erbprinz Karl August von Sachsen-Weimar-Eisenach vom Wiener Kaiser für volljährig erklärt und übernahm von seiner Mutter die Herrschaft. Er war es auch, der während seiner »Kavalierstour« durch Deutschland den berühmten Dichter

Das Bild zeigt die junge Anna Amalia auf einem Ölgemälde von Georg Melchior Kraus (1774).

Goethe kennenlernte und nach Weimar einlud. Seine 35-jährige Mutter Anna Amalia – von nun an die »alte Herzogin« oder »Herzogin Mutter« genannt – soll die restlichen 32 Lebensjahre im wohlverdienten Ruhestand verbringen.

Goethe, heißt es, hat die Exlandesmutter bereits am Tag seiner Ankunft getroffen.

Anna Amalia ist eine Ausnahmefrau. Mit 16 verheiratet (»Man verheiratet mich wie man gewöhnlich Fürstinnen vermählt« schreibt sie in *Meine Gedanken*), mit 18 Witwe und Mutter zweier Söhne. Obgleich nicht einmal mündig, setzte sich die Nichte König Friedrichs II. von Preußen gegen allen Widerstand durch und übernimmt 1759 die Alleinherrschaft im Herzogtum. 16 Jahre lang regiert sie ihr landschaftlich schönes, aber wirtschaftlich schwaches und politisch unbedeutendes Land und seine etwa 100.000 Einwohner. In Krisenzeiten kürzt sie Gehälter und erhebt Sondersteuern, kümmert sich um den Verkauf des Getreides und der Hölzer, die in den herzoglichen Gütern produziert werden, sowie um ihre 500 Mann starke Armee. Sie verbannt Huren, gründet ein Hebammeninstitut in Jena und macht die Bibliothek im Grünen Schloss öffentlich zugänglich.

Kurz: Sie ist eine Frau voller Vorstellungsgabe und Tatkraft, die im Schauspiel ein Mittel zur Volkserziehung sieht und sicher ist, dass Musik den Charakter bessert. Diese menschlich aufgeschlossene und die Künste hoch achtende Witwe schafft es, ihr Residenzstädtchen mit 6000 Einwohnern zum Mekka deutscher Kultur zu erheben. In ihrer Regierungszeit entfaltet sich jene Kunst und Sprache, von der unsere Kultur bis heute profitiert: Sie beruft mittellose Denker an ihren Hof und stellt sie in Lohn und Brot. In ihrem »Musenhof« bekommen die Stimmen von Geist und Wissen, egal ob als Prinzenerzieher, Pfarrer, Universitätsprofessoren oder Beamte, zum ersten Mal gesellschaftliches Gewicht.

Die junge Witwe mit einem Schuhtick (über tausend Paar hat sie sich anfertigen lassen, aus Stoff, Leinen, Seide, mit Schnallen und mit Schleifen) gilt als lebensfroh und strahlt diese Freude an sinnlichen Genüssen auch aus.

Eine ihrer Hofdamen ist die 32-jährige Charlotte von Stein. Ihre vier Töchter sind früh gestorben, drei Söhne haben überlebt. Sie wird als intelligent, taktvoll und einfühlsam beschrieben, aber auch als kränklich und von Migräne geplagt. Seit ihrem 16. Lebensjahr dient sie der Herzogin, ihre Loyalität ist unumstritten. Die kalvinistisch erzogene, in einer lieblosen Ehe mit dem herzoglichen Stallmeister lebende Frau neigt zur Melancholie und vermittelt kühle, asketische Selbstbeherrschung. Aber auch die emanzipatorischsten Äußerungen der Damen der Weimarer Klassik stammen von ihr: »Aber ich habe eine Männerseele und will auf keine Art Fesseln tragen«, lässt sie z. B. die Heldin in ihrem Verwechslungsstück *Die zwey Emilien* sagen.

Und für diese Frau soll Goethe nach seiner Ankunft entflammt sein. Er soll ihr fast 1700 Briefe geschrieben und sie fast täglich getroffen haben, da das Ehepaar von Stein ihn als Hauslehrer ihres Sohnes Fritz engagiert. Seiner Mutter schreibt er: »Eine herrliche Seele ist die Frau von Stein, an die ich so was man sagen mögte geheftet und genistelt bin«, sie würde »sittigend« auf ihn wirken. Aber auch »mit der Herzogin Mutter habe ich sehr gute Zeiten«, berichtet er bereits im Februar 1776.

In welche der beiden älteren Frauen war der Dichter voller »Sturm und Drang« nun verliebt? In die nüchterne Charlotte oder in die energische Anna Amalia? Wie muss die Frau gewesen sein, die ihn für eine Dekade in ihren Bann ziehen konnte?

Vermutlich eine Persönlichkeit, die ihm ihre ganze Aufmerksamkeit schenkte. Eine Partnerin, vor der er die Vielfältigkeit, die Widersprüchlichkeit seines Wesens nicht verbergen musste, die seine Integrität bewahren würde, aber ihn gleichzeitig perfektionieren wollte:

Diese Silberstiftzeichnung ist ein Selbstbildnis Charlotte von Steins (verschollen, reproduziert nach einem historischen Foto).

»Du Einzige, die ich so lieben kann, ohne dass mich's plagt! Und doch lebt ich immer halb in Furcht ...«, schreibt er dieser Frau. Davor, dass ihre Beziehung bekannt wird? Unter ihrer Führung findet er laut Eissler »eine Sendung in seinem Leben – oder wenigstens zeitweilig muss es für ihn so ausgesehen haben«. Goethe wird ein vorbildlicher Staatsdiener, allerdings auf Kosten seiner Schriftstellerei. Knapp zehn Jahre lang wirbt er um diese Frau.

Ob es bei einer platonischen Seelenfreundschaft blieb oder nicht, bleibt das Geheimnis des Paares, gleich, ob die Angebetete Anna Amalia oder Charlotte heißt.

Eugen Roth fasst die Diskussion in einem Vierzeiler zusammen:

»Doch ungern leuchten wir hinein / in die Affäre Frau von Stein / wo sich die Welt den Kopf zerbricht: / Hat er nun oder hat er nicht?«

Mittlerweile häufen sich allerdings Stimmen, die behaupten, dass die Hofdame nur vorgeschoben war, und Goethes Liebe in Wirklichkeit Anna Amalia galt, deren Ruf geschützt werden musste.

Fakt ist: Es fehlt an Fakten. Goethe hat zwar noch 1828 alle Briefe von Anna Amalia katalogisieren lassen. Doch sie sind allesamt verschollen, samt Katalog. Und Charlotte hat sich alle ihre Briefe an ihn zurückgeben lassen und verbrannt, heißt es.

Welche der Frauen auch immer es war – beide waren älter. Und beide besaßen Eigenschaften, »deren er gerade in den Jahren des Brausens und Gärens bedurfte: das ahnende Verständnis für die geheimsten Vorgänge in den Seelen anderer und darum auch die Fähigkeit, in der Seele jenes Mannes zu lesen, der sich damals oft selbst ein Rätsel war (...)

so ward sie ihm die Beichtigerin, in deren reine Seele er alle die drängenden und wogenden Gedanken ausschüttete, ward sie ihm die Trostspenderin, die den wilden, irren Lauf seines Innenlebens richtete und mäßigte, ward sie ihm auch die Muse, die ihm, wie es die in Gedanken an sie geschriebene Zuneigung darstellt, den Schleier der Dichtung aus der Hand der Wahrheit reichte«, erkannte bereits der Literaturwissenschaftler Theodor Friedrich Vischer.

Für Goethe selbst blieb der Einfluss der Älteren auf ihn ein Rätsel: »Ich kann mir die Bedeutsamkeit – die Macht, die diese Frau über mich hat, anders nicht erklären, als durch die Seelenwanderung (...) Ich habe keinen Namen für uns – die Vergangenheit – die Zukunft – das All«, schreibt er seinem Freund Christoph Wieland. Er spricht von einer »Vertraulichkeit«, von einem Gefühl des »Zuhauseseins« bei der Älteren: »Seit ich in deiner Lieben ein Ruhen und Bleiben habe ist mir die Welt so klar und so lieb«, schreibt er ihr am 22. März 1782, und am 15. Mai heißt es dann: »Wer Dich gefunden hat weiß warum er in der Welt ist.«

Zehn Jahre nach der ersten Begegnung ist die Leidenschaft verständlicherweise ein wenig abgekühlt. Dennoch gibt Goethes »Flucht« nach Italien Rätsel auf. Am 3. September 1786 verlässt er Weimar heimlich, ohne Abschied zu nehmen.

Könnte es sein, dass die Affäre drohte, bekannt zu werden, und Karl August Goethe fortschickte, um seine Familie vor einem Skandal zu schützen? Wie seltsam klingt da Goethes spätere Erklärung: Er sei fortgegangen, um sich von seinen »physisch-moralischen Übeln zu heilen und den heißen Durst nach wahrer Kunst zu stillen.« Vor allem, da er sich in Rom angeblich mit einer Witwe vergnügt. Dort sei er »das erste Mal unbedingt glücklich gewesen« und habe empfunden, »was eigentlich ein Mensch sei«, schreibt Kurt Eissler.

Der Weimarer Geheimrat bleibt 653 Tage fort, die Zäsur mit der Daheimgebliebenen ist vorprogrammiert. Nach der Heimkehr reagiert die Dame seines Herzens betont reserviert, mit kühler Distanz. Er meidet das Prachthaus am Frauenplan, das ihm die Herzogin geschenkt und eingerichtet hatte, und zieht es vor, sich in seinem

Häuschen im grünen Park an der Ilm »elend zu fühlen«. Doch die Erlösung naht, und zwar in Person der 23-jährigen Kunstblumen-Binderin Christiane Vulpius.

Aus der Geliebten wird baldigst Hausgenossin, die »naturhafte Persönlichkeit« (so beschreibt er sie seiner Mutter) zieht bei ihm ein, bekommt noch im Jahr seiner Rückkehr das erste ihrer fünf gemeinsamen Kinder, das auch das Einzige ist, das überleben wird: August.

Goethes Benehmen schockiert die Stadt, für diese Mesalliance gibt es keine Entschuldigung. Die Frau, die er bislang liebte, muss es ihm so überdeutlich, so verletzend vermittelt haben, dass er sich in einer schriftlichen Antwort wehrt: »Und welch ein Verhältnis ist es? Wer wird dadurch verkürzt? Wer macht Anspruch an die Empfindungen, die ich dem armen Geschöpf gönne? Wer an die Stunden, die ich mit ihr zubringe?«

Anno 1789 hat Goethe offenbar keine Lust mehr auf eine ausschließlich postale Liebe: »Das Elend wird mir nach und nach so prosaisch wie ein Kaminfeuer.«

Er hat in der Frage aller Fragen eine Entscheidung gefällt – zwischen der Göttin seines Geistes und der naturhaften Mutter seiner Kinder, die ihm die gemeinsamen »Schlampamsstündchen« schenkt, nach denen er sich auf seinen Dienstreisen sehnt.

Christiane, die die Weimarer Gesellschaft unter anderem zu einer Alkoholikerin abstempelt, findet im Laufe der Zeit immerhin den Zuspruch von Goethes Mutter. Aber heiraten wird der Herr Geheimrat die Mutter seines Sohnes erst nach einer 18 Jahre währenden »Gewissensehe«, wie er es nennt. Warum so spät? Aus Furcht vor der Meinung der anderen? Oder aus andauernder Rücksichtnahme auf die Gefühle der Älteren?

Es war wohl so: Durch seine Italienreise ist Goethe gereift. Als Mann und Mensch. Er braucht keine Mentorin, Erzieherin, Wegweiserin oder Beschützerin mehr. Wonach er jetzt sucht, ist ein weibliches Wesen, das seine Nachttöpfe leert, Wärmflaschen bereitstellt, die Mahlzeiten sichert und nicht stört, wenn er in seine Dichterwelten entrückt.

Goethes Liebe zu einer reifen Frau hingegen, gleich ob es Charlotte oder Anna Amalia gewesen ist, ruft nach wie vor ein seltsames Unbehagen hervor. Martin Walser zum Beispiel hält diese Beziehung für »absurd« und »abenteuerlich« – bringt aber andererseits volles Verständnis für den 73-jährigen, »temporär entflammten« Poeten auf, der entschlossen war, die 19-jährige Ulrike von Lewetzow zu ehelichen ...

Und der Olympier selbst stellt in seinem autobiografischen Opus *Dichtung und Wahrheit* betont unaufgeregt fest, diese Zeit ließe sich allein »im Gewand der Fabel oder eines Märchens darstellen; als wirkliche Tatsache würde die Welt es nimmermehr glauben.«

Übrigens: Während Goethe den emotionalen Höhepunkt seiner Liebe zu einer Älteren erreicht, verliebt sich seine Mutter Catharina Elisabeth (1731–1808) in einen jüngeren Mann. (Wie heißt es in seinem berühmten Vierzeiler: »Vom Vater hab ich die Statur, / Des Lebens ernstes Führen, / Vom Mütterchen die Frohnatur / Und Lust zu fabulieren«?)

Am 25. Mai 1782 stirbt in Goethes Frankfurter Geburtshaus sein kränkelnder Vater. Er war 22 Jahre älter als »Frau Aja«, wie die Frau Rätin von allen genannt wird. Seine Alleinerbin lebt auf. Und da sie über die Weimarer Affäre ihres Sprösslings und die damit verbundenen Probleme offenkundig bestens informiert ist, fragt sie an, ob er nicht an einer Rückkehr in seine Geburtsstadt interessiert wäre: »Lieber Sohn! Du musst am besten wissen, was dir nutzt – da meine Verfassung jetzt so ist, dass ich Herr und Meister bin, und dir also unbehindert gute und ruhige Tage schaffen könnte ...«

Goethe lehnt ab. Ohne zu ahnen (oder gerade weil er weiß?), was einstweilen in Frankfurt »passiert«, wo seine 53-jährige Mutter mit aller Kraft den 31-jährigen Schauspieler Carl Wilhelm Unzelmann liebt, den sie in den Ostertagen 1784 bei einer ihrer Abendgesellschaften kennenlernt. Die Frau Rätin ist eine ansehnliche, vor Lebenslust sprühende Frau mit einem liebenswürdigen Wesen, »die nicht gewillt war, die ihr verordnete Einsamkeit länger zu ertragen. Genoss das Wagnis, das sie ihr Märchen nannte, einen Neubeginn, der ihr Leben veränderte, ihr die Ruhe raubte und nichts anderes bedeutete als den nie gekannten Aufbruch in die verwirrende Welt der Gefühle«, attestiert ihr Dagmar von Gersdorff in ihrem Buch *Goethes Mutter: Eine Biographie.*

Es entsteht ein äußerst kompliziertes, von erotischen Zwischentönen nur so knisterndes Verhältnis, das Unzelmanns junge Frau eifersüchtig beobachtet: »Er flatterte und flunkerte überall umher, war alltäglich verliebt ... endlich sogar in die Frau Rat, die Mutter Goethes, die ihn so beherrschend gängelte, dass ich nichts ohne ihren Einfluss tun durfte.«

Und der um 22 Jahre jüngere Umworbene gesteht: »Die Neigung zur Frau Rat war natürlich durchweg intim spirituell; sie imponierte mir durch warme Empfänglichkeit für das Theater sowie vermöge ihres gesunden, penetranten Urteils.«

Goethes Mutter schwebt in beglückender Hochstimmung, ihre Ausgabebücher bestätigen es: Sie spart nicht, sie lebt. Sie kauft teuren Kaffee, neue Kleider, sündhaft teure Straußenfedern für ihre Hüte sowie eintausend Haarnadeln für ihre Perücken. Sie empfängt schon zum Frühstück Gäste, fühlt sich durch ihr Glück »verjüngt wie eine Göttin« und ist keineswegs gesonnen, ihren Gefühlen Zwang anzutun. Sie wagt viel, riskiert den Spott der anderen.

Doch während ihr Sohn stets weit davon entfernt war, seine ältere Geliebte auszunutzen, ist Unzelmann ein regelrechter Gigolo, der die Gefühle der vermögenden Frau bewusst missbraucht. Frau Aja leiht ihrem Freund viel Geld, verwöhnt ihn mit altem Wein und gutem Essen, schenkt ihm Noten, Bücher, einen goldenen Ring und sogar zwei Flinten aus der Sammlung ihres verblichenen Gatten Caspar.

Hatten die beiden Sex? Die Indizien sprechen eher dagegen.

Im März 1789 ist alles vorbei. Der Angehimmelte macht sich samt Frau bei Nacht und Nebel davon nach Berlin und hinterlässt Schulden, für die sie aufkommen muss. Sie leidet, ist »krank an Leib und Seele«, grämt sich über die Schadenfreude der andern, die »suchen und spähen ob in meinen Augen Traurigkeit wahrzunehmen ist ... O! Schicksal, womit habe ich das verdient!«

Nun, wie der Sohn verkraftet auch die Mutter das Ende der altersungleichen Beziehung. Bedauert hat sie sie nie: »Das war meine glücklichste Zeit«, bestätigt sie später.

Bleibt die Frage: Warum hat Goethe alle Briefe seiner Mutter verbrannt? Weil er befürchtete, ihre Affäre mit dem jungen Schauspieler könnte ihn bei Hofe kompromittieren – oder weil sie die Wahrheit über seine Beziehung zu Anna Amalia enthielten?

Die Fürstin jedenfalls besucht mehrfach die Frau Rätin in Frankfurt, korrespondiert rege mit ihr und überhäuft sie mit Geschenken: Sie schickt Handschuhe, Porträts ihres Sohnes, eine goldene Dose, eine Marmorbüste, ein ganzes Service mit ihren Initialen, einen Strauß aus künstlichen Blumen und Strumpfbänder (also ein Geschenk von höchster Intimität).

»Normal« war solch eine Freundschaft nicht einmal während der Umbruchzeiten des »Sturm und Drang« im 18. Jahrhundert, als das Bürgertum immer mehr Privilegien für sich in Anspruch nahm, die bislang der Aristokratie vorbehalten waren, als der Mensch nicht mehr nach seiner Geburt, sondern nach seinen Eigenschaften beurteilt werden sollte.

Mutter und Sohn jedenfalls, indem ihre Liebe sie bewog, die engen Konventionen ihrer Zeit zu sprengen, waren Vorreiter für eine offenere Gesellschaftsordnung.

»Du bist das Schlagen meines Herzens«

Raymond Chandler (23. Juli 1888 – 26. März 1959)
Pionier der amerikanischen »schwarzen Kriminalromane«
ACHTZEHN Jahre jünger als
Pearl Cecily Bowen (29. Oktober 1870 – 12. Dezember 1954)
zweimal geschiedene Pianistin, seine Frau

»Dreißig Jahre, zehn Monate und vier Tage war sie das Licht in meinem Leben, mein einziger Ehrgeiz. Alles, was ich tat, war, das Feuer zu sein, an dem sie ihre Hände wärmte« – schreibt Raymond Chandler nach dem Tod seiner Frau. Ausgerechnet Chandler, einer der Schöpfer der amerikanischen *hardboiled novels*. Mit Philip Marlowe erschuf er den Archetyp des Privatdetektivs, der einen festen Platz in der Krimi-Kulturgeschichte fand als ein Mann von Ehre in einer Gesellschaft, die aus den Fugen geraten ist. Während die anderen enthemmt nach Geld gieren, nimmt Marlowe nur Honorare, die ihm gemäß seines Moralkodexes zustehen. Und während alle nur auf den eigenen Vorteil aus sind, hält er den Kopf für die Schwachen hin. Ein knallharter Kerl mit guter Seele – zynisch, aber feinfühlig. Mit Marlowe hatte Chandler sich ein Alter Ego erschaffen, so die einhellige Wahrnehmung. Allerdings eines, dass so manches seiner Geheimnisse für sich behält: »Ich habe praktisch nichts über sein [d.h. Marlowes] Geschlechtsleben geschrieben, weil ich dachte, das ginge nur ihn etwas an«, steht in einem Brief an einen Freund von 1952. Er erklärt auch wieso: Dass nämlich diese vornehme Diskretion auf nichts anderem basiert, als der Absicht, »einer Frau das Gefühl zu geben, dass man sie achtet (...) Ich nehme an, dass ein Mann, der fast 31 Jahre lang mit einer Frau verheiratet war, die er anbetet, gewissermaßen zu einem Liebhaber aller Frauen wird (...) Man kann eine Frau nicht zu etwas Billigem machen. Kein Mann meines Typs denkt von ihr genauso, wie sie von sich selbst denkt. Ihr Körper ist schließlich etwas Alltägliches für sie; aber für manchen ist er immer so etwas wie ein Heiligtum.«

Chandlers erste und einzige Ehefrau Pearl Cecily Bowen, genannt Cissy, war fast 18 Jahre älter. Er war ihr dritter Gatte. »Cissys Erscheinen in Chandlers Leben scheint ihn in seiner Identität als Mann gestärkt zu haben. Wegen des großen Altersunterschieds zwischen den beiden ist zuweilen gesagt worden (…) [er] habe seine Mutter geheiratet. Aber 1919 hatte Cissy rotblondes Haar, und ihre Figur und ihr Teint waren wunderbar. Sie war lebhaft und originell; die Hausarbeiten verrichtete sie am liebsten nackt. Außerdem war sie eine ausgezeichnete Köchin (…) Hier war nun eine Frau mit sexueller Reife, die außerdem genügend Grips hatte, um ihm auch geistig Gefährtin zu sein. Sie schien Chandler genau richtig«, heißt es in Frank McShanes brillanter Chandler-Biografie.

Wollte Chandler tatsächlich seine Mutter heiraten?

Chandler verehrte seine Mutter, eine überzeugte Quäkerin, als eine Art Heilige – und zwar wegen der Opfer, die sie gebracht hatte, um ihn großzuziehen: »Ich wusste, dass meine Mutter Affären hatte – sie war eine sehr schöne Frau – und das einzige, was ich nicht richtig fand, war, dass sie nicht wieder heiraten wollte; sie fürchtete nämlich, ein Stiefvater würde mich nicht freundlich behandeln, weil mein Vater so ein Schwein war«, berichtet er. Sein Vater hatte sich davongemacht, als er sieben Jahre alt war. Die Mutter verließ daraufhin Chicago, zog mit ihrem Sohn nach London um, ließ ihn studieren und ist unendlich stolz, als er die Prüfung für den britischen Staatsdienst als dritter von 600 Kandidaten besteht und vom Marineministerium angestellt wird.

Ein halbes Jahr später kündigt der junge Beamte, da er beschließt, Schriftsteller zu werden. Er versucht sich zunächst als Journalist, aber dann meldet er sich freiwillig zum Militär, denn der Erste Weltkrieg ist im Gange.

1919 kehrt er zurück nach Amerika. Mit seiner Mutter. Die erwartet selbstverständlich, dass sich der Kriegsveteran als begehrter Junggeselle in ein braves, junges, möglichst blondes Fräulein verliebt.

Nun – blond ist die Pianistin, die Raymond seiner Mutter in New York als seine Auserwählte vorstellt, in der Tat. Auch außergewöhnlich

Raymond Chandler und seine Ehefrau Pearl Cecily Bowen gegen Ende der Zwanzigerjahre

schön. Nur nicht jung. Außerdem ist sie mit einem seiner besten Freunde verheiratet, aber dieses Hindernis wird durch eine baldige Scheidung beseitigt.

Der Mutter zuliebe verschiebt Raymond die Hochzeit zunächst und mietet für sie und sich ein Apartment, für Cissy ein anderes.

1924 stirbt Mrs Chandler an Krebs, zwei Wochen später wird das Paar getraut. Er ist 35, sie gibt ihr Alter mit 43 an. In Wirklichkeit ist Cissy 53, aber man sieht es ihr nicht an. Die beiden sind glücklich.

Raymond schlägt sich mit Gelegenheitsjobs durch, dann arbeitet er drei Jahre als Buchhalter, bis er mit Talent und etwas Glück an den Posten als Direktor in einem Ölkonzern kommt. Doch der passionierte Schreiber ist kein allzu guter Geschäftsmann. Dazu kommt die Weltwirtschaftskrise und dass Chandler seine Macht missbraucht, um ab und zu übers Wochenende mit einer der Sekretärinnen zu verschwinden. Ende 1933 wird er entlassen.

Seine Ehe ist zerrüttet und wäre vermutlich gescheitert, wenn Cissy eine Alternative gehabt hätte.

Während der ersten Jahre ihres Zusammenlebens hat sich der Altersunterschied nicht bemerkbar gemacht. Allmählich jedoch, als sie auf die 60 zugeht, beginnt die Diskrepanz aufzufallen. Cissy versucht, ihr Alter zu vertuschen, indem sie sich die Haare blond färbt und sich möglichst modisch kleidet. Sie übertreibt, wird launisch und unberechenbar, leidet unter der Sichtbarkeit ihres Alters. Ihr Schlafzimmer quillt über vor rosa Rüschen und vermittelt theatralische Erotik.

Die beiden führen immer noch eine »echte Ehe«, schlafen immer noch miteinander, doch Chandler beginnt, den Altersunterschied zu merken. Und Cissy gibt immer öfter vor, krank zu sein, um seine Aufmerksamkeit und sein Mitgefühl zu erringen – diagnostizieren lässt sich nichts. Eine Zeit lang funktioniert das, aber bald geht er immer öfter allein aus. Um sie nicht zu ermüden (wie er ihr erklärt) oder in Verlegenheit zu bringen, weil sie bei den Festen immer die Älteste wäre.

Chandler bewundert Cissy als Musikerin, schätzt ihre Bildung und ihr allumfassendes Wissen, aber wenn er an Wochenenden mit Freunden und ihren jungen Frauen Tennis spielt, wird ihm klar, dass auch die Liebe, die zwei Gleichaltrige miteinander leben, etwas für sich hat. Danach bleibt er tagelang verschwunden, ohne Cissy zu sagen, wo er ist. Sie reagiert mit Selbstmord-Inszenierungen.

Um Geld zu verdienen – schließlich ist in dieser Ehe er der Versorger – schreibt er kleine Geschichten für die Krimiheftchen-Reihe »Black Mask«. Sobald im Dezember 1933 das erste Exemplar erscheint, lässt er seinen Namen im Telefonbuch mit dem Zusatz »Schriftsteller« versehen. Das erste Honorar beträgt 180 Dollar. Ein Cent pro Wort – ein Hungerlohn.

»Er hatte Talent. Aber keinen, der es loslässt wie einen Hund auf die Fährte« (Frank MacShane) – wie zum Beispiel Madame de Berny es für Balzac tat …

1939 wagt sich Chandler an seinen ersten Philip-Marlowe-Roman *The Big Sleep* (Der große Schlaf). Verfilmt mit Humphrey Bogart als

Philip Marlowe, ist dies der Beginn seines Weltruhms. Hollywood verpflichtet ihn als Drehbuchautor. Und Cissy bleibt während der ganzen Zeit seine einzige wirkliche Gesprächspartnerin, sie ist eine intellektuelle Herausforderung für ihn. Die Chandlers sind sogar der Klatschpresse als »Hollywoods glücklichstes Paar« bekannt. Dennoch: Von Zeit zu Zeit verschwindet Raymond, um eine Weile mit einem der vielen Filmstarlets zu verbringen – nach einer Woche kommt er zurück.

Chandler kauft ein Haus in La Jolla, einem Vorort von Los Angeles. Er ist froh, dass er seiner Frau nach einer Zeit von Gelegenheitsjobs und mageren Zeilenhonoraren, endlich etwas Großartiges schenken kann. Aber gesellschaftliche Kontakte haben sie kaum, mehr oder weniger aus einem einzigen Grund: Cissys Alter.

Chandler muss sich auch um alle Hausangelegenheiten allein kümmern – Cissy fehlen die Kräfte. Chandler aber schwärmt: »Hemmungslose Romantiker meines Typs geben sich nie mit etwas zufrieden. Sie verlangen das Unmögliche, und ganz selten einmal erreichen sie es sogar (...) Ich war einer der Menschen, einer der vielleicht zwei Prozent, die mit einer Ehe gesegnet sind, die nie zur Routine wird. Ich habe nie formell um die Hand einer Frau angehalten. Meine Frau und ich schienen einfach einer in des anderen Herz zu verschmelzen, ohne Worte.«

Wie es scheint, beherrscht sich Chandler irgendwann und verzichtet über lange Strecken auf Sex (und auch auf das Trinken). Die goldhaarigen Blondinen mit rosa Haut bevölkern jetzt nur noch seine Bücher.

Für einen Freund, der heiraten möchte, stellt er folgende Lebensregel auf: »Vor allem, vergiss nie, dass die Ehe in einer Hinsicht sehr einer Zeitung gleicht: Man muss sie an jedem verdammten Tag eines jeden verdammten Jahres wieder neu machen.«

Während er an seinem Bestseller *The Long Goodbye* (Der lange Abschied) arbeitet, wird ihm bewusst, dass sich seine kranke Frau nicht mehr erholen wird. Er beginnt, wieder zu trinken. Je kränker Cissy wird, umso stärker wird sein Alkoholkonsum.

Am 12. Dezember 1954 ist es so weit: »Ich schloss ihr die Augen, küsste sie und ging weg (...) In Gedanken von dem geliebten Menschen

Abschied zu nehmen, ist etwas anderes, als ihr die Augen zu schließen und dabei zu wissen, dass sie sie nie wieder öffnen würde. Aber ich war froh, dass sie starb. Der Gedanke, dieser stolze, furchtlose Vogel könnte für den Rest seiner Tage im Zimmerkäfig eines elenden Sanatoriums eingesperrt sein, war für mich unerträglich (…) Mein Zusammenbruch kam erst nach der Beerdigung, zum Teil, weil ich unter Schock stand, zum Teil, weil ich ihrer Schwester beistehen musste. Ich schlafe in ihrem Zimmer …«

Danach trinkt er ständig, um seinen Schmerz zu betäuben.

»Morgen ist oder wäre unser einunddreißigster Hochzeitstag. Ich werde das Haus mit roten Rosen füllen und mir einen Freund einladen, und mit ihm Champagner trinken, wie wir es immer gehalten haben. Eine sinnlose und vermutlich törichte Geste, weil meine verlorene Liebe ja doch endgültig verloren ist und ich an ein Leben nach dem Tod nicht glaube. Aber trotzdem werde ichs tun. Wir harten Burschen sind allesamt hoffnungslos sentimental.«

Es folgen Depressionen, er droht mit Selbstmord, versucht tatsächlich, sich am 22. Februar 1955 zu erschießen, landet im Krankenhaus, flüchtet sich in den Wahnsinn: »Sie war das Schlagen meines Herzens – dreißig Jahre lang. Sie war die Musik, kaum hörbar, am Rande des Tons. Es war mein großer und nun sinnloser Kummer, dass ich nie etwas geschrieben habe, das ihrer Aufmerksamkeit wirklich würdig gewesen wäre; kein Buch, das ich ihr widmen konnte. Ich hatte es vor. Ich dachte darüber nach, aber ich habe es nie geschrieben. Vielleicht hätte ich es gar nicht schreiben können.«

Chandler verkauft das Haus in La Jolla und versucht, sich in London von einigen weiblichen Bekannten ablenken zu lassen. Er beschenkt alle, die er mag, mit Schmuck, Geld und Orchideen. Vielleicht soll ihm das Schenken helfen, sich nützlich zu fühlen. Doch eigentlich hat er sich längst aufgegeben. Er erkrankt an einer Lungenentzündung und stirbt: vier Jahre, drei Monate und 14 Tage nach Cissy.

»O meine Herrin!«

Johannes Brahms (7. Mai 1833 – 3. April 1897)
Komponist
VIERZEHN JAHRE JÜNGER als
Clara Schumann (13. September 1819 – 20. Mai 1896)
Pianistin, verheiratet, achtfache Mutter

Dein Brief, o Herrin, ist angekommen und hat Balsam in eine von Sehnsucht und Verlangen gequälte Seele geträufelt und Heilung einem zerrissenen und kranken Herzen gebracht. Dein ermatteter Sklave hat alle die huldvollen Worte seines Inhalts vernommen, und bei Deinem Haupte, o meine Herrin! Ich bin in jedem Zustande, den der Dichter schildert …« Als Johannes Brahms diesen schwärmerischen Brief am 15. Dezember 1854 in Hamburg der Post anvertraut, hat er nur eines im Sinn: So schnell wie möglich zu der Adressatin, zu Clara Schumann, zurückzukehren, die in Düsseldorf ihre nächste Konzerttournee plant.

Sie ist Klaviervirtuosin, europaweit bekannt und bewundert: Niccolò Paganini und Franz Liszt applaudierten ihr, als sie noch ein Wunderkind war, mit 18 wurde sie in Wien zur Kaiserlich-Königlichen Kammervirtuosin ernannt und in Russland von der Zarenfamilie empfangen. Inzwischen hat sie acht Kinder zur Welt gebracht und ist mit dem Komponisten Robert Schumann verheiratet. Sie ist 14 Jahre älter als der linkisch verschlossene, unerfahrene Hanseat Brahms, der dennoch ihrem mädchenhaften Charme erliegt: »Was haben Sie mir angetan, können Sie den Zauber nicht wieder von mir nehmen?«, fleht der 21-Jährige sie an. Weder vorher, noch nachher hat Brahms solche Worte geschrieben.

Die hingebungsvolle Leidenschaft, die aus jeder Zeile trieft, kann seiner Umgebung nicht entgehen. Und tatsächlich ist diese irritiert, denn die Lage ist durchaus pikant. Schließlich verdankt Johannes seinen frischen Ruhm als Komponist ausgerechnet Claras Ehemann. »Das ist wieder einmal einer, der kommt eigens, wie von Gott gesandt! Das ist ein Berufener!«, schreibt Robert Schumann Mitte 1853 in seinem Auf-

Der junge Brahms auf einem Foto von 1854

satz »Neue Bahnen« für die »Neue Zeitschrift für Musik«.

Aber Robert, neun Jahre älter als Clara, ist seit März 1854 im Irrenhaus, weil er von einer Brücke in den Rhein sprang. Unmittelbar nach diesem Selbstmordversuch schreibt Brahms an die »verehrte Frau« Schumann: »Ich dachte – wie oft – daran, zu Ihnen zu gehen. Aber ich fürchtete das Unpassende. Es kommt ja alles in die Zeitungen.« Wenige Tage später wird sie zur »Teuersten Freundin«, in Kürze nennt er sie »Liebe Clara«.

Da ihre Briefe nicht erhalten sind, kann man lediglich anhand ihrer Tagebucheintragungen erkennen, dass auch sie für den jungen Mann eindeutige Gefühle hegt. Und dieser seinerseits schreibt: »Du bist mir so unendlich lieb, dass ich es gar nicht sagen kann. In einem fort möchte ich dich Liebling und alles mögliche nennen ... Deine Briefe sind mir wie Küsse.«

Dann zieht Johannes bei der Familie Schumann ein und übernimmt Roberts Rolle: Clara übergibt ihm das Haushaltsbuch, er kümmert sich um die Kinder. Nachdem sie nach Rotterdam zum Konzert aufbricht, bleibt er mit der Familie allein: »Meine herzliebe Clara (...) Ich küsse [die Jungen] immer als von Ihnen aber ich möchte Ihnen die Küsse auch wiedergeben!«

Brahms als Hausmann, Clara als gefeierte Virtuosin – der Rollentausch ist perfekt. Vor allem seine Mutter beginnt, sich ernsthafte Sorgen zu machen. Was hat ihr Sohn, der sich schon ganz wie ein Ehemann aufführt, mit der Alten? »Hier gehen viele Gerüchte über Schumann, man weiß nicht, was man glauben soll«, schreibt sie am 19. März ihrem Sohn.

Aufnahme von Clara Schumann, ca. 1875

Frau Brahms ist übrigens 17 Jahre älter als ihr Gatte und gehbehindert. Es müssen wohl die berühmten inneren Werte gewesen sein, die den hochgewachsenen, stattlichen jungen Orchestermusiker zu dieser hinkenden, einfachen Frau gezogen haben, die mit 44 ihrer beider Sohn Johannes auf die Welt bringt. Die Familie ist arm, aber der Junge erhält Klavierstunden. Er wächst in Hamburgs Rotlichtvierteln auf, begleitet seinen schüchternen Vater bei dessen Auftritten in den Kneipen. Hier lernt er auch, was »käufliche Liebe« ist.

Vom ersparten Geld kauft er sich Bücher und Noten, übt, komponiert und reist nach Düsseldorf, um sich persönlich bei Maestro Schumann für dessen begeisterten Zeitschriftenartikel zu bedanken. Dort angekommen, ist Johannes überwältigt: Diese große Wohnung, die gutbürgerlichen Möbel, das Geschirr, die Eleganz der Kleider! Hinzu kommt die Aufregung: Er, ein Nobody, wird von zwei so großen Künstlern empfangen!

Clara ist zuerst von seinem Spiel, später vom Pianisten selbst hingerissen. »Rein wie ein Demant, weich wie Schnee« ist der blonde Jüngling, lebhaft und bartlos. Sie – wieder einmal schwanger – fühlt sich alt und verbraucht: »Meine letzten guten Jahre gehen dahin, meine Kräfte auch. Ich bin so entmutigt, dass ich es gar nicht sagen kann«, steht in ihrem Tagebuch.

Vierzehn Jahre nach der Eheschließung mit einem Mann, den sie sich ertrotzte, ist sie innerlich gespalten. Zwölf lange Jahre hat sie bei ihrem Vater um Robert gekämpft, sich mit einem Briefwechsel zufriedengegeben und sogar wegen der Heiratserlaubnis prozessiert. Doch von dieser kämpferischen Glut ist wenig übrig geblieben. Die hohen Erwartungen, die man in Robert als Komponisten setzte, haben sich nicht erfüllt, das Paar lebt vor allem von dem Geld, das sie mit ihren Konzerten verdient. Robert gesteht in seinem Tagebuch schon kurz nach der Hochzeit: »Der Gedanke meiner unterwürdigen Stellung in solchen Fällen ließ aber keine Freude in mir aufkommen.«

Der Konflikt ist unvermeidlich. Je enttäuschter Robert als Komponist bzw. Orchesterdirektor ist, umso fordernder hängt er an tradierten Männerrechten. Sprich: Er überlässt seiner Frau das Management des ganzen Haushalts – allerdings ohne für den Unterhalt aufkommen zu können. Nur eine einzige seiner »männlichen« Aufgaben erfüllt er mit großer Gewissenhaftigkeit: den »Beischlaf« (worüber er ein ziemlich widerwärtiges Protokoll führt). Der wird alle zwei bis drei Nächte vollzogen, egal, ob sie miteinander sprechen oder gerade im stillen Krieg liegen.

In seinem subtilen ehelichen Kleinkrieg zweifelt Robert Claras Können an, kritisiert ihre Spielweise und schiebt ihr die Schuld am Misserfolg seiner Kompositionen zu: »Ich weiß kaum mehr, wie ich noch spielen soll«, vermerkt sie verzweifelt in ihrem Tagebuch. Sie verliert allmählich ihr künstlerisches Selbstwertgefühl – und Robert sein psychisches Gleichgewicht. Er verprügelt seine Töchter und ignoriert seine Söhne. Ihr einst so romantischer Liebesbund ist lange vor dem ersten Besuch des jungen Johannes gescheitert.

Clara Schumanns Tochter Eugenie (1851–1958) erinnert sich in ihrem Buch *Claras Kinder*: »Über Brahms dachten wir nicht viel nach; er war eben da, war immer da gewesen, solange wir denken konnten, und würde immer da sein, er gehörte eben dazu (...) Er kam und ging, wie es ihm gefiel, der Tisch war stets für ihn gedeckt, er kam in jeder Stimmung, in guter und in böser, brachte gute und böse Stunden (...) Wir Kinder hatten Brahms alle sehr gern.«

Brahms komponiert nicht mehr, kümmert sich nicht um seine Karriere, sondern hilft Claras Kindern bei den Schulaufgaben oder übt mit den Kleinen die Tonleiter. Wenn einer der Jungen schlecht träumt, hüpft er in sein Bett: »Wir ließen ihn mit uns leben, ohne ihn gerade viel zu beachten (...) [wir] liebten seine jugendfrische Männlichkeit, Wahrhaftigkeit, Zuverlässigkeit, die Klarheit seines Geistes ... aber vor allem liebten wir an ihm seine Liebe zu unsrer Mutter.«

Er war für sie da, auch während sie ihrem Beruf nachging. »Gar manchmal sagten wir zueinander: Was könnte Mama wohl am ehesten aus ihrem Leben missen: Uns oder die Kunst? Und fanden die Antwort nicht«, erinnert sich Eugenie. Seit Schumann in der psychiatrischen Anstalt in Endenich (bei Bonn) behandelt wird, ist sie endgültig die Alleinerziehende und -verdienende: Würde ihr Mann je wieder gesund? Und arbeiten können? Die Kosten, die sie für seine Pflege monatlich aufbringen muss, sprengen den Haushaltsetat: »Ich suche meine Pflichten zu erfüllen, mein Unglück zu tragen, so gut ich es kann, aber nicht durch Beten und Lesen heiliger Bücher, sondern durch Tätigkeit und das Wirken für andre. Darin finde ich die Kraft und den Mut, noch zu leben, überhaupt.«

Sie nimmt auch Aufträge an, die ihrem hohen Anspruch an die Kunst nicht entsprechen. Nach einem »populären« Konzert im Kursaal zu Bad Ems kämpft sie »schwer mit meinen Tränen und war nur froh, daß keins meiner Lieben zugegen war, denn Robert wie Johannes hätte das Herz geblutet (...) Zu Hause weinte ich noch viel – hätte ich doch Johannes bei mir gehabt, er hätte gewiß Trost für mich gehabt. Der Überschuß dieses Konzerts betrug 1340 Taler, hinreichend, meine Familie die Sommermonate hindurchzubringen und noch etwas zurückzulegen (...) So habe ich für dies Erlittene doch wenigstens den Trost!«

Ihre Existenzängste verlassen sie nur, wenn sie musiziert. Als Brahms Jahre später einmal die gealterte Freundin, die mit ihren bald 50 Jahren im Rampenlicht steht, ermahnt, sie müsse sich schonen, erhält er eine resolute Antwort: »Du betrachtest es nur als Verdienst, ich nicht; ich fühle mich berufen zur Rerproduction [sic!] schöner Werke, vor allem auch der Roberts! (...) Die Ausübung der Kunst ist ja ein großer Theil meines Ichs, es ist mir die Luft in der ich athme!«

Am 11. Juli 1854 wird Claras letztes Kind geboren: Felix. Schumann wird gar nicht erst informiert, Brahms ist überglücklich. Das Baby hat blonde Locken wie er, daher rumort das Gerücht, Felix sei sein Sohn. Auch Clara strahlt vor Glück, wirkt verjüngt, trägt rote Mohnblüten in ihrem schwarzen Haar. Bei ihren Auftritten spielt sie vor allem Stücke, die ihr »junger Schützling« und nicht ihr Mann geschrieben hat.

Brahms macht Clara Vorwürfe, sich dem Baby nicht genug zu widmen. Und da sie dem Kleinen nie etwas schenkt, kauft er ihm selbst »einen prächtigen Purzelmann«. Er ist auch Pate, als Felix (»der Glückliche«) am 1. Januar 1855 getauft wird, und liebt – wie es heißt – den Jungen, den Robert nie gesehen hat, wie einen eigenen Sohn. Felix stirbt 25-jährig an Tuberkulose, nachdem er sich erfolglos als Musiker und Jurastudent versuchte. Brahms vertont drei Gedichte, die der 17-Jährige seiner Mutter zu Weihnachten geschenkt hatte: »Meine Liebe ist grün wie ein Fliederbaum ...« heißt eines davon.

Im Sommer 1855 brechen Clara und Johannes auf eine fünftägige Fußwanderung am Rhein entlang auf: »Johannes nahm sein Ränzel auf den Rücken, mit all dem, was wir brauchten.« Sie haben zwar mit Claras Haushälterin Bertha eine Anstandsdame dabei, aber kann diese die beiden Romantiker wohl daran hindern, in der paradiesischen Natur ihre Gefühle auszuleben?

Am 29. Juli 1856 stirbt Claras Mann. Noch kurz vor seinem Tod hat sie ihn besucht, lässt sich vorher über seinen Zustand von ihrer Mutter und Johannes informieren, der den Kranken regelmäßig aufsucht. Er ist auch bei ihrem letzten Treffen dabei. Und beschreibt es einem Freund: »Ich erlebe wohl nie wieder so Ergreifendes, wie das Wiedersehen Roberts und Claras. Er lag erst länger mit geschlossenen Augen, und sie kniete vor ihm, mit mehr Ruhe, als man es möglich glauben konnte (...) Einmal begehrte er deutlich, sie zu umarmen, schlug einen Arm weit um sie. Sprechen freilich konnte er schon länger nicht mehr (...) wir hätten freier atmen sollen, dass er erlöst, und wir konnten's nicht glauben.«

Es scheint, dass mit Roberts Tod die Beziehung zwischen seinem Protegé und seiner Frau zu Ende ging. Als würde der Schatten des Toten ihr Leben mehr bestimmen als die Gegenwart des Lebenden. Brahms verlässt Düsseldorf, bleibt aber Claras Freund – und unverheiratet. Einst hat er zusammen mit Robert Schumann und Albert Dietrich eine Sonate komponiert, jeder einen Satz. Sie trägt den Titel: »F. A. E. Frei aber einsam«. Dieser Wahlspruch der Romantik wird zum Leitmotiv seines Lebens.

Im Sommer 1858 verlobt er sich, aber kurz vor der Hochzeit flieht er: »Für die Ehe hege ich die gleichen Gefühle wie für die Oper: Hätte ich eine Oper komponiert, und sie wäre meinethalber durchgefallen, ich hätte bestimmt eine zweite geschrieben. Aber ich kann mich weder zu einer ersten Oper noch zu einer ersten Ehe durchringen.«

Er scheint nach der Trennung von Clara wild entschlossen, sich von nun an nur noch auf seine Arbeit zu konzentrieren. Verzichten will er, um sich zu befreien: »Leidenschaften gehören nicht zum Menschen als etwas Natürliches. Sie sind immer Ausnahme oder Auswüchse ... Ruhig in der Freude und ruhig im Schmerz und Kummer ist der schöne, wahrhafte Mensch. Leidenschaften müssen bald vergehen, oder man muss sie vertreiben.«

Außerdem findet er nie wieder eine Frau wie Clara: »Ich glaube, ich achte und verehre sie doch nicht höher, als ich sie liebe, ich meine, ein Mädchen kann ich gar nicht mehr lieben (...) die versprechen uns nur den Himmel, den Clara uns geöffnet hat«, sagt er gegenüber einem Bekannten.

Clara Schumann und Johannes Brahms bleiben bis zu ihrem Tod Freunde, auch wenn es ab und zu Streitigkeiten gibt. Klagt Clara, dass ihre Kräfte nachlassen, tröstet er sie: »Du musst ernstlich danach trachten und dafür sorgen, dass Deine trübe Stimmung nicht alles Maß überschreite (...) Das Leben ist kostbar (...) Rede Dir nicht ein, dass Dein Leben wenig wert sei.« Und sie beschwört sich selbst: »Wie unsäglich unglücklich würde es mich machen, nicht mehr in voller Kraft künstlerisch wirken zu können. Darum nur ja nicht alt werden!«

Clara verfolgt seine Karriere, regelt sogar eine Zeit lang seine Finanzen. Und immer ist sie die Erste, die seine Werke begutachtet: »Ich habe nun einmal viel Spaß an meinen Sachen. Ich glaube wirklich, liebe Clara, ich wachse!«, heißt es 1859 aus Hamburg.

In ihrem Baden-Badener Landhaus wiederum ist immer ein Gedeck zu ihrer Rechten für den Hausfreund aufgelegt. Nach einem Streit über Robert Schumanns Nachlassverwaltung verschwindet es, taucht aber wieder auf, nachdem Clara sein »Deutsches Requiem« gehört hat.

Am Ostersonntag 1872 schickt der inzwischen etablierte Komponist der allmählich taub werdenden Klaviervirtuosin folgende Zeilen: »Wie glücklich bist Du oder sage ich, wie schön, wie gut, wie recht. Ich meine, Du trägst Dein Herz als viel sicheren Besitz – wir müssen es alle Augenblicke verstecken. Du sieht alles so warm und so schön ruhig – so recht aus Dir heraus an. Und Du gibst denn auch ruhig jedem was ihm gebührt. – Das klingt alles so dumm und ich kanns auch nicht sagen, höchstens noch dümmer von Lilien und Engeln reden – und dann auf Dich und Dein Gemüt kommen«.

Im Mai 1896 stirbt Clara. Brahms eilt zu ihrem Begräbnis, aber kommt zu spät. Elf Monate später ist er selbst tot. Die Tatsache, dass sie um 14 Jahre älter war, »hatte für ihn zu keinem Zeitpunkt eine Rolle gespielt« (Hans A. Neunzig).

»She's my leading lady«

Hugh Jackman (* 12. Oktober 1968)
Schauspieler, »Sexiest Man Alive«
DREIZEHN Jahre jünger als
Deborra-Lee Furness (* 1955)
Schauspielerin, sie haben zwei Kinder adoptiert

Ich denke, wenn man ehrlich miteinander ist und regelmäßig miteinander redet, kann es keine unangenehmen Geheimnisse geben. Kommunikation ist alles. Kommunikation und Kreativität.« Das hört sich gut an. Vor allem, wenn der Autor dieser Gebrauchsanweisung für eine glückliche Ehe im Jahr 2008 vom US-Magazin »People« zum »Sexiest Man Alive« gekürt wurde: Hugh Jackman, der australische Schauspieler mit Charme und einem Sixpack aus Stahl.

Seine Frau Deborrah-Lee Furness, wahrscheinlich Jahrgang 1955 (oder ähnlich, über ihr wahres Alter wird gerätselt), reagierte auf die Auszeichnung offenbar ziemlich nüchtern: »Meine Frau sagte, das Sexieste an mir sei, dass ich den Müll rausbringe. Und sie ärgert sich sehr. Sie findet, dass es die Aufgabe des Mannes ist, fett und schwabbelig zu sein, damit sie neben ihm fantastisch aussieht. Sie meint, ich erfülle meinen Teil der Abmachung nicht.«

Die beiden sind seit April 1996 verheiratet und haben zwei Kinder adoptiert (die künstliche Befruchtung endete mit zwei Fehlgeburten): Oscar (geboren 2000) und Ava (geboren 2005). Dazu meint »Smuda« am 30. März in einem Internetforum: »Ältere Ehefrau, zwei adoptierte Kinder, hört sich ziemlich schwul an.«

Präziser lässt sich die latente Ächtung selbst für prominente Yoko-Paare kaum formulieren: Was will der bloß von dieser Frau?

Jack und Deborra-Lee genießen derweil souverän ihre Beziehung. Dass nach seiner Kürung das Interesse der Medien nicht um ihn, sondern um seine ältere Gattin kreist, nehmen sie gelassen hin. Den beiden gelingt offensichtlich etwas, wovon andere Paare in der internationalen VIP-Liga nur träumen können: eine lange, stabile und glückliche Beziehung. Hugh ist jedenfalls immer hin und weg, wenn er von seiner Gattin spricht: »Es ist wie in der Chemie. Wenn Dinge zusammenkommen, gehören sie einfach zusammen. Und es funktioniert.«

Bei den beiden »funkte« es 1995 während der Dreharbeiten zu der australischen Krimi-Serie »Corelli«. Sie spielte eine Gefängnisärztin, er verliebte sich in der Rolle eines brutalen, aber dennoch attraktiven Gefangenen in sie.

Um das Interesse der älteren Kollegin zu wecken, gab Jackman eine Dinnerparty in seinem Haus: »Aber bevor die Vorspeise auf den Tisch kam, klingelte Debs Handy. Es war ein sehr berühmter Freund von ihr, der sagte, ›Deb, ich steh mit Mick Jagger in einer Limousine vor Hughs Haus und Mick sagt, komm raus und lass uns feiern!‹ Ich meinte, ›Geh mit Mick!‹ Aber sie nahm das Handy und sagte, ›Sag Mick, ich esse mit Hugh Jackman zu Abend.‹ Dann legte sie auf. Ich war beeindruckt: ›Wow, das ist ziemlich cool.‹ Und dann habe ich ihr gestanden, dass ich in sie verliebt bin – und sie sagte mir, dass sie auch in mich verliebt ist.« Seither gilt: Keine Skandale, keine Affären, sondern vielmehr entspanntes Familienleben. »Meine Frau und ich nehmen uns jeden Tag 15 Minuten Zeit – nur für uns zwei. Das ist ein Meeting der Seelen«, erklärte Jackman der BILD-Zeitung. Und meinte voller Stolz: »She's my leading lady«.

Populär wurde Jackman hierzulande durch seine Rolle als Wolverine in den X-Men-Filmen, seinen Auftritt an der Seite von Nicole Kidman in dem Epos »Australia« und schließlich als Moderator der Oscarverleihung 2009. Seine Frau ist derzeit vor allem als Drehbuchautorin für kleinere Produktionen und als Produzentin tätig.

Hugh war übrigens acht Jahre alt, als seine Mutter die Familie verließ. Könnte es sein, dass er in seiner Ehefrau einen Muttersatz sucht (wie eines der Klischees über die Yoko-Paare suggeriert)? Darüber lacht er entweder (»Was für ein Unsinn!«) oder aber bestätigt augenzwinkernd den Verdacht, in jeder Frau eine »Mama« zu sehen: Schon sein Teenie-Idol sei keine Gleichaltrige, sondern vielmehr die um 20 Jahre ältere Sängerin und Schauspielerin Olivia Newton-John gewesen.

Hugh Jackmann mit Ehefrau Deborra-Lee Furness und Kindern 2009 in Los Angeles

Auch Deborra-Lee Furness ist in keiner intakten Familie aufgewachsen, sie wurde von ihrer alleinerziehenden Mutter erzogen: »Meine Mama war Vorstand, der Boss eines großen Unternehmens. Und das im Macho-dominierten Australien! Da hatte ich das Gefühl, dass Frauen stärker sein müssen als Männer.«

Die beiden sind – ohne Frage – ein schönes Paar. Aber für eine funktionierende Beziehung sei das Aussehen keineswegs ausschlaggebend: »Ich hatte mehrere sehr unterschiedliche Freundinnen. Und keine von ihnen sah wie das klassische Topmodel aus. Die Ausstrahlung zählt, sonst nichts.« Das heißt: »Attraktiv ist für mich jeder, der sich wohl in seiner Haut fühlt, ein Mensch mit Humor und Selbstbewusstsein, der sich akzeptiert.« Und auch sie erklärt: »Hughs Körper ist eine Wucht – aber ich mag das, was drin ist. Seine Loyalität, Leidenschaft.«

Das sind zwei Partner auf Augenhöhe – und zwei Romantiker. Sie haben sich geschworen, nie länger als zwei Wochen voneinander getrennt zu sein, und trugen während der Hochzeit Freundschaftsbänder mit der Inschrift »Wir widmen unsere Vereinigung einer Kraft, die mächtiger ist als wir« auf Sanskrit. Heute noch schreibt er ihr kleine Briefchen, selbst wenn er daheim ist.

Und was ist mit dem Sex? Furness bestätigt in einer Talkshow, dass der Sex mit einem jüngeren Mann »die sexuelle Befriedigung schlechthin« ist, »absolut!«.

Auch Jackman schwärmt, weil es mit seiner älteren Frau »so einfach ist. Sie liebt es, wenn ich in meinem Film- oder Theaterkostüm nach Hause komme, denn dann kann sie sich der Illusion hingeben, dass sie eine Affäre hat, aber nicht fremdgeht. Am liebsten hat sie mich als ›Börsenmakler‹. Manchmal bittet sie mich, für sie meinen ›Sexy-Tanz‹ zu tanzen, mit Hüftschwung und so, wie in den Achtzigern. Klar tanze ich für sie. Warum sollte ich nicht? Wenn es funktioniert?« Ein Rollentausch vom Feinsten: Normalerweise sind es doch die Ladys, die schwungvoll für ihre schlappen Gatten strippen.

Wer ist für Hugh die »Sexiest Woman Alive«? »Meine Frau natürlich!« Eine perfekte, mediengerechte Antwort. Doch er scheint es ernst zu meinen.

Und was, wenn das Alter sie einholt? Deborra-Lee ist sich sicher, dass sich an ihrer Beziehung nichts ändern wird. Und auch der »Sexiest Man Alive« scheint in seiner Frau den Menschen gefunden zu haben, mit dem er alt werden möchte: »Deb ist erstaunlich, nichts entmutigt sie. Sie ist kein bisschen eifersüchtig und es gibt keinen Wettstreit zwischen uns«, sagt er. »Ich liebe Deb jeden Tag mehr.«

»Ich liebe sie wahnsinnig und kann nicht länger ohne sie sein«

Napoleon Bonaparte (15. August 1769 – 5. Mai 1821)
Feldherr, Kaiser der Franzosen
SECHS JAHRE JÜNGER als
Joséphine Bonaparte (23. Juni 1763 – 29. Mai 1814)
Witwe mit zwei Kindern aus erster Ehe, seine erste Ehefrau

Nein, sie denkt, Du seiest sehr alt. Wenn sie Dich und Deine Reize sieht, würde sie sich Sorgen machen; sie würde mich bitten, Dich fortzuschicken, und ich müsste es tun.« Mit dieser bittersüßen Erklärung lehnt Napoleon, Kaiser der Franzosen, 1810 die Bitte seiner Ex-Frau Josephine ab, ihre Nachfolgerin zu treffen. Joséphine ist 47, er 41, die Erzherzogin Marie-Louise 19.

Als Joséphine, die Tochter eines französischen Zuckerrohrplantagen-Besitzers auf Martinique, Napoleon kennenlernt, hat sie bereits zwei Kinder und ist Witwe. Ihr Gatte, der Armeeoffizier Vicomte de Beauharnais, der das exotische Mädchen nur geehelicht hatte, um an ihr Erbe zu kommen, wurde während der Terrorherrschaft der Französischen Revolution guillotiniert. Da ihre Ehe jedoch alles andere als angenehm war, hielt sich die Trauer der beim Tod ihres Mannes erst 22-jährigen Kreolin in Grenzen. Bald flatterte sie durch die Pariser Salons, bezirzte die Herren mit ihrer erotischen Ausstrahlung, mit ansteckender Fröhlichkeit und unbekümmerter Liebenswürdigkeit. Und machte dabei Schulden: »Madame de B. war hundertmal vergnügungssüchtiger als [ihre Rivalin] Madame Tallien«, bezeugt Marquis de Sade.

Elf Jahre später wird ihr amtierender Liebhaber, Paul Barras, vom Konvent des revolutionären Frankreichs zum Oberbefehlshaber der Armee ernannt und sucht nach einem geeigneten Ehemann für die Witwe Beauharnais, um sie elegant loszuwerden, aber gleichzeitig dauerhaft zu versorgen. Bald findet er den geeigneten Kandidaten in seinem

Protegé Napoleon Bonaparte. Er macht seiner exotischen Mätresse klar, dass sie mit ihren 33 Jahren zu welken beginne und daher jemanden brauche, der sie und ihre Kinder auf Dauer versorgen könne. Mit der Begründung »Er hat ein festes Einkommen, ist Junggeselle und hat wenig Erfahrung mit Frauen« überzeugt er sie, dass der korsische Jungoffizier der richtige für diesen Zweck sei und sie ihn verführen solle. Dass Barras für die Versorgung seiner Geliebten Napoleons Karriere fördern würde, gehört zu der Abmachung mit seiner Mätresse.

1795 kommt Napoleon nach Paris. Er trägt schmutzige Kleider, sein Haar ist ungekämmt, die Manieren verbesserungswürdig. Schon mindestens drei Körbe hat sich der ehrgeizige Provinzler bereits geholt – von allesamt älteren, reichen Frauen, die er zu heiraten gedachte. Denn sein Lebensziel ist klar definiert: »Auf dieser Welt kann man nur eines tun, und das ist, sich Geld und noch mehr Geld und Macht und noch mehr Macht verschaffen. Alles andere ist bedeutungslos.«

Die Damen in den Pariser Salons beeindrucken ihn sehr, und er schreibt an seinen Bruder Joseph: »Die Frauen hier sind die schönsten der Welt und von zentraler Bedeutung.«

Joséphine ist vermutlich in Barras' illustrem Salon die Einzige, die dem linkischen Jungoffizier Aufmerksamkeit schenkt: »Sie hörte stets mit Interesse zu, wenn ich von meinen Plänen sprach (...) machte mir allerhand Komplimente wegen meiner militärischen Fähigkeiten. Ihr Lob berauschte mich. Von diesem Augenblick an unterhielt ich mich nur mit ihr und wich nie von ihrer Seite (...) Die Bekanntschaft reifte bald zur Intimität heran«, soll Napoleon später im Exil auf St. Helena diktieren.

Napoleon ist entflammt, die »geile Kreolin« Marie Josephe Rose eine erfahrene Mätresse. Nach der ersten gemeinsamen Nacht schickt er ihr einen Brief: »Ich erwache ganz erfüllt von Dir.« Und er erfindet ihren neuen Namen: »Süße und unvergleichliche Joséphine. Deine Lippen, Dein Herz haben eine Flamme entfacht, die mich verzehrt (...) Tausend Küsse, aber Du gib mir keine, denn sie verbrennen mein Blut.«

Beinahe sofort besteht er auf einer Hochzeit. Sie willigt ein, denkt aber keineswegs daran, ihr Geschlechtsleben in Zukunft auf diesen unattraktiven Mann zu beschränken.

Für die zivile Trauung am 6. März 1796 macht Joséphine sich vier Jahre jünger, er sich um knapp zwei Jahre älter. Laut einem Pressebericht sieht die »Braut nicht schlecht aus, obwohl in ihrem Mündchen ein Zahn fehlte«. Danach schreibt Napoleon an seine Mutter: »Zurzeit bin ich der glücklichste Mensch auf der Welt.«

Zwei Tage nach der Hochzeitsnacht – er ist inzwischen von Barras zum kommandierenden General der Italienarmee ernannt worden – zieht Napoleon in den Krieg. Und während er eine Schlacht nach der anderen gewinnt und binnen zweier Monate uneingeschränkter Herrscher über Norditalien wird, lässt die Frischvermählte es sich in Paris gut gehen.

Er hingegen schreibt während seiner 127-tägigen Abwesenheit mindestens einmal täglich an seine Frau: »Kein Tag vergeht, ohne dass ich Dich liebe, keine Nacht, in der ich Dich nicht in den Armen halte (...) Ich verfluche Ruhm und Ehrgeiz, die mich vom Mittelpunkt meines Lebens fernhalten (...) mio dolce amor!« Und: »Du wirst kommen, nicht wahr? Ein Kuss auf Dein Herz, und dann noch einen ein wenig tiefer, sehr VIEL TIEFER!« Die letzten beiden Worte unterstreicht er so heftig, dass er das Papier einritzt.

Antwort erhält er selten, denn Joséphine hat einen neuen Geliebten: einen neun Jahre jüngeren Husarenleutnant. Also besteht für sie kein Grund, Paris zu verlassen, um bei ihrem Mann mit den dünnen Beinen, dem viel zu großen Kopf und einer Haut voller Ekzeme zu sein. Außerdem ist Napoleon humorlos – und sie begehrt Männer, die sie zum Lachen bringen.

Nach seinem triumphalen Einmarsch in Mailand leidet Napoleon an Liebeskummer: »Die heiße Liebe, die mich erfüllt, hat möglicherweise meinen Verstand aus dem Gleichgewicht gebracht«, schreibt er an seinen Bruder, »Du weißt, das J. die erste Frau ist, für die ich je geschwärmt habe (...) Ich liebe sie wahnsinnig und kann nicht länger ohne sie sein.« Dennoch zweifelt er an ihr und klagt bei Barras: »Ich hasse alle Frauen. Ich bin verzweifelt. Meine Frau will nicht kommen. Sie muss in Paris einen Liebhaber haben.«

Seine Generalskollegen fragen sich derweil, was er an dieser Frau, die »all ihren Schmelz verloren hatte«, findet.

Ein Grund unter anderen war wohl die faszinierende Wirkung, die der Adel auf Napoleon hatte. Der »Retter der Revolution« wird als Kaiser das höfische Protokoll mit aller Strenge wieder einführen – und Joséphine ist in seinen Augen eine perfekte Aristokratin. Vielleicht aber resultiert ihre Macht auch daraus, dass er zu dieser Zeit ihrer vollkommenen Kapitulation nie sicher sein kann. Sie ist eine uneroberte Festung – für den Feldherrn ein mächtiges Aphrodisiakum. Ihre Unerreichbarkeit steigert, anfangs jedenfalls, seinen Wunsch, sie zu besitzen.

Schließlich »befiehlt« Barras Madame Napoleon, zu ihrem Gatten nach Mailand zu reisen. Napoleon wartet, notiert in seinem Tagebuch: »Ich habe mich in J. getäuscht. Sie hat mich tief verletzt. Wird diese Wunde je verheilen? Vielleicht, aber es wird eine Narbe zurückbleiben. Ich liebe J. immer noch, aber mein Herz hat einen Sprung bekommen. J., sei vorsichtig, pass auf, dass meine Liebe zu Dir nicht eines Tages ganz zerbricht.«

Nachdem das Paar drei leidenschaftliche Nächte in Mailand verbracht hat, muss Napoleon wieder ins Feld ziehen. Sie berichtet ihrer Tante: »Ich langweile mich ... mein Mann verharrt den ganzen Tag in Bewunderung vor mir, als ob ich eine Gottheit wäre; man kann unmöglich einen besseren Ehemann haben.«

Er fleht sie von unterwegs an: »Ich möchte nicht, dass Du Pläne änderst für Gesellschaften oder am Glück eines Mannes interessiert bist, der nur für Dich lebt ... Ich bin es nicht wert.«

Sobald Napoleon Mailand verlässt, genießt seine Frau die allgemeine Ehrerbietung, die man ihr entgegenbringt. Und die Mailänder müssen zugeben, dass Joséphine, obwohl sie älter aussieht und weniger schön ist als erwartet, einen unwiderstehlichen Charme besitzt. Sie strahlt eine königliche Gelassenheit aus und ihr untrüglicher Instinkt für das richtige Wort und die passende Geste machen sie zur perfekten Gemahlin.

Napoleons Familie hingegen ist alles andere als begeistert. Seine Geschwister hassen die Gattin ihres Bruders und befürchten, die Kreolin könnte alle Vorteile, die Napoleons Karriere verspricht, für sich und ihre Kinder beanspruchen. Napoleons Mutter Letizia Buonaparte – eine energische, charakterstarke Frau, die ihre Kinder nach dem Tod ihres leichtsinnigen Mannes allein aufgezogen hat und sich von ihrem Sohn nicht einmal unterstützen lässt, als er Kaiser wird – hält ihre Schwiegertochter für eine »putana«, eine Hure, und lässt sie ihre Verachtung unverblümt spüren.

Die militärischen Erfolge, die der junge Befehlshaber in Ägypten, gegen Österreich und Preußen erringen kann, die Dreistigkeit, mit der er den Geist der Revolution beendet und sich selbst zum Ersten Konsul wählen lässt, macht ihn praktisch zum Alleinherrscher Frankreichs. Joséphine als »Bürgerin Gemahlin des Ersten Konsuls« glänzt an seiner Seite.

Sie hat sich dabei verändert. Sie ist vorsichtiger geworden und entwickelt sich zu einer mustergültigen Gattin, die ihrem Mann jeden Wunsch von den Augen abliest.

Napoleon schickt ihr zwar nach wie vor bei jedem seiner Feldzüge Kuriere mit Briefen, aber der Ton hat sich geändert: Zärtlichkeit statt Leidenschaft. Er braucht sie (»Joséphine kannte meinen komplizierten Charakter genau«), aber seine Affären mit anderen Frauen häufen sich.

Bei diesen allerdings geht es ihm wirklich nur um den Sex. »Präliminarien«, meint er, seien überflüssig. Die Damen, die er bestellt, müssen unbekleidet neben seinem Arbeitszimmer für ihn bereit stehen. Dann ist »die Angelegenheit in drei Minuten erledigt«. Oft legt er nicht einmal seinen Degen ab. Bei Joséphine dagegen fühlte er sich zu Hause.

Er beschließt, mit ihr in die Tuillerien umzuziehen, ins Schloss der Bourbonenkönige, das, seitdem die königliche Familie 1792 ins Gefängnis geschickt wurde, unbewohnt gewesen ist. Er bezieht die Räume Ludwigs XVI., Joséphine die ehemalige Wohnung von Marie-Antoinette in der ersten Etage: »Für so viel Großartigkeit bin ich nicht geschaffen. Ich werde hier nie glücklich sein«, schreibt sie ihrer Tochter. In der ersten Nacht trägt Napoleon sie ins Bett: »Komm ins Bett deines Herren, kleine Kreolin!«. Ihre starke physische Anziehung auf Napoleon hat nicht nachgelassen.

Sie spielt eine wesentliche Rolle in seinem 18-Stunden-Tag. Er braucht ihre Heiterkeit und ihr sanftes Lächeln zur Entspannung und Beruhigung. Er schläft Nacht für Nacht bei ihr, trinkt Tee oder Orangenblütenwasser, badet, isst mit ihr zu Mittag und zu Abend und läuft immer wieder die schmale Treppe hinunter, um ein paar Minuten bei ihr zu sein. Er beobachtet, wie sie sich schminkt, kramt in ihren Töpfchen und Fläschchen und durchstöbert ausgiebig ihre Juwelen und Kleider, die ihn faszinieren. Bisweilen muss sie sich mehrmals umziehen, bis er mit ihrer Aufmachung zufrieden ist. Ihr Aussehen ist für ihn Propaganda für seinen Ruhm, der Luxus, mit dem sie sich umgibt, ein Ausdruck seiner Macht.

Napoleon ist jetzt bemüht, die Anhänger der alten Monarchie für sich zu gewinnen – und seine »Bürgerin« kann die Aristokraten auf Augenhöhe empfangen. Er duldet es, wenn sie seine Minister mit Gesuchen um Rückgabe des adeligen Eigentums an seine frühere Besitzer bombardiert. »Ohne meine Frau hätte ich keine natürliche Verbindung mit dieser Partei gehabt«. Napoleon glaubt, dass er seine Fusionspolitik ihr verdankt: »Ich gewinne Schlachten, Joséphine gewinnt Herzen.«

Napoleon bewundert Joséphines heitere Nachsicht gegenüber den Angriffen seiner Familie. Seine Zuneigung beruht aber auch auf der Tatsache, dass sie nie intrigiert oder ihn zu etwas drängt und nicht nachtragend ist.

Dennoch betrügt er sie andauernd. Wenn Joséphine seine Gemahlin bleiben möchte, muss sie bereit sein, seine Seitensprünge zu ignorieren, während er sogar den Drang verspürt, ihr von seinen Affären zu berichten, ganz nach dem Motto: Was mir guttut, muss doch auch sie erfreuen! Sie reagiert mit Eifersuchtsszenen. Das hasst er, dann er

Die Krönung Joséphines durch Napoleon im Jahre 1804 auf einem Gemälde von Jacques-Louis David

brüllt sie an: »Ich bin nicht wie andere Männer. Für mich gelten nicht die gewöhnlichen Gesetze von Moral und Anstand.« Zu einer ihrer Hofdamen sagt er: »Joséphine macht sich mehr Sorgen als nötig. Sie hat ständig Angst, dass ich mich ernsthaft verlieben werde ... Was ist schon Liebe? Eine Leidenschaft, die das ganze Universum auf eine Waagschale legt und die Geliebte auf die andere. Ich bin gewiss nicht der Mensch, der sich so überwältigenden Gefühlen hingibt. Warum macht sie sich Sorgen wegen dieser Liebeleien, die nichts mit meiner Zuneigung zu ihr zu tun haben?«

Am 2. Dezember 1804 wird Napoleon I. Kaiser der Franzosen. Seine Familie möchte verhindern, dass »die Hure« auch zur Kaiserin gekrönt wird, doch Napoleon entscheidet: »Ich habe sie nie blind geliebt. Es wäre nur gerecht, wenn sie Kaiserin würde. Wäre ich ins Gefängnis gekommen statt auf den Thron, ich weiß, sie hätte mein Los mit mir geteilt ... mein Dasein wäre unerträglich ohne etwas Glück und Entspannung im Privatleben ... Ja, sie wird gekrönt, und wenn es mich zweihunderttausend Mann kosten sollte!«

Madame de Rémusat, eine Zeitzeugin, beschreibt den Augenblick, in dem er selbst seine Frau krönt, als eine Szene von historischer Einzigartigkeit: »Und als sie niederkniete und die Tränen, die sie nicht zurückhalten konnte, auf ihre zum Himmel oder vielmehr zu Napoleon erhobenen Hände fielen, schienen beide einen jener kurzen Momenten gemeinsamen Glücks zu genießen, die einzigartig im Leben sind (...) Nachdem er ihre kleine Krone genommen hatte, setzte er sie erst sich selbst auf und dann ihr. In dem Augenblick, als er der Frau, die beim abergläubischen Volk als sein guter Engel galt, die Krone aufsetzte, wirkte sein Benehmen fast spielerisch. Er gab sich große Mühe, diese kleine Krone genau richtig über J.s Diadem zu platzieren; er setzte sie ihr auf, nahm sie wieder ab und setzte sie ihr schließlich noch einmal auf, als wollte er ihr sagen, dass sie sie elegant und leicht tragen sollte.«

Napoleon ist auf dem Gipfel seines Ruhms, doch damit die von ihm begründete Dynastie fortbestehen kann, braucht er einen Thronfolger. Dass Joséphine ihm noch einen Sohn gebären wird, daran glaubt er nicht mehr. Die Familie drängt auf eine Scheidung. Er zögert: »Ich würde all den Zauber aufgeben, den sie in mein Privatleben gebracht hat ... Ich würde mich undankbar zeigen für alles, was sie für mich getan hat.« Sie hofft: »Für mich ist das Herz des Kaisers das Wichtigste. Wenn ich das verliere, bedeutet mir alles übrige nichts ... Ich kann mich nur wehren, indem ich ein tadelloses Leben führe.« Keine Spur mehr von der einstigen Unabhängigkeit, von der Frivolität.

Am 14. Dezember 1809 findet die Scheidungszeremonie im Thronsaal statt. Seine Familie freut sich diebisch. Er verkündet die Scheidung von seiner »innigst geliebten Frau« und weint. Joséphine erträgt ihren letzten öffentlichen Auftritt mit vollkommener Anmut und Würde. Kaum hat sie aber den Saal verlassen, wird sie ohnmächtig.

Die Nacht danach verbringen sie zusammen: »Allons, meine liebe Joséphine, sei tapfer, ich werde immer dein Freund sein.« Sie darf den Titel Kaiserin behalten.

Beim Abschied hält der Kaiser »seine Frau, als wollte er sie nicht mehr loslassen (…) er weinte, dann bekam er einen Krampf und nervöse Zuckungen, die zu heftigem Erbrechen führten«, berichtet sein Kammerdiener.

Sie zieht sich auf ihren Landsitz Malmaison zurück, züchtet schwarze Schwäne, Antilopen, Schafe, Straußen, lässt Gewächshäuser bauen, sammelt exotische Pflanzen und Napoleon schickt Geld, »um zu pflanzen, was Du möchtest.«

Napoleon heiratet die österreichische Prinzessin Marie-Louise, die ihm endlich den ersehnten Erben schenkt. Sobald sein Sohn geboren ist, schickt er einen Pagen zu Joséphine mit der Nachricht: »Er ist dick und gesund.«

Nach seiner Niederlage bei Waterloo fragte die berühmte Schriftstellerin Madame de Stäel (1776–1817, von ihr stammt Deutschlands Bezeichnung als das »Land der Dichter und Denker«) Joséphine, ob sie Napoleon denn immer noch liebe: »Ich, die nie aufgehört hat, ihn in seinen glücklichen Zeiten zu lieben – wie könnte ich ihn jetzt weniger lieben?«

Und er diktiert in seinem Exil auf St. Helena: »Sie war das verführerischste, das bezauberndste Wesen, das ich je gekannt habe, eine Frau im wahrsten Sinne des Wortes, flatterhaft, munter und mit dem gütigsten Herzen der Welt.«

»Demis Kinder nennen mich MOD – my other dad«

Ashton Kutcher (* 7. Februar 1978)
US-Filmschauspieler
SECHZEHN Jahre jünger als
Demi Moore (* 11. November 1962)
Hollywood-Star, Exfrau von Bruce Willis

Liebe ist für mich eine perfekte Einheit zwischen zwei Menschen. So, als ob man ein Teil des anderen wäre. Wie Finger, die zur Hand gehören. Selbst wenn man sie sich zum Beispiel am Ofen verbrennt, ist man nicht sauer auf sie, weil sie ja ein Stück von einem selbst sind. Liebe ist auch ein Zyklus von Nehmen und Geben, das ergibt den perfekten Kreis«, sagt er – und sie schwärmt: »Es war, als hätte ich jemanden getroffen, den ich schon immer kannte.«

Ashton Kutcher und Demi Moore sind das wohl bekannteste Yoko-Paar der Gegenwart: die »Striptease«-Darstellerin und Ex-Ehefrau von Promi-Macho Bruce Willis (sieben Jahre älter die Mutter seiner Töchter) ist 16 Jahre älter ihr zweiter Ehemann. Und sie sind es auch, die die Aufgabe übernahmen, im Rampenlicht zu ihrer Liebe zu stehen, für ihre Liebe stellvertretend für alle anderen »ungleichen Paare« zu kämpfen.

Was schätzt Ashton (der durch die MTV-Serie »Punk'd« und die Filme »Coming soon«, »Wild Christmas« und »Ey Mann, wo is' mein Auto?« bekannt wurde) an der Frau, die seine Mutter sein könnte? »Sie ist unglaublich großzügig, einfach perfekt. Ich liebe es, mir ihr zusammen zu sein. Durch sie werde ich ein besserer Mensch. Wir sind offen und extrem ehrlich miteinander. Deshalb gibt es keine Missverständnisse zwischen uns.«

Es war, bestätigen beide, eine Liebe auf den ersten Blick, aber mit ihrer Hochzeit am 24. September 2005 überraschten sie trotzdem nicht nur die Paparazzi. Seitdem stehen sie wegen des Altersunterschiedes

Ashton Kutcher und Demi Moore bei einer Filmpremiere 2008 in London

von 15 Jahren unter Dauerbeobachtung der Presse: »Manchmal nervt mich das. Dass der Mann jünger ist, passt halt nicht in die Norm. Aber wir sind glücklich miteinander, wir bereichern gegenseitig unser Leben, und deswegen ist es mir egal, was andere sagen … Ich bin stolz, ihr Ehemann und Stiefvater ihrer drei wunderbaren Töchter zu sein. Ich hoffe, dass unsere Liebe über die ganze Welt erstrahlt, sodass ich eines Tages hören werde, was für ein Echo sie hervorgerufen hat.«

Die beiden Stars sind sich also ihrer Rolle als Vorbild und Identitätsstütze für nicht-prominente, unsicherere Paare voll bewusst und versorgen die Welt regelmäßig mit Details über ihr Dasein. Sie schreiben ein Internettagebuch, zugänglich für jedermann. Er twittert unter dem Usernamen »aplusk«, sie als »Mrskutcher«. Manchmal sind sie sogar ansprechbar. Oder albern auf dem Live-Streaming-Dienst Qik herum.

Man kann darüber streiten, ob sie das Netz missbrauchen, um sich noch extremer zu profilieren, oder ob sie es tun, um ihren Ruf zu schützen und ihre Reputation direkt zu steuern. Fest steht, dass dieses Yoko-Couple den Paparazzi und Vertretern der bunten Blätter derzeit wenig Futter liefert. Natürlich werden Kutchers und Moores Web-Spielereien den Hunger ihrer Fans nach intimen Fotos und Geschichten nicht von heute auf morgen beenden. Doch langsam, aber sicher könnte das Paar die Hoheit darüber, welche Informationen aus ihrem Privatleben bekannt werden, selbst übernehmen.

Alles, was das Paar zu sagen hat, ist wohltuend normal: »Das Wetter ist nicht so gut, wie es sein könnte«, berichtete er 2009 von der

Berlinale und fotografiert sich auf der Reise. So lässt sich auch miterleben, wie es ist, wenn Ashton Kutcher auf einem US-Flughafen gefilzt wird. Seine Twitter-Einträge sind kurz (der Dienst erlaubt maximal 140 Zeichen) und lustig. Wie Kutcher in seinem Twitter-Account berichtet, rief er Demi einmal aus Europa an, um zu sagen: »Guten Morgen, ich liebe dich!« – ohne zu bedenken, dass es in den USA 6:15 Uhr morgens war.

Wir erfahren, dass er überlegt, das 70er-Jahre-Herrenhalstuch wieder salonfähig zu machen. Oder das ihm die Nachbarn auf die Nerven gehen. Oder dass Demis Töchter den neuen Mann an Mamas Seite mögen: »Sie nennen mich MOD – *my other dad.*«

Demi Moore ist genauso online: »Hubby and I are in Berlin for the film festival!« Hubby ist ihre Kose-Kurzform für »Husband«. Mitteilenswert fand sie auch die Tatsache, dass sie sich eine neue Sonnenbrille kaufte, die ihr gut gefällt, »auch wenn ich damit ein bisschen so aussehe wie eine Fliege.«

Ashton Kutcher hat sogar das Erfolgsgeheimnis seiner glücklichen Ehe ver-zwitschert: »Versuche nicht, ihre Probleme zu lösen! Hör einfach nur zu, gib ihr Liebe und Unterstützung. Außerdem – wenn sie sagt, dass jetzt Schlafenszeit ist ... spring! Es stehen dir gute Dinge bevor.«

Ist es nicht bemerkenswert, dass Ashton erst dank dieser Berichterstattung über den Alltag seiner Ehe sein Image als »Lückenbüßer« an Demis Seite losgeworden ist? Unmittelbar nach ihrer Hochzeit landete er noch als Moores »Toy Boy« am Medienpranger. Aber seit er vor aller Welt zu »seiner Alten« steht, ist die Anzahl der Negativschlagzeilen spürbar zurückgegangen.

Und da Demi, wie es sich »gehört«, ihren Namen ablegte und seinen annahm, lässt auch der Spott auf ihre Kosten nach.

In März 2009 stellte er einen Schnappschuss von seiner Frau im weißen Slip ins Netz: »Ich schaue gerade meiner Frau zu, wie sie meinen Anzug in einem Bikini bügelt.« (Ein Hollywood-Star, der selbst bügelt?) Das Popo-Bildchen ging in Windeseile um die Welt, denn über eine Million Twitter-Nutzer sind Abonnenten (»Followers«) von

Kutchers Profil. Kutcher ergänzt vergnügt: »Psst, erzählt es nicht meinem Frauchen«, bevor er den Link zum Höschen-Foto postet. Wie ein Teenager, der mit seiner Bikini-Demi angeben möchte.

Demi nahm es mit Humor: »Er ist echt ein Schnüffler«, twittert sie und stellt unbekümmert gleich noch einmal den Link zum Foto dazu.

Trotz aller öffentlich zur Schau gestellten Harmonie gibt es bisweilen Trennungsgerüchte. Es kann doch nicht sein, dass alles so gut läuft bei einem so ungleichen Paar! Ashton soll genervt sein, weil seine Frau ihn ständig herumkommandiert. Sie verbietet ihm angeblich, Alkohol zu trinken. Sie wolle nämlich auf keinen Fall zulassen, dass er ungesunde Dinge tut, weil sie sich ein Kind von ihm wünscht. Außerdem soll Demi rasend eifersüchtig auf Kolleginnen ihres Gatten sein, die jünger sind als sie.

Doch Gerüchte hin oder her – Kutcher und Moore sind mittlerweile sieben Jahre verheiratet. Da darf man doch davon ausgehen, dass für sie beide das Alter und das Altwerden keine Tabus sind: »Man sollte sich davon nicht verrückt machen lassen. Das wäre ein Kampf, den man nur verlieren kann. Wenn man das Gefühl hat, älter zu werden und dass das Leben dadurch an Qualität verliert, dann wird das Leben wirklich fad«, sagte Demi in einem Interview.

Wie glücklich Mrs. Kutcher tatsächlich ist, beweist wohl auch die Tatsache, dass sie ein Paar Kilos zugelegt hat. Angeblich hat der Star keine Lust mehr, sich mit Diäten und Fitness zu quälen. Und Ehemann Ashton soll jedes neue Gramm an seiner Gattin mögen.

Indem Demi Moore und Ashton Kutcher die Welt an ihrem Alltag teilnehmen lassen, transportieren sie eine einfache Message: Wir sind ein Paar wie jedes andere auch. Sie erzwingen mit unwiderstehlicher Selbstverständlichkeit die Gleichberechtigung für Paare wie sie selbst, und verhelfen auf diese Weise vielen nicht prominenten Paaren, die sich noch nicht geoutet haben, zu neuem Selbstbewusstsein:

»Bitte nicht lachen, aber es ist wahr: Demi und Ashton haben uns beiden Mut gemacht, sich zu outen. Vorher hat sich mein Freund geweigert, mich seinen Eltern vorzustellen«, gesteht »Kati-die-Große« im Netz.

Welche Frau lässt sich auf so etwas ein?

Um gleich das hartnäckigste Klischee zu entkräften: Richtig, einige der Yoko-Frauen standen ihren Jüngeren auch finanziell zur Seite. Coco Chanel kümmerte sich um die Garderobe ihres deutschen Freundes, Rosa Luxemburg machte ihrem Kostja »hübsche Geschenke« und Agatha Christie finanzierte einige der archäologischen Ausgrabungen ihres Gatten. All diese jungen Männer waren aber weder Gigolos noch käufliche Lustknaben. Erstens waren die Jüngeren finanziell unabhängig, zweitens waren ihre Partnerinnen viel zu integer und stolz, um für Liebe zu bezahlen.

Auch der Verdacht, die Jüngeren seien ein Sohnersatz, ist in meinen Augen absolut unbegründet. Tina Turner z. B. hat vier Söhne. Diejenigen, die kinderlos geblieben sind, hatten nicht das Bedürfnis, ihren Jüngeren zu »bemuttern«, da sie sich nicht primär als Mütter empfanden, vielmehr als kreative, selbstbestimmte Menschen. Für Coco Chanel war ihr Unternehmen »ihr Kind«, für Leni Riefenstahl waren es ihre Filme und für Simone de Beauvoir ihre Bücher.

Eine Rolle hingegen spielt das Aussehen. Simone de Beauvoir hielt ihre jüngeren Freunde für die Verkörperung ihres männlichen Ideals, Candace Bushnell schwärmt von einem »Gehirn in einem herrlichen Körper«, auch Rosa Luxemburgs jugendlicher Geliebter Kostja Zetkin galt als sehr hübsch. Diese Sehnsucht nach männlicher Schönheit mögen manche als befremdlich empfinden, da doch des Mannes größte Zierde keineswegs seine Waden (*das* männliche Schönheitsmerkmal im 19. Jahrhundert) oder sein trainierter Bauch sein sollten.

Meines Erachtens ist diese Bedeutung männlicher Schönheit jedoch ein Zeichen vollbrachter Gleichberechtigung.

Das Spannendste dabei ist aber für mich, dass eine Yoko-Beziehung über einen schlichten Rollentausch weit hinausgeht: Der Jüngere kann stark sein, aber auch anlehnungsbedürftig. Sie ist mal die

Bestimmende, mal die Dienende. Agatha Christie, mit über zwei Milliarden verkauften Büchern erfolgreichste Krimiautorin der Welt, reinigt beispielsweise mit ihrem Kosmetikpinsel Scherben, die auf den Expeditionen ihres Mannes ausgegraben wurden. Wenn Candace Bushnell, Autorin der Kultserie »Sex and the City« mit ihrem Mann tanzt, ist er es, der führt. Andererseits hat zum Beispiel Erwin Bach, der Lebensgefährte von Tina Turner, kein Problem damit, als »Mr. Turner« angesprochen zu werden.

Leni Riefenstahl brachte es auf den Punkt, als sie nach Dekaden an der Seite ihres Freundes sagte: »Ich bin 100 Prozent Mann und 100 Prozent Frau.«

Jeder von beiden wird »mehr« als NUR Mann oder NUR Frau – man kann bzw. darf beides leben und so ein »ganzer« Mensch werden.

»Als ich ihn traf, fühlte sich mein Leben endlich gut an«

Candace Bushnell (* 1. Dezember 1958)
US-Autorin von »Sex and the City«
ZEHN Jahre älter als
Charles Askegard (* 1969)
Solotänzer des New York City Ballet, ihr Ehemann

Manchmal denke ich: ›Oh Gott!‹ Aber dann wieder: ›Zum Teufel, du kannst sowieso niemanden zwingen, dich ewig zu lieben oder ewig bei dir zu bleiben.‹ Ich versuche, ich selbst zu bleiben und nicht so viel darüber nachzudenken«, antwortet sie auf die Frage, ob es für sie ein Problem sei, dass ihr Mann zehn Jahre jünger ist – die Rede ist von Candace Bushnell, die Autorin von *Sex and the City*, einem Weltbestseller von 1996, in dem sie die Beziehungs- und Paarungsrituale der »beautiful people« von Manhattan mit einer gehörigen Portion Scharfsinn und Zynismus schildert. Es sind die Frauen, stark und sexy, die jagen und verführen. Rollentausch literarisch.

Die gleichnamige, 94-teilige TV-Serie ist Kult und »das erste kulturelle Dokument, das Frauenthemen in epischer Breite darstellt und so kühn ist, Frauenthemen so zu behandeln, als wären sie wirklich wichtig. Zum ersten Mal sehen wir das sexuelle Leben von Frauen, das sich nicht über Männer, Ehe, männliche Pornografie und männliche Regeln vermittelt«, so Naomi Wolf (Jahrgang 1962), eine der prominentesten US-Feministinnen der neuen Generation.

Charles Askegard trägt seine zehn Jahre ältere Frau Candace Bushnell nicht nur während dieses Auftritts 2005 bei einer New Yorker Modenschau auf Händen.

Als Candace Bushnell, die »Sharon Stone des Feminismus« (»Time Magazine«) den Solotänzer des New York City Ballets heiratet, steht die New Yorker High Society Kopf. Ausgerechnet die Prophetin der postfeministischen sexuellen Revolution unterwirft sich freiwillig dem Ehejoch! Hatte sie nicht behauptet, die Ehe sei eine »reine Männererfindung, um den Frauen einreden zu können, die erfüllendste Aufgabe ihres Lebens sei es, zu heiraten und Kinder zu kriegen. Ich würde nie behaupten, das sei nicht erfüllend, aber ein ganzes Leben? Frauen sollen kleingehalten werden. Den Frauen sagen wir: Wenn du Erfolg hast, sogar eine Führungsposition, dann wirst du einsam und unglücklich!«

Und nun das. Ein typischer Fall von Torschlusspanik, kommentieren die Pressekollegen. Wer heiratet schon – in ihrem Alter! – nach nur sieben Wochen Bekanntschaft. Und noch dazu einen Jüngeren! Ein Alphaweib wie Candace hätte so gut wie jeden haben können. »Wieso er? Weil wir über alles reden können«, lässt Bushnell via Presse ausrichten und ergänzt schmunzelnd: »Es hat mit Liebe zu tun, wissen Sie? Außerdem höre ich oft, dass ehelicher Sex der Beste ist.«

Charles Askegard, genannt »Chuck«, der erste Tänzer im New York City Ballet, ist in St. Paul, Minnesota (277.000 Einwohner) aufgewachsen. »Ein guter Junge«, wie seine Mutter sagt. Auch eine seiner Bühnenpartnerinnen, Clinton Luckett, weiß nur Gutes über ihn zu berichten: »Chuck hat keine Minderwertigkeitskomplexe und ist auch kein Neurotiker, er ist ein echter Kerl, der weiß, wie man für eine Frau da sein muss. Er wird jenseits der Bühne ganz bestimmt ein ebensolcher super Partner werden wie auf der Bühne. Man sagt ihm nach, er wäre ein Playboy, weil ihn so viele Frauen anhimmeln, aber in Wirklichkeit ist er ein sehr loyaler Mensch.« Als er und die Star-Autorin sich kennenlernen, ist er seit zwei Jahren geschieden und kinderlos.

Sie treffen sich auf einer Charity-Gala für das New York City Ballet: »Ich zahlte 3000 Dollar für das Ticket, aber wollte eigentlich gar nicht hingehen, da ich damals unbemannt war.« Wie bitte? Diese Bestsellerautorin, die für Power, Erfolg und Unabhängigkeit steht, soll – wie eine ganz normale Singlefrau – Probleme damit haben, bei Vernissagen, Premieren oder sonstigen Festivitäten ohne Begleitung zu erscheinen?

Doch Mut wird manchmal belohnt: Candace geht allein hin – und trifft ihren »Dancing Prince«: »Er saß an einem anderen Tisch. Wir kamen ins Gespräch.«

Da Charles 1,93 m groß ist, muss er sich hinknien, um einen Small Talk mit der zierlichen Dame führen zu können (»Wir haben beide gemerkt, dass da mehr war«).

Nach der Gala landen sie in einer angesagten Disco, denn sie will tanzen: »Man muss großherzig sein, wenn der Richtige vorbeikommt. Ich merkte schon, dass er jünger ist, aber dann sah ich ihm in die Augen und dachte: Wow! (...) Mit 20, 30 dachte ich dauernd an Männer, bemühte mich, geheiratet zu werden. Mit 40 ist man entspannter. Man nimmt nicht mehr alles persönlich, kapiert, dass Glück nicht von Männern abhängt.« Sondern? »Dass man es in sich selbst finden kann.«

Candace ist in Glastonbury, Connecticut aufgewachsen, in einer Familie aus der oberen Mittelschicht. Die drei Töchter bekamen Ballett- und Klavierunterricht, lernten reiten und waren geradezu prädestiniert dafür, einen angegrauten Freund ihrer Eltern zu ehelichen, den sie im Country Club treffen würden. Der Vater war Weltraumforscher, die Mutter leitete eine Immobilienfirma und saß im Aufsichtsrat einer Bank. »Davon abgesehen, war unser Haus wunderschön eingerichtet und sie ist eine großartige Köchin. Ich weiß nicht, wie sie [Candace' Mutter] das alles geschafft hat«, erzählt die gelernte Journalistin in einem Interview. »Sie ist die wichtigste Frau in meinem Leben, ich habe mich immer gut mit ihr verstanden und sie bewundert.« Vermutlich eine eigenständige Frau, die ihre Stellung hart erkämpft hat.

Mit 18 bricht Candace Bushnell das College ab, geht nach New York, jobbt als Kellnerin, wird freie Journalistin. 1994 beginnt sie für den »New York Observer« zu schreiben, ihre Kolumne »Sex and the City« wird schnell ein großer Erfolg. Sie verliebt sich in den wesentlich älteren Verleger Ron Galotti (die Vorlage für »Mr. Big« in ihrem Buch), der sie 1996 verlässt und fünf Monate später eine andere, noch jüngere Frau heiratet.

Es folgt der Londoner Broker Stephen Morris, sieben Jahre jünger, »Mr. Perfect«, wie sie ihn in Interviews nennt. Perfekt bis auf die Tatsache, dass er nicht heiraten will, während sie allmählich von Kindern träumt. Das Aus (nach vier Jahren) ist programmiert. Und das zukünftige Singledasein auch: Eine Frau, die eine Zeit lang mit einem Jüngeren verbracht hat, der tolerant ist, zuhört, mitreißt und auch noch gut aussieht, tut sich danach eben schwer, sich auf eine Beziehung mit einem älteren Mann, der oft an seiner althergebrachten Rolle hängt, zu gewöhnen.

Dann kommt der Tänzer. »Als ich Charles kennenlernte, hat sich mein Leben gut angefühlt, mental und emotional«, erinnert sich Candace Bushnell in einem Interview. »Aber ich dachte nicht ans Heiraten, niemals, er ist doch so viel jünger. Nimm es, wie es kommt.« Und sie doch ans Heiraten denkt. Nach vier, fünf Wochen beginnen sie, über

Ehe zu reden. Selbstverständlich rein theoretisch. So lange, bis er sagt: »Moment mal, *ich* muss dich fragen, ob du mich heiraten würdest.« Sie lässt ihn die Frage stellen. Dann geht es zu Prada, um einen weißen Anzug für ihn zu kaufen,

Geheiratet wird am 4. Juli 2002, dem amerikanischen Unabhängigkeitstag. Eine Steilvorlage für Scherze à la »Nun hat Candy ihre Unabhängigkeit verloren«. Ihre Eltern nehmen die Entscheidung ihrer erfolgreichen Tochter, einen in ihren Augen eher »mittelprächtigen« Mann zu ehelichen, gelassen hin: »Wir haben aufgehört ihr zu sagen, was sie machen soll, als sie zwölf war.«

Nach der Zeremonie läuft die Frischvermählte auf ihren Mann zu und springt in seine Arme wie Baby in »Dirty Dancing«. Bevor sie losrennt, ruft sie ihm zu: »Vermassele es nicht, Charles!« Er fängt sie auf und hebt sie mühelos über seinen Kopf. Ein Sprung ins Ungewisse? Oder in die ersehnte Zweisamkeit?

Eine ihrer Exkolleginnen prophezeit ihr: »In einem Jahr hast du deine Unabhängigkeit wieder, Candy! Also: Genieß es!«

Weit gefehlt. In einem Interview, dass sie beide 2005 dem Magazin »Harpers Bazar« geben, gibt Charles zu Protokoll: »Es macht Spaß, mit ihr auszugehen, aber wirklich super ist es, wenn wir allein daheim sind. Ältere Frauen sind sexier, weil sie weit mehr über sich selbst wissen als Frauen meines Alters ... Wir sind beide unabhängig, sodass wir uns im besten Sinne des Wortes ergänzen.«

Und sie betont einmal mehr: »Wir können über alles reden.« Auch über Kinder? »Sollten wir Kinder haben wollen, werden wir sie kriegen. Aber ich denke, es ist eine Entscheidung Gottes.«

Erfüllende Gespräche, guter Sex – das sind die berühmten Zutaten, die die Yoko-Liebe so großartig machen.

In ihrem vorletzten Roman *Lipstick-Jungle* durchleuchtet Candace Bushnell das Leben von Frauen, die Karriere machen, während ihre Männer scheitern und zu finanziell abhängigen Hausmännern werden. Aus den leicht hysterischen, sympathischen Mittdreißigerinnen in »Sex and the City«, für die Sex das Wichtigste war, sind Powergrazien um die 40 geworden, deren Leben sich um ihren Job dreht. Dieses neue Gesellschaftsbild, das auf den ersten Blick eher Unbehagen weckt, ist keine Zukunftsvision. Vielmehr reagiert die Autorin damit auf die aktuelle Situation in den Vereinigten Staaten: In 70 Prozent der Ehen arbeiten beide Partner, in 40 Prozent davon verdient die Frau mehr als der Mann, der Mann ist nicht mehr der Alleinernährer. Diese Veränderung ergibt große Unsicherheit, bei beiden Geschlechtern – und auch dieses Hadern, dieses sich Ausprobieren-Müssen, erklärt Candace Bushnell.

Eine ihrer Protagonistinnen, Nico, Chefredakteurin eines angesagten Hochglanzmagazins, hat seit drei Jahren »keinen anständigen Sex« mehr mit ihrem Ehemann Seymour, einem Privatier, der Rauhaardackel züchtet. Sie fragt sich, ob dieses sexuelle Defizit eine gottgegebene Nebenerscheinung des Altwerdens ist: »Konnte man zu alt werden für die Liebe und das Verlangen?« Doch dann trifft sie den über 20 Jahre jüngeren Kirby, ein bekanntes Modell für Männerunterwäsche, der sie gleich am ersten Abend auf der Damentoilette eines Hotels verführt: »Es war wirklich zum Heulen, aber diese paar Minuten in der Klokabine zählten zu den schönsten Momenten ihres Lebens«. Auch beim nächsten Mal in Kirbys Wohnung spürt Nico »wie sie ihm hoffnungslos erlag, so, wie sie es mit Seymour nie erlebt hatte.«

Andererseits ist Sex ohne Liebe keine Basis für eine Beziehung. Sie schenkt ihm eine Riesendose Kaviar – »Weil du ein braver Junge warst« – und beendet die Affäre.

Nico fehlt, was Candace an der Seite ihres jüngeren Ehemanns gefunden hat: jene Sicherheit, die wahre Liebe, die eine echte Partnerschaft gibt.

Sie hat *Lipstick-Jungle* ihrem Charles gewidmet. Und strahlt auch noch im verflixten siebten Ehejahr: »Mein Mann ist schlicht großartig.«

»Wenn Du nur älter wärst und ich jünger!«

Agatha Christie (15. September 1890 – 12. Januar 1976)
Britische Krimi-Autorin
VIERZEHN Jahre älter als
Max Mallowan (6. Mai 1904 – 19. August 1978)
Archäologe, zweiter Ehemann der Queen of Crime

Ich fühlte, wie weit unsere Kameradschaft gediehen war, wie gut wir uns – fast ohne zu sprechen – verstanden. Dennoch war es ein Schock für mich, als Max am nächsten Abend an meine Tür klopfte und ins Zimmer kam. Vor einer Stunde haben wir uns gute Nacht gesagt, und ich lag schon im Bett und las«, berichtet Agatha Christie in ihrer Autobiografie *Meine gute alte Zeit.* »Dann setzte er sich ans Fußende meines Bettes und eröffnete mir, dass er mich heiraten wolle.«

1930 ist Agatha 40 Jahre alt, als Krimi-Autorin etabliert und geschieden. Wieso war sie schockiert? »Ich sagte ihm sofort, dass ich ihn nicht heiraten könnte. Und warum könne ich das nicht, wollte er wissen. Aus vielen Gründen, antwortete ich«, erzählt sie weiter und schildert ihre Verwirrung und das Hadern, das wohl jede Frau kennt, die sich in einen Jüngeren verliebt: »Ich war älter als er – das gab er zu, meinte aber, dass er schon immer eine Frau heiraten wollte, die älter wäre als er. ›Das ist doch Unsinn‹, konterte ich und (...) erwähnte noch unzählige Gegenargumente, nur etwas sagte ich nie, nämlich, dass ich ihn nicht heiraten wollte, weil ich ganz plötzlich das Gefühl hatte, dass es auf der ganzen Welt nichts Schöneres geben konnte, als mit ihm verheiratet zu sein. Wenn er nur älter und ich jünger gewesen wäre!« Was für eine treffende Zusammenfassung der Gefühle einer Frau an der Seite eines jüngeren Mannes!

Der Archäologe Max Mallowan ist um 14 Jahre jünger als Agatha. Das Einzige, was ihn bekümmert, ist die Frage, ob Agatha ihre Zukunft mit jemandem teilen könne, dessen Beruf es ist, »die Toten auszugraben«. Die Antwort der Queen of Crime ist legendär: »Ich liebe Leichen.«

Diese Aufnahme von 1946 zeigt Agatha Christie mit ihrem zweiten Ehemann Max Mallowan auf ihrem Landsitz in Devon, einer Grafschaft im Südwesten Englands.

Nach dem Heiratsantrag »durchlebte ich ein paar schreckliche Wochen. Ich war so deprimiert, so unsicher, so durcheinander. Ich redete mir ein, dass (...) nichts dümmer wäre, als einen Mann zu heiraten, der um Jahre jünger war als ich, dass Max viel zu jung war, um wirklich zu wissen, was er wollte.« Sicher, sie ist keine 20 mehr, doch dafür »brachte ich mehr Interesse und Intelligenz mit als eine jüngere Frau (...) [Aber] mit wem ich auch sprach, alle waren dagegen.«

Sie warnt Max vor dem »Risiko«. Seine Antwort: »Risiko? Nicht für mich. Es könnte eines für dich sein. Aber ist das so wichtig? Kann man etwas erreichen, ohne Risiken einzugehen?« Sie diskutieren weiter, tagelang: »Ich bin ein schrecklicher Feigling und habe furchtbare Angst davor, verletzt zu werden«, schreibt sie ihm in einem Brief und gibt zu: »Ich hatte Angst vor der Ehe. Mir war klar geworden, was vermutlich früher oder später vielen Frauen klar wird: der einzige Mensch, der einem wirklich wehtun kann, ist ein Ehemann. Kein anderer steht dir so nahe.«

Agatha bittet um Bedenkzeit. Kein Wunder.

Vor zwei Jahren erst ist ihre erste Ehe geschieden worden. Oberst Archibald Christie (1889–1962), Flieger der königlichen Luftwaffe, hatte ihr nach 14-jähriger, meist harmonischer Ehe gestanden, dass er sich in eine Golfspielerin verliebt habe und sie verlassen würde.

Wenige Wochen zuvor war Agathas Mutter gestorben, die ihre Tochter bis zu ihrem 16. Lebensjahr allein unterrichtet (Agatha ging nicht zur Schule) und die 11-Jährige getröstet hatte, als ihr Vater starb. Sie war es, die Agathas schriftstellerisches Talent erkannt und sie dazu ermutigt hatte, Gedichte zu schreiben. Agatha hing an ihrer Mutter.

Nach ihrem Tod musste Agatha den Nachlass in der viktorianischen Villa Ashfield, in der sie aufgewachsen ist, sortieren. Sie war erschöpft, litt. Archibald weigerte sich jedoch, ihr zu helfen, da er Krankheiten und Tod »nicht ausstehen« konnte, und zog stattdessen zu seiner Geliebten.

Einige Monate später hatte Agatha das Haus verlassen und war spurlos verschwunden, sodass Scotland Yard schon einen Mord vermutete und die Zeitungen ihre Leser aufgefordert hatten, nach ihr zu suchen. Nach einer spektakulären Suchaktion wurde sie in einem Hotel in Harrogate aufgespürt – mit nur noch rudimentären Erinnerungen an die letzten zehn Tage.

Im April 1928 wird die Ehe geschieden, Agatha wird Archie nie wiedersehen. Und spontan »verschwindet« sie wieder, diesmal mit dem Orientexpress in Richtung Naher Osten: Die Woolleys, ein befreundetes Archäologen-Ehepaar hatte sie eingeladen, an ihren Grabungen teilzunehmen. Dieser erste Besuch soll für Agatha der Beginn ihrer lebenslangen Leidenschaft für archäologische Ausgrabungen werden. Miss Agatha ist fasziniert von dem behutsamen Sichtbarmachen von »Zeugen« vergangener Zivilisationen. Auch hier wird, wie in ihren Romanen auch, nach der Wahrheit gegraben. Die Archäologen, das sind für sie Detektive mit staubigen Händen und Dreck unter den Fingernägeln.

Den jungen Archäologen Max Mallowan lernt sie aber erst 1930, während ihres zweiten Besuchs der Ausgrabungen im Irak kennen. Max ist Assistent, hat kaum Geld und tritt außer auf seinem Fachgebiet sehr unsicher auf. Er stammt allerdings aus einer kosmopolitischen Familie: Sein Großvater kam aus Wien und hatte vom Kaiser Franz Joseph eine Goldmedaille für die Erfindung einer Dampfmühle erhalten. Sein Vater handelte mit Ölen, seine Mutter war eine exzentrische Französin, die riesige Gemälde schuf und den Christian Scientists angehörte. Deren kultivierter Sohn Max wird nun von den Woolleys dazu abkommandiert, Agatha die Ausgrabungen und die Gegend zu zeigen.

»Er war ein ernster junger Mann, und ich empfand eine gewisse Scheu vor ihm (...) Max blieb ganz kühl«, erinnert sie sich. Während einer Pause baden sie in einem Salzsee, sie im rosa Leibchen und doppelter Schlupfhose (»Es war himmlisch«). Auf dem Rückweg sinkt ihr Wagen im Sand ein. An diesem Nachmittag, so wird Max ihr später verraten, wird ihm bewusst »dass ich ihm eine ausgezeichnete Frau sein würde. ›Du hast dich nie beklagt, mir nicht die Schuld gegeben oder mir vorgeworfen, dass wir hier nicht hätten halten sollen. In diesem Augenblick wurde mir klar, dass du eine wunderbare Frau bist.‹ Seitdem versuche ich, diesem Ruf gerecht zu werden. Ich nehme alles, was da kommt, mit Gleichmut hin und kriege nur selten Zustände.«

Zu allem Übel verstaucht Agatha sich auch noch den Knöchel: »Während ich mich noch fragte, wo Max blieb, erschien er mit zwei festen Kreppbandagen. In aller Ruhe teilte er mir mit, dass er sich auf der Heimreise um mich und meinen Knöchel kümmern würde (...) Es war zu schön, um wahr zu sein. Was ist dieser Max doch für ein wunderbarer Mensch, dachte ich damals und ich denke es noch heute. Er ist so ruhig und geht mit Trostworten so sparsam um. Er tut, was nötig ist, und das tröstet mehr, als Worte vermögen.«

Zurück in England, sehnt sich Agatha nach Max, aber »ich litt jedesmal an Depressionen – immer wenn mir so war, als liefe ich Gefahr, eine Dummheit zu machen und Maxens Leben zu zerstören«. Weil sie älter ist.

Schließlich fragt sie ihre elfjährige Tochter Rosalind, was sie von Max halte: »Ich denke, du tätest sehr gut daran, ihn zu nehmen ... Er ist doch ein guter Tennisspieler, nicht wahr? Ich könnte mit ihm spielen.«

Nachdem sie auch das Finanzielle geklärt haben (Agatha verdient wesentlich mehr und besitzt mehrere Häuser, dennoch wollen sie künftig gemeinsam entscheiden, wer welche Ausgaben trägt), steht einer standesamtlichen Trauung nichts mehr im Wege. Die Gebühren dafür übernimmt Max, »denn ich finde es richtig, wenn ich die Kosten dafür trage.«

Am 1. September 1930 wird in aller Stille in der St. Columbia-Kirche in Edinburgh aus Agatha Christie Mrs. Mallowan. Im gleichen Jahr erscheint *Mord im Pfarrhaus*, der erste Fall der altjüngferlichen Miss Marple.

Max fährt weiterhin zu seinen Grabungen, Agatha fährt mit und veröffentlicht jährlich ihre zwei oder drei Romane. Den Krimi *Tod im Orientexpress*, den sie 1993 während den Grabungen im Irak geschrieben hatte, widmete sie Max.

»So lebten wir dahin ...«, heißt es in den Memoiren.

Je mehr sie die Archäologie in ihren Bann zieht, umso größer wird ihr Respekt für den jüngeren Mann. Sie wird ihn bis an ihr Lebensende auf seinen Expeditionen begleiten, sie sogar finanzieren, bleibt aber ein Mitglied von vielen in einem Team, in dem er der Wissende ist. 1932 schreibt sie ihm, dass durch den Verkauf der Filmrechte an ihren Krimis »ein nettes kleines Sümmchen« herausspringen würde, »mit dem wir einen Grabhügel dem Erdboden gleichmachen könnten.«

Sie fühlte, wie ihre Wunden, die ihre erste Ehe ihr geschlagen hatten, verheilen: »Max nahm, das spürte sie, so viel Last von ihren Schultern, von der sie gar nicht mehr gewusst hatte, dass sie überhaupt da war«, erkennt Janet Morgan in ihrer wunderbaren Agatha-Christie-Biografie.

Im Oktober 1938 kauft Agatha für 6000 Pfund das Greenway House in Devon, einen Landsitz, zu dem ein 12.000 Quadratmeter großes Waldgrundstück gehört. Dort wird sie bis an ihr Lebensende wohnen. Einige Monate später erleidet sie eine Fehlgeburt. Die Ärzte raten ihr von einer weiteren Schwangerschaft ab. Max wird niemals bereuen, keine eigenen Kinder gehabt zu haben, er betont immer wieder, mit seiner Stieftochter Rosalind glücklich zu sein.

Als der Zweite Weltkrieg ausbricht, meldet sich Max freiwillig und wird in den Nahen Osten geschickt. Vier Jahre lang können sie nur Briefe wechseln: »Mich überkommt immer eine Art Panik, wenn Du fort bist. Wenn Du da bist, weiß ich, dass alles in Ordnung ist – ich fühle mich dann ruhig und sicher und glücklich – lieber Max – so habe ich mich mit Dir beinahe von Anfang an gefühlt«, schreibt sie ihm und fügt hinzu, sie würde ihn »mit einer Art Korkenziehergefühl« vermissen. Er antwortet ein wenig steif: »Zweifellos dein spezielles Gefühl, bei mir ist es eine Art Leere, als wäre ich mit Nichts gefüllt, einem Hungergefühl nicht unähnlich.« Sie überlegt, ob sie sich »durch die Entfernung gegenseitig idealisiert hätten. Es bräche mir das Herz.« Außerdem: »Manchmal habe ich große Angst, dass unsere Wege sich auseinander entwickeln, statt eine schöne parallel laufende Spur zu bilden.«

Am Valentinstag 1942 flattert eine Postkarte von Max ins Haus: »Erinnerst DU Dich daran, dass ich bei unserer Hochzeit sagte, wir würden sein wie Disraeli und Mary Anne? Tja, genauso ist es nun gekommen, und ich glaube, dass wir zwei sehr alt zusammen werden.« (Mary Anne, die Witwe von Benjamin Disraelis konservativem Parteikollegen Wyndham Lewis, war zehn Jahre älter als dieser, der britische Premier und Vertraute von Königin Viktoria). Er sollte Recht behalten.

Im Mai 1944 steht er plötzlich in der Tür des Greenway House, gerade als sie sich ein paar Heringe brät: »Ich hatte Max wieder, und es war, als ob er gestern fortgegangen wäre ... ›Max!‹, rief ich, ›Du hast zwanzig Pfund zugenommen!‹, ›Stimmt genau. Aber du bist auch nicht schlanker geworden.‹ So war das eben«, berichtet sie in ihrer Autobiografie, die sie 1965, also 75-jährig verfasst. »Max sah, dass seine Frau älter, müder und grauhaariger geworden war, aber alles zu Hause war durch den sechs Jahre dauernden Krieg gealtert und in Trümmern. Seine Rückkehr gab Agatha neue Lebenskraft«, schreibt Janet Morgan.

Manchmal krachte es auch im Hause Mallowan, in Gegenwart anderer ging es dabei des Öfteren um das Autofahren: Welche Route man nehmen sollte, ob er nicht langsamer fahren könne etc.

Nach dem Krieg, 1947, erhält Max die neue, maßgeblich von Agatha finanzierte, Professur für Vorderasiatische Archäologie an der Londoner Universität, und es gelingt ihm, eine Grabungslizenz für Nimrud zu erhalten, wo er von 1949 bis 1958 arbeitet und das bedeutende Grab einer assyrischen Prinzessin entdeckt, was ihm einen gewissen Ruhm beschert. Seine Frau ist die meiste Zeit dabei, schläft im Zelt wie alle anderen, wäscht Scherben in der Badewanne – und schreibt nebenbei *Die Mausefalle*, das noch vor Shakespeares Stücken zum meistgespielten Theaterstück auf britischen Bühnen wird.

1955 feiern Agatha und Max ihre silberne Hochzeit, 1956 wird Christie von der Queen in den Ritterstand erhoben, 1961 meldet die UNESCO, sie sei die weltweit erfolgreichste englischsprachige Autorin. Ihre Romane wurden in 102 Sprachen übersetzt. 1966 veröffentlicht Max schließlich sein Buch *Nimrud and its Origin*: »Ich bin stolz auf ihn und freue mich mit ihm. Es kommt mir wie ein Wunder vor, dass wir beide, jeder in seinem Fach, erfolgreich waren.« Partner auf Augenhöhe.

Auf dem einen Porträt, das der Fotograf Lord Snowdon (Jahrgang 1930) in dieser Zeit in Greenway House von den beiden macht, sehen sie gleich alt aus.

Dennoch spürt Agatha zunehmend das Alter. Sie wird schwerhörig, aber gelassen versucht sie dies und andere Zipperlein mit Humor zu nehmen: »Schluß ist jetzt mit langen Spaziergängen, mit Baden im Meer, mit Filetsteaks, Äpfeln und Brombeeren (wegen der Zähne) und mit dem Lesen von Kleingedruckten.«. »Trotz ihrer Schwäche blieb sie die gute Kameradin aus Syrien und dem Irak«, behauptet Janet Morgan in ihrer Biografie. Sie müht sich mit Max zum Tennis nach Wimbledon, geht mit ihm zum Wahllokal, als die Engländer über Britanniens Mitgliedschaft in der Europäischen Gemeinschaft abstimmen sollen.

Und sie arbeitet weiter, notiert Ideen für Bücher und Theaterstücke, isst – wie immer – mit einem imponierenden Appetit (»Es gab jede Menge Hummer!«, so ihr Kommentar zum Festmahl anlässlich ihres 80. Geburtstags). Sie ist auf dem Gipfel ihres Ruhmes angelangt, aber ahnt: »Jetzt wird es nicht mehr lange dauern ...« Sie verbringt nun Tag und Nacht im Bett. Max, der an seinen Memoiren schreibt, tauscht das Heiligtum seiner Bibliothek gegen einen unbequemen Stuhl an ihrer Seite. Sie macht sich Gedanken wegen ihrer Beerdigung (wünscht, mit ihrem Ehering begraben zu werden) und ihr Testament unterschreibt sie mit Agatha Mallowan.

Ein Jahr nach ihrem Tod heiratet Sir Mallowan »seine langjährige Geliebte« Barbara Hastings Parker. Jared Cade, der Autor von *Agatha Christie and the 11 Missing Days* ist einer der Ersten, der sich mit dem »Mythos einer heilen Ehe« auseinandersetzt und behauptet, dass »während Christie in der Bibliothek Kreuzworträtsel löste, Mallowan und Parker nach oben verschwunden sind«.

Seit wann hat Max seine Frau betrogen? Miss Barbara Parker, wesentlich jünger als Agatha, war selbst Archäologin, die u.a. nach dem Krieg die höchst sensiblen Verhandlungen mit den irakischen Behörden wegen Mallowans Ausgrabungen führte. Sie war stets an seiner Seite, auch wenn seine Frau aus beruflichen Gründen in England bleiben musste. Es spricht also vieles dafür, dass diese Affäre nicht erst kurz vor Agathas Tod begann.

Ob Agatha trotz ihrer begnadeten Menschenkenntnis wirklich nichts ahnte? Oder zog sie vor, es zu ignorieren, wie einst, als ihr erster Mann sie betrog? Ihre viktorianische Erziehung verlangte schließlich, dass über gewisse Privatangelegenheiten nicht gesprochen wurde. Ich vermute, dass sie ihrem Ehemann, der ihr so viele wunderbare Jahre geschenkt hatte, diese Beziehung gönnte, dass für sie die körperliche Treue an ihrem Lebensende weniger wiegt als die Tatsache, dass ihr Mann liebevoll und sorgend an ihrer Seite bleibt.

»Danke, lieber Gott, für mein gutes Leben, für all die Liebe, die mir geschenkt wurde«. Mit diesem Satz endet ihre Autobiografie.

Nach nur einem Ehejahr mit der zweiten Mrs. Mallowan stirbt Max an einem Herzanfall.

»Er ist kein Deutscher, seine Mutter war Engländerin.«

Gabrielle »Coco« Chanel (19. August 1883 – 10. Januar 1971)
Mode-Schöpferin
DREIZEHN JAHRE ÄLTER als
Hans Günther von Dincklage (15. Dezember 1896 – um 1955)
Deutscher Diplomat im Vorkriegs-Frankreich

Es ist wahrscheinlich nicht einfach nur Zufall, dass ich allein bin. Ich bin im Sternzeichen Löwe geboren … Für einen Mann wäre es sehr schwer, mit mir leben zu müssen, es sei denn, er wäre ungeheuer stark. Und wenn er stärker wäre als ich, wäre ich diejenige, die nicht mit ihm leben könnte …«, antwortet die »Modezarin« auf die Frage, warum sie nie geheiratet habe. »Ich hasse das Alleinsein und lebe doch völlig allein. Ich würde bezahlen, um nicht allein zu sein.« Das hat sie übrigens auch getan, nicht nur einmal und nicht zu knapp.

Aber war »Mademoiselle« (sie erwartet, dass man sie so anspricht) denn jemals wirklich allein? Es sind immer Männer um sie, vom bettelarmen Poeten bis zum reichsten Mann Englands, allesamt schön anzusehen und angenehm im alltäglichen Umgang. Ihr Alter spielt keine Rolle, ihr Aussehen dagegen schon.

Coco Chanel ist eine kreative, von Mythen umgebene Mode-Rebellin, die fast im Alleingang das Image der modernen Frau erfindet. Sie hilft den Frauen, sich zu emanzipieren, indem sie die Mode revolutioniert. Sie befreit die Frau von Korsetts, langen Röcken und langen Haaren, macht die Hose salonfähig, kreiert das »Chanelkostüm« mit bordiertem Jäckchen und das Parfum mit der Nummer statt einem Fantasienamen: Chanel Nr. 5. Nicht zu vergessen: das kleine Schwarze. Die emanzipierten jungen Damen der Roaring Twenties, jungenhafte Frauen mit kurzer Pagenkopffrisur, die in der Öffentlichkeit rauchen, Auto fahren und Charleston tanzen, lieben Cocos Stil.

Sie ist stolz, streng und sarkastisch. Fleißig und unabhängig. Nicht schön, aber außergewöhnlich: »Ich bin keine Heldin. Aber ich habe selbst

Gabrielle »Coco« Chanel, hier in Begleitung eines unbekannten Bewunderers, hatte mehrere Beziehungen zu jüngeren Männern.

gewählt, was ich sein wollte, und bin es. Egal, wenn ich nicht beliebt und nicht angenehm bin.« Was sie anfängt, gibt sie nicht aus der Hand, sie erhebt Anspruch auf Kontrolle bis zum letzten Rocksaum: »Ich bin absolut nicht oberflächlich. Ich habe eine Chefinnenseele. Ich nehme alles sehr ernst. Bei mir muss alles ehrlich sein. Auf mich selbst habe ich nie ungedeckte Schecks ausgestellt.«

Außerdem bereitet es Mademoiselle Chanel großes Vergnügen, Menschen zu verwirren, wenn es um ihr Leben geht, streut mit koboldhafter Freude falsche Daten, Orte und Namen. Im Alter schlägt ihr eine gute Bekannte vor, diesbezüglich einen Psychiater zu konsultieren. Coco ist bestürzt: »Wo ich doch nicht einmal meinem Priester je die Wahrheit sagte?« Aber es gibt auch Erfahrungen, über die sie nie spricht: ihre Kindheit und ihre Haft 1944 in Paris. Jene Zeiten, in denen sie tatsächlich allein ist.

Gabriele wird unehelich in einem Armenhaus geboren. »Mein Vater war nicht da«, behauptet sie später, die Mutter erst 19 Jahre alt. Der Vater, ein umherziehender Markthöker, geht notorisch fremd und liefert, kaum war seine Frau mit 31 Jahren gestorben, Gabriele und ihre ältere Schwester Julie in einem klösterlichen Waisenhaus in Aubazine ab, um dann für immer zu verschwinden. Gabrielle erfindet Lügen, die sie den Klassenkameradinnen erzählt: Ihr Vater sei in Amerika.

Das Kapitel »Kindheit« ist für Coco tabu, das Wort Waisenhaus kommt nie über ihre Lippen. Ebenso wenig wie »Nonnen«. Sie spricht stattdessen von mehreren Tanten, die lediglich die Männerknappheit zu alten Jungfern werden ließ. Die Waisen tragen schwarze Röcke und weiße Blusen, lernen Säume zu nähen und Babywäsche zu stricken. Spiegel gibt es nicht. Innerhalb der massiven Steinmauern herrscht strenge Schlichtheit, absolute Sauberkeit und pedantische Ordnung – wie später in Cocos Wäscheschränken und Wohnungen: »Meine Tanten lehrten mich Reinlichkeit, Konsequenz, Ehrlichkeit und vor allen Dingen akzentfreies Sprechen, wofür ich ihnen in alle Ewigkeit dankbar bin.«

Mit 18 schickt man sie, da sie keine Nonne werden will, in ein Institut für »höhere Töchter« in der Garnisonsstadt Moulins. Auch hier bestimmen ungeheizte Unterkünfte, karges Essen und triste Anstaltskleidung den Alltag. Doch hier lernt sie etwas, das sich als wegweisend für ihr weiteres Leben erweisen sollte: das Nähen von Kleidern.

Mit 21 muss sie das Institut verlassen, man bringt sie als Verkäuferin in einem Wäscheladen unter, wo sie sich ein Zubrot verdient, indem sie die Uniformen und Reithosen der Leutnants ändert. Ihre Arbeiten sind perfekt und preiswert, sie macht sich gut.

Doch es zieht sie an den Ort, wo zur Zeit der Jahrhundertwende große Hoffnungen die mangelnde Mitgift ersetzen: in die »Rotonde«, den Tingeltangel von Moulins. Dort singt sie mit dünner Stimme das Liedchen vom verlorenen Hündchen: »Wer hat Coco gesehen?« Seitdem ist Gabrielle für das Publikum »la petite Coco«. Einer ihrer Bewunderer ist der reiche Étienne Balsan.

Es dauert nicht lange und Coco wird schwanger, nach der verpfuschten Abtreibung kann sie keine Kinder mehr bekommen.

Sie bleibt Balsans Geliebte und versorgt sich, aus Mangel an eigener Garderobe, mit Accessoires aus seinem Kleiderschrank, die sie damit prompt in die Frauenmode einführt: Fliegen, Westen, Hosen und Pullover. »Etienne Balsan machte sich nichts aus Schönheit. Er liebte alte Damen und betete Koketten an.« Sie langweilt sich. Er versteht nicht, was sie meint, als sie sagt: »Ich glaube, ich würde gern arbeiten.« Aber er gibt ihr 1909 das Geld für ihren ersten Hutladen.

»Warum soll sie nicht arbeiten?« fragt Arthur »Boy« Capel, Étiennes Freund und seit 1910 Cocos Geliebter. Der britische Kohlebergwerk-Erbe und Polospieler hat sie in die Theaterwelt und in die englische Gesellschaft eingeführt und 1915 ihren ersten Modeladen im mondänen Biaritz finanziert.

1916 beschäftigt Coco bereits 300 Näherinnen und zahlt das (geschenkte!) Geld an ihre beiden Liebhaber zurück.

1921, als Coco ihren legendären Modesalon in der Pariser Rue Cambon Nr. 31 eröffnet, wird Großfürst Dmitri Romanov ihr Geliebter. 1891 geboren, ist er der erste jüngere Mann an Cocos Seite. Doch der Neffe des letzten Zaren der Romanow-Dynastie suchte nach einer reichen Frau, die ihn unterstützt, und Coco will diese Frau nicht sein. Gigolos langweilen sie: »Diese Großfürsten waren alle gleich: Sie sahen großartig aus, doch dahinter steckte nichts. Sie tranken, um keine Angst zu haben. Nur Wodka und Leere.« Immerhin schenkt ihr Dmitri die legendären »Romanov-Perlenketten« und Coco bereichert die Modewelt, indem sie sie nachbilden lässt und als Modeschmuck verkauft.

Es folgen Beziehungen zu zwei weiteren Männern, die etwas jünger sind als sie: Pierre Reverdy (Jahrgang 1889) und Hugh Richard Arthur Grosvenor (1889 geboren).

Um 1935 beschäftigt Mademoiselle Chanel rund 4000 Näherinnen, ihr Parfum-Unternehmen hat sie an die jüdischen Brüder Wertheimer verkauft. Da Pierre, der »elegantere« von beiden, jünger war als sie, und weil sie sich gegenseitig »interessant« finden, fälscht sie bei der Vertragsunterschrift zum ersten Mal ihr Geburtsjahr – sie macht sich zehn Jahre jünger.

Coco ist reich und frei. Sie entwirft Kostüme für das »Ballet Russe« und für Theaterstücke von Jean Cocteau, fährt einen blauen Rolls-Royce, raucht öffentlich Zigaretten, am liebsten schwarze Gauloises, und macht sich die Männer der Bohème untertan: Dem Dramatiker Jean Cocteau bezahlt sie die Opiumentzüge, dem Ballettdirektor Serge Diaghilew schenkt sie Geld.

1939, nach Ausbruch des Zweiten Weltkrieges, schließt sie ihr Modehaus. Coco weigert sich (im Unterschied zu anderen Modeschaffenden) die Haute Couture in den Dienst des Militärs zu stellen und Uniformen zu produzieren. Und sie ist wieder alleine.

Ende 1939 ist Gabrielle 52 und residiert im mondänen Ritz, einem Hauptquartier der Nazis während der Besatzungszeit. Sie könnte sich problemlos Bewunderer, auch jüngere leisten, behauptet jedoch, dass der Reiz junger Männer nur so lange erfreute, wie eine Frau ihnen zu widerstehen vermag.

1940 – die genauen Umstände sind unbekannt – trifft sie auf Baron Hans Günther von Dincklage. Er ist groß, schlank, blond, stets in Zivilkleidung, spielt Polo (wie Etienne und »Boy« Capel!) und ist ein hervorragender Tänzer. Der Sohn eines hannoverschen Freiherrn und einer britischen Hochadeligen kokettiert mit seiner englischen Abstammung. Er lebt seit 1928 als leicht zwielichtiger Diplomat in Paris und befasst sich mit der Kontrolle der französischen Textilindustrie. Offiziell ist Dincklage Presse-Attaché an der Deutschen Botschaft, aber er hat viel Muße für andere Aktivitäten. Sein Ziel ist es, in Paris zu bleiben, um nicht an die Front zu müssen.

Coco wird mit 56 Jahren die Geliebte des 43-jährigen Junkers: »Nennen Sie mich Spatz«, fordert er sie auf. Sie besuchen vornehme Restaurants und treffen sich mit Freunden. Sie ist sich seltsamerweise sicher, »dass er ein gutes Dutzend Jahre jünger war als sie, doch auch noch mit 58 betrachtet sie sich durchaus als Frau« (Axel Madsen).

»Spatz« wird zum Mittelpunkt von Cocos Gefühlsleben, auch wenn ihr die Resistance-Leute zur Vorsicht raten. »Er ist kein Deutscher, seine Mutter war Engländerin«, verteidigt sie sich und ihn dann. »Spatz« spielt für seine Coco Klavier, sie singt gelegentlich für ihren Geliebten. Er überhäuft sie mit Zettelchen à la »Je t´embrasse comme toujours et pour toujours. Love. Ton Spatz.«

Wie konnte sie einem Mann verfallen, der den Ruf eines »Don Juans der Badestrände« (wie er in den Pariser Kreisen genannt wird, in denen er verkehrt) hatte und der keiner Arbeit nachging? Wie konnte sich diese Herzblut-Französin mit einem Nazi, einem der Okkupanten ihrer Heimat, einlassen? Sie selbst sagt dazu einmal: »Die meisten

Frauen wählen ihr Nachthemd mit mehr Verstand als ihren Mann.« Nun, er roch gut, antwortet sie, wenn sich ihre Freunde wundern. Er ist ein Ästhet, sieht grandios aus. Aber da war vermutlich mehr als seine Jugend, seine physische Attraktivität. In der Modewelt hat Coco alles erreicht. Sie sucht nach einer neuen Herausforderung, nach einer Aufgabe jenseits von Jersey-Kostümen, gestreiften Badeanzügen und Modeschmuck.

Sie hatte wohl (nachdem der Sinnesrausch der ersten Monate abkühlte) gehofft, Frieden in Europa schaffen zu können. Über Dincklage. Nur so ist es für mich zu erklären, wieso es zu der Geheimaktion »Modellhut« kommen konnte:

Nach der verheerenden Niederlage bei Stalingrad von 1943 sieht es militärisch nicht gut aus für Hitler-Deutschland. Coco bietet an, für die Deutschen den Kontakt zum britischen Premierminister Winston Churchill, den sie während ihrer Liaison mit dem Herzog von Westminster kennen lernte, herzustellen und zu geheimen Friedensverhandlungen mit den Deutschen zu überreden.

Ab Mitte Dezember 1943 wartet Coco, wie verabredet, in Madrid auf Churchill. Das Unternehmen scheitert jedoch, weil der Premierminister schwer erkrankt ist. Und jetzt begeht die Chanel den Fehler ihres Lebens. Ende Dezember 1943 fährt die 60-jährige Stardesignerin nach Berlin, ins Herz von Hitlers Imperium, um dem Leiter des Auslandsnachrichtendienstes im Reichssicherheitshauptamt Walter Schellenberg, Rapport zu erstatten. Diese Reise wird ihr später schlecht ausgelegt werden.

Am 6. Juni 1944 landen die Alliierten in der Normandie, am 18. August beginnen die Deutschen mit ihrem Rückzug aus den besetzten Ländern. Dincklage muss fliehen und beschwört Coco, ihn auf seinem »Rückzug« zu begleiten. Sie weigert sich, mit ihm unterzutauchen. Sie ist doch keine »Kollaborateurin«!

Am 26. August 1944 ziehen de Gaulle und seine Befreiungstruppen triumphierend vor das Pariser Rathaus. Zwei Wochen später wird Coco verhaftet. Als Kollaborateurin. Auf die Frage, ob sie den Nazispion

Dincklage kennt, antwortet sie dem Beamten, der sie verhört: »Aber sicher kenne ich ihn, seit 20 Jahren!« Wo er sich derzeit befände? »In Deutschland ...« Der Fotograf Cecil Beaton will gehört haben, wie sie ihre »landesverräterische« Affäre mit einem Deutschen erklärte: »Wirklich, mein Herr, von einer Frau meines Alters kann man nicht erwarten, das sie sich den Pass zeigen lässt, wenn sie die Möglichkeit hat, einen Geliebten zu finden.«

Sie wird freigelassen und verlässt Frankreich. Sie zieht sich in die Schweiz zurück und schweigt.

»Spatz« ist inzwischen in einem Internierungslager bei Hamburg. Coco besticht jeden, der auch nur einen Hauch von Hoffnung auf seine Freilassung verspricht, mit Säcken voll »Chanel Nr. 5«. Und es gelingt ihr tatsächlich, »Spatz« in die Schweiz zu schmuggeln.

Während der ersten drei Exiljahre sind die beiden wohl glücklich, doch dann beginnt Coco sich zu langweilen: »Sie hatte immer das Bedürfnis gehabt, *etwas tun zu müssen*«, betont Edmonde Charles-Roux in ihrer Coco-Chanel-Biografie. Sogar das Gefühl des Entwurzeltseins im Schweizer Exil ist leichter zu ertragen »als die Untätigkeit. Merkwürdig, dass sie in dieser Zeit, so viel älter wirkte als zehn Jahre später.«

Dincklage verschwindet aus ihrem Leben ebenso unauffällig, wie er aufgetaucht ist. Angeblich taucht er in Spanien unter.

Nach 15 Jahren Tatenlosigkeit kehrt Coco 1953 aus dem Schweizer Exil zurück nach Paris und eröffnet ihren Modesalon. Sie kennt keine Müdigkeit, kleidet Frauen wie Grace Kelly, Lauren Bacall, Ingrid Bergman, Elisabeth Taylor und Rita Hayworth ein. »Warum haben Sie wieder angefangen?«, fragt Marlene Dietrich sie nach einer Anprobe. »Weil ich mich zu Tode gelangweilt habe.« »Sie auch?«, lächelt Marlene.

Und die Liebe? Gerüchte, sie wäre lesbisch, kommentiert sie mit den Worten: »Sie müssen verrückt sein. Eine alte Krähe wie ich? Finita la commedia, weder Frauen noch Männer.«

Fragt man sie nach ihrem Alter, sagt sie entweder, sie sei 100 oder: »Das hängt von dem Tag ab, an dem Sie mich fragen.«

Am 5. Februar 1954 feiert Coco ihr Comeback. Ihre erste Modenschau nach vielen Jahren wird jedoch ein Flop. Die Presse witzelt über ihr Alter, woraufhin sie einem alten Verehrer gesteht: »Ich kann nicht mehr.« Aber aufgeben will sie trotz allem nicht: »Ich will weitermachen ... und siegen.«

Schon ein Jahr später ist sie wieder obenauf – mit 71 präsentiert sie eine Mode, die einer Revolution gleichkommt: Sie »zerstört« jedes Kleidungsstück, das die vergangene Ästhetik bedient und sagt: »Die Straße interessiert mich mehr als die Salons!« Die Welt jubelt ihr zu. Juliette Gréco, Romy Schneider und Francoise Sagan tragen ihre Mode. 17 Jahre lang erlebt sie diesen Ruhm noch.

Geheiratet hat sie auch in dieser Zeit nicht – warum? »Ich wäre niemals imstande, das Haus Chanel im Stich zu lassen. Es ist mein Kind. Ich habe es hervorgebracht, aus dem Nichts. Was Männer angeht – ich würde es nie zulassen, dass ein Mann meine Schuhe putzt. Ich wollte nie schwerer als eine Feder auf ihren Schultern sein.«

Mademoiselle Chanel stirbt 88-jährig an einem Sonntag, in ihrem Hotelzimmer im Ritz. Wochentags, das hat das Waisenkind verinnerlicht, wird gearbeitet.

Übrigens: Cocos Freundin, die Schriftstellerin Colette (1873–1954), die mit ihrem Roman *Chéri* einen Klassiker der Yoko-Liebe schrieb, nach 29 Ehejahren in den Armen ihres um 16 Jahre jüngeren Ehemanns Maurice Goudeket starb und als erste Frau in Frankreich ein Staatsbegräbnis bekam, sagte über ihre Freundin Coco: »Im Geheimnis ihrer Arbeit müssen wir diese gedankenvolle Siegerin suchen.«

»Du Wonne meines Herzens, mein Herr und Lehnsritter!«

Diana von Poitiers (31. Dezember 1499 – 26. April 1566)
Witwe des Großseneschalls der Normandie, Mätresse des Königs
ACHTZEHN JAHRE ÄLTER als
Heinrich II. (31. März 1519 – 10. Juli 1559)
König von Frankreich

Sie ist dabei, als er geboren wird. Diana ist es, die das straff gewickelte Baby seiner überglücklichen Mutter, der Königin Eleonora von Frankreich, in die Arme legt: Mit der Geburt ihres zweiten Sohnes Heinrich wird die Fortsetzung der Valois-Dynastie endgültig gesichert. Die Königin und ihre Lieblingshofdame sind beide 18 Jahre alt, und auch Diana hat vor wenigen Wochen ihr zweites Kind bekommen ...

18 Jahre später wird sie Heinrichs Geliebte. Die unerschütterliche Liebe zwischen den beiden ist die größte in der französischen Königsgeschichte: »Zweifellos ist sie [Diana] der Mensch, den der König am meisten liebt ... Sie ist seine Mätresse, auch wenn sie eine Frau in reifen Jahren ist. Man muss sagen, dass sie, vermutlich aufgrund ihrer Körperpflege, obwohl sie keine Schminke benutzt, keineswegs ihrem Alter gemäß aussieht. Sie ist eine intelligente Frau, die den König immer inspiriert hat!«, berichtet der venezianische Botschafter 1552 seinen Auftraggebern in der Lagunenstadt. Und in der Tat: Diana von Poitiers, Gräfin von Saint-Vallier und Herzogin von Étampes und Valentinois, ist eine Ausnahmepersönlichkeit.

Geboren am letzten Tag des 15. Jahrhunderts wird sie zur Zeitzeugin der Hochblüte der Renaissance, der religiösen Kriege zwischen Katholiken und Protestanten und der blutigen Kirchenspaltung, in der die Leidenschaft des englischen Königs Heinrich VIII. für Anne Boleyn endete.

Sie wächst in einer privilegierten Welt auf. Ihr Vater, ein begnadeter Reiter und passionierter Jäger, gibt ihr den Namen der römischen Göttin der Jagd. Kaum kann das Mädchen laufen, reitet sie mit ihm frühmorgens zur Jagd. Ihr Leben lang wird sie eine Frühaufsteherin und leidenschaftliche Reiterin sein – noch mit 60 kann sie sich die ganze Nacht über auf dem Pferd halten, ohne zu ermüden. Sie vergöttert ihren Vater, von dem sie auch lernt, streng auf ihren Körper zu achten. Mit sechs Jahren verliert sie ihre Mutter.

Von jetzt an wird das hochintelligente Mädchen von Frankreichs ehemaliger Regentin Anne de Beaujeu erzogen, spricht mit sieben lateinisch und mit neun griechisch. Sie spielt Flöte und Oboe, erlernt die Rechenkunst und verinnerlicht die höchsten Moralprinzipien, die eine Frau »zieren«: Gehorsam, Bescheidenheit, Keuschheit und Frömmigkeit. Sie weiß, dass Liebe nichts mit Ehe zu tun hat, dass man in ihren Kreisen durch sorgfältig arrangierte Hochzeiten Familienbündnisse im Interesse der Dynastie festigt.

Kaum 15 Jahre alt, wird Diana an den Königshof in Paris berufen und mit Ludwig de Brézé, Graf von Mauléevrier und Großseneschall (Gouverneur) der Normandie, der größten Provinz des Landes, verheiratet. Ihr Gatte ist ein Jäger mit aufbrausendem Temperament, kinderloser Witwer und 41 Jahre älter als sie. Als seine Frau wird Diana zur drittwichtigsten Dame des Landes. Das Paar lebt in seinem Schloss in Anet, 70 km westlich von Paris. Alles um sie herum ist alt, die Diener, die düsteren Mauern, die Möbel. Diana stürzt sich in die Rolle der Hausherrin – und bald duftet es überall nach Blumen, durch die Gänge hallt das Lachen junger Diener. Sie liebt die Vollblüter ihres Gatten und ist fasziniert von seiner umfangreichen Bibliothek. Mit 17 bekommt sie eine Tochter, ein Jahr später die zweite.

Bis zu seinem Tod im Jahr 1521, weitere 17 Jahre lang, wird Diana ihrem Mann treu bleiben: »Schön anzusehen, als ehrenhaft bekannt«, kritzelt König Franz I. von Valois, Heinrichs Vater, unter ihr Porträt. Denn Dianas Schönheit ist ebenso legendär wie ihr makelloser Ruf. Das imponiert also auch dem attraktiven Franz I., dem Ritterkönig, der sich um die Renaissance in Frankreich verdient macht und als der Begründer des Absolutismus gilt. Diana aber widersteht seinem Charme.

Nach einer gescheiterten Verschwörung gegen den König allerdings wird Dianas Vater verhaftet und zum Tod verurteilt. Eine Stunde lang kniet er am 17. Februar 1524 auf dem Place de Grève mit dem Kopf auf dem Richterblock. Plötzlich erscheint ein herbeieilender Bote mit der Begnadigung und schreit »Gott und den Reizen seiner Tochter« sei gedankt, »die ihm das Leben gerettet« hätten. Hat sich Diana dem 27-jährigen König hingegeben? (Victor Hugo jedenfalls glaubte das, nachzulesen in seinem Roman *Le Roi s'amuse*, der Vorlage für Verdis Oper *Rigoletto*.)

Zwei Jahre später verliert König Franz I. den Krieg um die Vorherrschaft in Norditalien gegen Kaiser Karl V., wird von den Spaniern festgenommen und gezwungen, seine beiden Söhne als Geiseln nach Spanien zu schicken. Diana ist als Hofdame dabei, als der sechsjährige Prinz Heinrich beim Abschied mit den Tränen kämpft: »Gegen ihre Natur ergriffen vom grausamen Schicksal der Kinder, umarmt Diana Heinrich und küsst ihn zärtlich zum Abschied. Niemand ahnt, dass dieser mütterliche Kuss eines Tages auf dem Schicksal des Königreiches lasten sollte«, heißt es in Philippe Erlangers Diana-de-Poitiers-Biografie.

Diana ist auch dabei, als die Prinzen nach vier schlimmen Jahren freigekauft werden. Sie wirken ungelenk, schweigsam, missmutig und Heinrich wird lange Zeit brauchen, um seine Depressionen zu überwinden. Aber er hat in der Gefangenschaft den einzigen Menschen, der ihm Mitgefühl und Zuneigung schenkte, nicht vergessen.

König Franz I. hat derweil andere Probleme als den Seelenzustand seiner Söhne. Aber er erzählt Diana von seinen Sorgen, woraufhin sie ihm geantwortet haben soll: »Vertraut mir, ich werde ihn zu meinem Ritter machen« (zitiert nach Helga Thomas Buch über die Mätressen der französischen Könige *Madame, meine teure Geliebte*). Heinrich und auch der Dauphin werden von nun an in Dianas Schloss Anet aufgezogen. Endlich ein Hauch von unbeschwerter Kindheit, Geist und zärtlicher Sympathie!

Diana trägt seit dem Tod ihres Mannes nur Schwarz mit Andeutungen von Weiß. Die Trauerfarben wird sie bis zu ihrem eigenen Tod tragen. Schwarz und Weiß – zwei Farben so widersprüchlich und kompromisslos wie sie selbst. Keine Grauzonen. Zwei Männer nur im ganzen Leben. Der eine 41 Jahre älter, der andere 18 Jahre jünger.

Heinrich ist zwölf Jahre alt, als er an seinem ersten Turnier teilnimmt. Die Tradition verlangt es, dass jeder Ritter eine Dame wählt und ihre Farben trägt. Diana sitzt auf der Tribüne in der Nähe von Heinrichs Vater, des Königs Franz I. Prinz Heinrich bittet sie mit heller Stimme um die Ehre, ihre Farben tragen zu dürfen. Der Hof schmunzelt. Man versteht diese charmante Geste als ein Zeichen seiner Dankbarkeit gegenüber einer wunderschönen Dame, die seine Mutter sein könnte.

Diana verkörpert das Schönheitsideal ihrer Zeit. Sie ist schlank, ihre Haut blass, das Haar rotblond. Mit Vitalität und bester Gesundheit gesegnet, wird sie nie müde, ihren Geist und Körper zu trainieren. Sie badet täglich in eiskaltem Brunnenwasser und vermeidet Schminke und Kosmetika (die damals eher schädlich waren). Zum Frühstück trinkt sie eine Tasse Bouillon und reitet schon im Morgengrauen los. Drei Stunden lang, bis sie nach einer kurzen Ruhepause gegen zehn oder elf Uhr ein einfaches Mahl zu sich nimmt. Anschließend beginnt ihr Arbeitstag als Verwalterin ihres gewaltigen Erbes.

Eine ihrer Rivalinnen am Hof, eine Mätresse von Heinrichs Vater, beginnt zu verbreiten, dass die de Poitiers ihr Aussehen der Hexerei verdanke. Diana, die bislang jeglichen Neid und Hassausbrüche ignoriert hat, bekommt Angst. Hexen landen auf dem Scheiterhaufen, Beweise braucht man nicht – ein Verdacht reicht. Obwohl männlicher Schutz in dieser Lage helfen würde, heiratet sie nicht wieder. »Als Witwe besaß sie für damalige Verhältnisse ungewöhnliche Freiheit«, weiß ihre Nachfahrin, die Prinzessin von Kent in ihrer Diana-Biografie *Schwarz und Weiß* zu berichten. Alles geht durch ihre Hände, aber um ihre Zukunft und die ihrer Töchter zu sichern, musste sie ihre Position am Hof verteidigen.

Nun passiert etwas Bemerkenswertes. Der scheue, wortkarge junge Prinz Heinrich legt sich ins Zeug, verteidigt die Witwe gegen die

Verleumdung. Und erneuert vor dem ganzen Hof den Schwur, für »seine Dame« kämpfen zu wollen.

Doch auch Heinrich muss im Sinne der Dynastie heiraten. Seine Gattin ist keine Schönheit, aber unermesslich reich und die Nichte des Papstes: Katharina von Medici (wie er damals 14 Jahre alt), für den französischen Adel eine »Bürgerliche«. Das italienische Mädchen wird in die Obhut der Ehrendame (und ihrer Cousine) Diana de Poitiers gegeben, die sie in die Sitten am Hof einführen soll – und verliebt sich auf den ersten Blick in »ihren« Heinrich. Aber bereits während der Hochzeit sehen alle Anwesenden, dass der Bräutigam Dianas Farben und nicht die seiner Zukünftigen am Hut trägt. Katharina ist krank vor Eifersucht, aber auch klug genug, sich nichts anmerken zu lassen ...

Heinrich erfüllt seine Pflicht, aber seine Ehe bleibt zunächst kinderlos. Mit 17 Jahren wird er nach dem plötzlichen Tod seines älteren Bruders zum Thronerben; Diana bleibt für die »Erziehung« des künftigen Königs verantwortlich. Katharinas Eifersucht verdichtet sich derweil zum Hass. Sie umgibt sich mit Astrologen und bedient sich schwarzer Magie, um endlich Mutter zu werden. Vergeblich. Und dann wird ihr Ehemann auch noch stolzer Vater einer unehelichen Tochter! Katharinas Lage ist kritisch, man munkelt, sie müsse den Hof verlassen und nach Hause zurückkehren. Heinrich lässt sein erstes Kind auf den Namen Diana taufen, die Mutter in einem Kloster unterbringen und bittet Diana, das Baby für ihr eigenes auszugeben, um einen Skandal zu vermeiden. Diana zögert nicht und beweist einmal mehr ihr Verantwortungsgefühl für Heinrich.

Ende des Jahres 1536 passiert es dann. Nach der ersten Liebesnacht schickt Diana dem Dauphin dieses Gedicht:

»Eines schönen Morgens kam die Liebe / Und bot mir liebliche Blumen an ... / Doch weißt du, diese lieblichen Blumen / Waren ein junger Mann, frisch und bereit. / Ich erbebe und wandte den Blick ab, / »Nein«, sage ich (zu mir selbst). / »Ah! Mach dir nichts vor!« / Erwidert die Liebe und plötzlich / Sehe ich einen wundersamen Lorbeerbaum vor mir.«

Heinrich ist überwältigt: »Seine Dame«, die er seit seinem sechsten Lebensjahr bewundert und liebt, liegt in seinen Armen. Und Diana hat nach den wohl eher »sachbezogenen« Nächten mit ihrem älteren Gatten endlich einen leidenschaftlichen Liebhaber: »Als seine Geliebte wurde ihre Rolle umgekehrt. Sie würde diesem schüchternen jungen Mann all das beibringen, was sie in ihrer langjährigen Ehe mit dem klugen, weltgewandten Ludwig gelernt hat«, erzählt Dianas Nachfahrin, die Prinzessin von Kent. »Als eine Frau, die seine Mutter hätte sein können, riskierte sie, sich lächerlich zu machen, indem sie von ihrem Podest stieg und menschliche Schwäche zeigte. Sie konnte dazu gezwungen sein, auf ihn zu verzichten, wenn sich ihr Geliebter einer jüngeren Frau zuwandte, sofern Katharina nach Florenz zurückgeschickt wurde. Es zeugt von Dianas Selbstbewusstsein, dass sie das Risiko einging. Es zeigt auch, wie verliebt sie war.«

Heinrichs Vater, König Franz I., mittlerweile 42 Jahre alt, ist keineswegs erfreut über das Verhältnis der beiden. Außerdem hat sein Sohn immer noch keinen Thronfolger gezeugt. Die kluge Diana beschließt, die Sache in die Hand zu nehmen. Katharinas Gemach befindet sich direkt über ihrem eigenen. Nach einem Liebesvorspiel schickt Diana Heinrich zu Katharina. Sicher war das schwer für sie, aber sie weiß, nach getaner Pflicht würde der Dauphin zu ihr zurückkehren. Katharina indes lässt zwei kleine Löcher in den Boden bohren, beobachtet ihre Lustspiele und klagt eines Tages einer Hofdame, ihr Gemahl habe sie persönlich »nie so gut bedient.« Wie bitter muss diese *ménage à trois* für sie gewesen sein!

Dianas Plan geht auf. Im Januar 1544 bringt Katharina in Anwesenheit des Königs, ihres Ehemanns und des Hofstaats inklusive Diana einen Sohn zur Welt. Es ist wiederum Diana, die der Mutter das straff gewickelte Baby in die Arme legt. Alle am Hof wissen, dass Diana Katharina gerettet hat. Heinrich ist unermesslich dankbar. Katharina wird noch neun weitere Kinder gebären und ihre Erziehung Diana überlassen, Heinrich wird ihnen ein liebevoller Vater, und obwohl er zwei weitere uneheliche Kinder zeugt – also auch Diana betrügt –, wird

Heinrich II. auf einem Gemälde von François Clouet, dessen Entstehung sich auf die Zeit zwischen 1560 und 1580 datieren lässt.

er »seiner Dame« in Schwarz und Weiß wohl weder im Kopf noch im Herzen jemals wirklich untreu.

1547 stirbt Heinrichs Vater, er selbst wird zum König von Frankreich. Bei seiner Krönung ist seine Robe mit Dianas Symbol, dem Halbmond, bestickt. Außerdem bittet er sie, einen Ring zu tragen, den »Ring meiner Liebe. Er soll dich immer an den erinnern, der nie jemand anderen als dich geliebt hat und lieben wird.« Er verwöhnt sie, schenkt ihr Geld, Schlösser, ja sogar die Kronjuwelen (die ordnungsgemäß seiner Gemahlin, nunmehr Königin von Frankreich gehören). Heinrich II. überträgt seiner Geliebten einträgliche Steuereinnahmen und hilft ihr, eine eigene Seidenraupenspinnerei zu gründen.

Er nennt sie »meine Dame«; seine Untertanen nennen sie »Madame«, wie sie eine Schwester oder eine Tochter des Königs ansprechen würden. Viele können sich auch einfach nicht vorstellen, dass ein so attraktiver junger König von 28 Jahren eine 46-jährige Geliebte haben sollte. Doch der König will seine Liebe öffentlich bekunden: Bald ist ihr Monogramm an all seinen Palästen in Stein gemeißelt, und ihre Wappen zeigen das gleiche Zeichen: Dianas Halbmond, das griechische Delta, Pfeil und Bogen der Jägerin.

Diana selbst bleibt diskret, drängt nicht ins Rampenlicht, verliert nie den Kopf und das Maß.

Heinrich lässt Goldmünzen mit Dianas Konterfrei prägen. Er beruft sie zum Mitglied seines Rates und setzt ihren Kandidaten als Verwalter der Staatskasse durch. Wenn er sie auch nicht zur Königin und Mutter seiner Kinder machen kann, so will er zumindest, dass alle wissen, wie sehr er sie liebt.

Auf diesem Gemälde eines unbekannten Künstlers von 1550 posiert die damals 50-jährige Diana de Poitiers, deren Schönheit legendär war, als Göttin der Jagd.

Die Anhänger der »neuen Religion«, die Protestanten, bezichtigen die strenggläubige Katholikin Diana der Sünde des Ehebruchs. Heinrich verfolgt und bestraft die »Ketzer«. Seiner Diana schickt er ein Gedicht: »Ich versichere dir, meine einzige Prinzessin, / Dass meine Liebe für dich nie enden / Und der Zeit und dem Tod trotzen wird.«

Sie komponiert ein Parfum mit leichter Pfeffernote, das auf ihn wie ein Aphrodisiakum wirkt, woraufhin ihr Bett immer wieder unter ihnen zusammenbricht. Noch mit 50 lässt Diana sich nackt als die Göttin der Jagd malen. Ganz Europa giert danach, ihr Schönheitsgeheimnis zu erfahren. Doch da ist nicht viel. Jetzt, das sie älter wird, mischt sie sich aus dem Saft einer Melone, geriebener Gerste und einem Eidotter vermischt mit Ambra eine Antifaltenpaste zusammen, die sie wie eine Maske auf das Gesicht aufträgt. Wenn sie allein ist, schläft sie zur Vermeidung von Falten aufrecht auf tiefe Kissen gebettet. Und weiterhin badet sie täglich eiskalt. Die Zähne werden einmal pro Woche mit einer Mischung aus geriebener roter Koralle, »Drachenblut« genannt, Weißwein, Tintenfischknochen, Pfirsichsteinen und Zimt gebürstet. Ihr Speiseplan ist erlesen, aber vor allem gesund, sogar Milchprodukte stehen darauf – obwohl diese sonst nur etwas für das einfache Volk sind.

Ihr Schloss Anet ist derweil ein Ort zum Wohlfühlen – und Heinrichs wahrer Regierungssitz, in den er ein Vermögen steckt, das aber seiner Machtrepräsentation zugutekommt. Nach der Neuschöpfung im franko-italienischen Stil erhält das Schloss den Beinamen »Paradies von Anet«; zur Parfümierung der Gemächer verstreut Diana eine Mischung aus getrockneten Rosen und Maiglöckchenblättern und auch beim Essen ist ihr der Augenschmaus genauso wichtig wie die Speisenauswahl.

Als Heinrich II. schließlich gegen denselben Karl V. in den Krieg zieht, der ihn als Kind als Geisel festgehalten hat, schickt er Diana wieder einmal ein charmantes Gedicht. Wenige Stunden später erreicht ihn ein Kurier zu Pferd und überbringt ihm Dianas liebevolle Antwort:

»Lebe wohl, du Wonne meines Herzens, / Lebe wohl, mein Herr und Lehnritter, / Lebe wohl, du wahre Verkörperung von Edelmut …«

Katharina, durch die vielen Schwangerschaften unförmig geworden, ist an den Grenzen ihrer Selbstbeherrschung angelangt. Sie rastet aus und beschimpft Diana, ihre erste Hofdame, als »Hure«.

Aber auch Diana verliert einmal ihre legendäre Beherrschung: Als sie Heinrich mit einer 35-jährigen, rothaarigen Witwe erwischt, ist sie außer sich vor Wut, denn sie hat den König vor dieser Dame gewarnt, die ihm von seinen hugenottischen Gegnern ins Bett gelegt worden war. Vor den Hugenotten hat Diana Angst.

Um einen religiösen Krieg zu vermeiden soll Heinrichs katholische Schwester Margarete den Herzog von Savoyen heiraten. Der Höhepunkt der Festivitäten ist ein Turnier. Am Vorabend fleht Katharina ihren Mann an, nicht teilzunehmen. Der große Prophet Nostradamus habe seinen Tod vorhergesagt. Heinrich aber glaubt nicht an Vorhersagen.

Am 30. Juni 1559 betritt der König die Palisaden und trägt wie immer Schwarz und Weiß sowie das Halbmondemblem seiner Geliebten. Er sitzt auf einem wunderschönen, türkischen Ross mit dem Unheil verkündenden Namen Le Malheur (das Unglück). Sein Gegner ist ein elf Jahre jüngerer, protestantischer Hauptmann der schottischen Garde. Beide Lanzen brechen, ein Splitter durchstößt den goldenen Helm des Königs, durchbohrt das rechte Auge und bleibt im

Schädel stecken. (»Der junge Löwe wird den alten besiegen (...) durch einen goldenen Käfig hindurch wird er seine Augen durchbohren«, prophezeite Nostradamus.)

Diana eilt von der Tribüne zu dem Verwundeten. Man verweigert ihr auf Befehl der Königin den Zugang. Diana ist hilflos. Sie war sich sicher, vor ihrem Geliebten zu sterben.

Heinrich kämpft noch zehn qualvolle Tage um sein Leben, deliriert. Seine Rufe nach »meiner Dame« werden auf Befehl der Königin ignoriert. Sie schickt Boten zu Diana, diese soll die Kronjuwelen zurückgeben. Sie weigert sich, weil der König noch am Leben ist: »Bisher gibt es niemanden, der über mich bestimmen kann. Doch wenn er tot ist, will ich auch nicht länger leben.«

Am 10. Juli stirbt Heinrich II. Sein Erstgeborener wird sein Nachfolger. Am gleichen Tag verlangt man auf Befehl des neuen Königs Franz II. die Schlüssel zum Tresorraum und zu Heinrichs Schreibtisch zurück. Diana händigt alles mit einem detaillierten Inventarbericht in einer Schatulle aus. Anschließend wird sie vom Hof verbannt.

Katharina beginnt mit aller Kraft, jegliche Erinnerung an die Verbindung zwischen ihrem Mann und seiner Mätresse auszulöschen. Ihre Symbole werden entfernt – und was nicht zu entfernen ist, wird verunstaltet. Verhaften kann sie ihre Rivalin nicht, sie hat schließlich nichts verbrochen.

Diana verbringt den Rest ihres Lebens auf ihrem Schloss Anet, empfängt Besucher, verwöhnt ihre Enkelkinder, berät Diplomaten und Politiker, bewirtet die katholischen Royalisten ebenso wie ihre Gegner, die Hugenotten. Einer ihrer Gäste ist der Schriftsteller Pierre Brantome, der die 65-jährige Herzogin ein Jahr vor ihrem Tod in seinen Memoiren *Das Leben der galanten Damen* wie folgt beschreibt: »Ihre Schönheit, ihre Anmut, ihre Würde sind so geblieben, wie sie immer waren.«

Diana baut ein Krankenhaus für ihre Untertanen und mehrere Häuser für ledige Mütter, Waisen, verlassene Mädchen und mittellose Witwen. Und sie hat ihre Erinnerungen.

»Egal, wo er hingeht, ich werde mit ihm gehen«

Tina Turner (* 26. November 1939)
Amerikanische Sängerin, »The Queen of Rock«
SIEBZEHN JAHRE ÄLTER als
Erwin Bach (* 1953)
Deutscher Ex-Musikproduzent, ihr Lebensgefährte

Ich erlaube meinem Mann fremdzugehen. Solange er es heimlich macht«, sagte sie nach den ersten zehn gemeinsamen Jahren. »Eine Beziehung ist schließlich etwas anderes als nur Sex.« Was nicht heißt, dass er tatsächlich fremdgeht. Ganz im Gegenteil: Die »Queen of Rock« Tina Turner und der deutsche Exmusikmanager Erwin Bach leben inzwischen seit 22 Jahren zusammen und es gab bislang weder Affären noch Trennungsgerüchte. Null – was in ihren schnelllebigen Kreisen an ein Wunder grenzt. Man sieht das Paar beim Shopping in Mailand, bei der Eröffnung der Bregenzer Festspiele, bei Filmpremieren in London und sie vermitteln eine unaufgeregte Zweisamkeit, die man weder riskieren noch verlieren möchte.

Warum dann die öffentliche Billigung? Vielleicht ist Tina von Zeit zu Zeit von jener nahezu unvermeidlichen Panik geplagt, die jede Ältere kennt: Was, wenn er mit einer Jüngeren durchbrennt? Man kann die Furcht verdrängen oder man kann offensiv damit umgehen und sagen: Geh' nur, du wirst bald selbdt erkennen, dass unsere Liebe mehr wiegt als das bisschen frischer Sex.

Sie ist eine Legende: Keine Sängerin auf der Welt hat mehr Konzertkarten verkauft als sie, keine andere schaffte es, sich mehr als ein Vierteljahrhundert lang derart erfolgreich im Musikgeschäft zu behaupten. Und das verdankt sie nicht nur ihrem Temperament und ihren (immer noch) tollen Beinen, die sie bei jeder Gelegenheit stolz herzeigt. Der wahre Grund liegt wohl in ihrer Authentizität. Man glaubt ihr, wenn sie von gescheiterter Liebe singt, von Schlägen, Tränen, Demütigungen und Schmerz, die eine Frau erträgt.

Heute »genieße ich mein Leben, so wie es ist«, erzählt Tina Turner vor ihrer Welttournee von 2008. »Erwin ist der Mann meines Lebens, und es ist die schönste Beziehung, die ich je hatte«, erklärte sie bereits vor Jahren, als er ihr zu ihrem 50. Geburtstag einen Cartier-Ring schenkte. Natürlich kamen Heiratsgerüchte auf: »Ich halte es schon für möglich, dass wir irgendwann heiraten werden«, sagte der Popstar in einem Interview, »ich bin allerdings realistisch genug, den Altersunterschied im Auge zu behalten. Erwin ist zwar sehr reif, aber er ist doch 17 Jahre jünger als ich. Auch wenn ich mir darüber im Moment noch nicht den Kopf zerbreche, denn unsere Beziehung ist optimal.« Sie haben zwar immer noch nicht geheiratet, aber Tina strahlt ein Glück aus, das fast schon ansteckt.

Und wenn jemand es verdient, glücklich zu werden, dann sie: »Ich war eigentlich nicht mehr als ein Mädchen vom Lande. Ich interessierte mich für Wasser und Fische und kletterte auf Bäumen herum; ich musste sowieso alles besteigen (...) Tatsache ist, dass ich von meiner Mutter und meinem Vater von Anfang an, seit der Geburt, keine Liebe erfahren habe. Aber ich überlebte«, berichtet sie in ihrer Autobiografie *Ich, Tina – Mein Leben.* Als sie älter war, wurde gemunkelt, sie wäre nicht das Kind ihres Vaters, eines Farmers aus Tennessee. Mitte des Jahres 1950 verschwindet ihre Mutter, eine Halbindianerin. »Und dann, man glaubt es kaum, verschwand Daddy eines Tages. Einfach so ... Da stand ich, 13 Jahre alt, ohne Mutter, und mein Vater hat sich ebenfalls aus dem Staub gemacht.«

Sie wird daraufhin in die Familie ihrer Tante in St. Louis aufgenommen, besucht dort eine Mädchenschule und singt im Kinderchor der Baptistengemeinde. »Ich war 15 und natürlich verlor ich meine Unschuld auf dem Rücksitz eines Autos ... Es schmerzte, aber ich tat es aus Liebe, und deshalb war es okay.« So steht es in ihrer Autobiografie. Und dann erzählt sie, wie sie beschloss, Sängerin zu werden, und den 24-jährigen Bandleader der »Kings of Rhythm« Ike Turner so lange nervte, bis er ihr erlaubte, als Backgroundsängerin auftreten zu dürfen. Er war acht Jahre älter, angeblich bereits 13 Mal verheiratet und Vater zweier Söhne.

Das Publikum mag die temperamentvolle junge Frau, die mit 18 ihren ersten Sohn bekommt (der Vater ist der Bluessänger Raymond Hill). Kaum ein Jahr später ist sie wieder schwanger, diesmal von Ike. Als sie ihn 1962 heiratet, hatten sie bereits eine erste Chart-Platzierung in den USA – und sie trägt den Künstlernamen »Tina«. Mit der »Ike & Tina Turner Revue« gingen die beiden nicht nur in den USA, sondern auch in Europa und Asien auf Tournee und absolvierten 270 Konzerte im Jahr. Die vier Söhne, einer von Tina, einer von Tina und Ike, zwei von Ike aus früheren Beziehungen, wurden derweil eher von den Haushälterinnen erzogen.

»Wir waren zwei total verschiedene Menschen. Ich wusste, es konnte nie gut gehen mit uns«, schreibt sie in ihrer Autobiografie, »ich wollte mich nicht an ihn binden. Da schlug er mich zum ersten Mal. Mit einem Schuhspanner ... Er prügelte mich und zwang mich dann zum Sex. Mein Auge war ganz geschwollen. Es war schrecklich. Das war der Anfang meiner Angst vor Ike.« Sein Kommentar: »Wenn eine Frau wie Tina es trotzdem so lange bei mir ausgehalten hat, zeigt es doch, dass ihr die Prügel nichts ausmachten.«

Im 14. Jahr ihrer Horrorehe ist es endlich so weit. Nachdem Tina am 2. Juli 1976 in einem Hotelzimmer in Dallas von ihrem despotischen, kokainsüchtigen Mann zusammengeschlagen wird, massiert sie ihn noch einmal wie gewohnt in den Schlaf. Dann steigt Tina Turner mit ihren beiden Söhnen in den weißen Cadillac, den ihr einst Sammy Davis Jr. geschenkt hat, und gibt Gas. In der Tasche hat sie nur noch 36 Cents und eine Tankkreditkarte: »Ich war nicht bereit, noch eine einzige von Ikes Launen zu ertragen. Ich konnte nicht mehr.« Bei der Scheidung 1978 verzichtet die Sängerin auf Unterhalt und alle Rechte an der gemeinsamen Musik.

Ende der Siebziger hat Tina eine halbe Million Dollar Schulden und lebt von Sozialhilfe und Aushilfsjobs. »Ja – ich hatte Angst. Ich hatte nichts, aber ich hatte meine Freiheit ... nur wenn man frei ist, dann kann man seine wahre Kreativität, sein wahres Ich entfalten.«

»Diese Trennung ist auch maßgeblich für Tinas ganz eigenes Image verantwortlich, denn ihre breite Popularität ist nicht zuletzt darauf zurückzuführen, dass sich die Sängerin nie vor der Öffentlichkeit versteckt hat«, so Katja Röcker in ihrem Buch *Tina Turner.* »Bereitwillig hat Tina Turner wieder und wieder die Fragen zu ihrer Vergangenheit beantwortet, hat bereitwillig alle Details ihrer Horrorbeziehung zu Ike ausgebreitet, ohne dabei je aus der Rolle zu fallen. TT ist eine Art gläserner Star.«

Tina Turner und ihr 17 Jahre jüngerer Lebensgefährte Erwin Bach beim gemeinsamen Besuch einer Modenschau im Jahr 2005

In den Achtzigern reißt sie das begeisterte Publikum mit ihren wilden Tanzeinlagen und ihrem sexy Outfit mit. Der älteste Sohn, Ike jr. meldet sich in der Presse zu Wort: »In diesem Alter noch in so heißen Strapsen aufzutreten, das muss doch nicht sein. Als Nächstes schleppt sie uns noch einen 20-jährigen Liebhaber ins Haus«. Seine Stiefmutter kontert: »Ich habe aufgehört zu tun, was alle Welt von mir erwartet. Ich treffe Entscheidungen für mich, nicht für andere«, erzählt Tina 1985 dem »Stern«. »Ich bin doch keine Mumie, sondern eine Frau in den mittleren Jahren, so wie Mick Jagger ein Mann in den mittleren Jahren ist. Bei dem wundert sich niemand.«

Künstlerisch lässt sie damals den Ike-Stil hinter sich und erfindet sich als Queen of Rock neu. Die Orientierung zum Mainstream zahlt sich mehr als aus. Und nicht zuletzt dies stellt ihre Würde wieder her. Was sie jetzt hat, verdankt sie nur sich selbst.

1984 gelingt ihr mit »Private Dancer« ein bislang ungesehener Aufstieg: Eine 45-Jährige aus dem Nebengenre Soulrock singt sich in die erste Liga der großen Stars. Sie konzertiert mit David Bowie, Elton John und den Rolling Stones. Spielt mit Mel Gibson in »Mad Max III« und nimmt den Soundtrack dazu auf: »We don't need another hero«.

Im Februar 1985 erhält sie drei Grammy Awards, eine der begehrtesten Künstler-Trophäen der Welt. Für ein Konzert vor über 180.000 Zuschauern, das sie 1988 in Rio de Janeiro gibt, kommt sie ins Guinnessbuch der Rekorde: Niemals zuvor hatten mehr Leute das Konzert einer Solokünstlerin gesehen. Es folgten erfolgreiche Alben, internationale Chart-Platzierungen und Konzerte weltweit.

Das Ike-Trauma ist überwunden. »Nachdem ich Ike verlassen hatte, begann ich über die Gleichheit nachzudenken – im sozialen, rassischen, spirituellen Sinn – Gleichheit zwischen Mann und Frau ... Ich begann, den Mann meines Lebens als eine Art Dessert zu betrachten. Er wird kommen.«

Er kam im Spätsommer 1986: »Ich wartete am Düsseldorfer Flughafen, um einen großen Star unseres Hauses abzuholen – Tina Turner. Ich schwankte zwischen Bewunderung für sie als Sängerin und ihrer Faszination als Frau. Sie war so herzlich und ungezwungen. Sie hat einen unglaublichen Charme. Wir verabredeten uns für eine Fahrt ins Blaue und redeten über Musik, schnelle Autos und über die bevorstehende Tournee, unseren Job eben«, erinnerte sich Erwin Bach, seinerzeit Promotionschef ihrer Plattenfirma EMI in einem »Bunte«-Interview.

Tina lädt den gebildeten, eloquenten Single zu ihrer Geburtstagsfeier in den Londoner Club Squeeze ein: »Danach war alles anders – Liebe. Weihnachten verbrachten wir in den Bergen. Tina lernte Skifahren und wir schworen, uns nie mehr zu trennen.« Das mussten sie aber, Tina startete Anfang März ihre nächste Welttournee. Die Bilanz: 230 Auftritte in 25 Ländern in einem Jahr, 3,5 Millionen Fans. Danach erholt sie sich mit Erwin erst einmal in ihrem Haus in Los Angeles, im Sommer machen sie Urlaub auf Sardinien. Er erinnert sich: »Es war herrlich. Wir charterten uns ein Boot ...« Natürlich wurde gelästert. »Aber wir haben uns einfach über das Gerede hinweggesetzt.«

Wieso ein Deutscher? »Warum ich mich zu europäischen Männern hingezogen fühle? Sie sind Frauen gegenüber so feinfühlig. Ich will damit die amerikanischen Männer nicht abqualifizieren, aber europäische Männer haben eine ganz andere Grundeinstellung zu

Frauen. Man kann es spüren ... sie begreifen, dass wir etwas anderes, etwas Besonderes sind.«

Tina gibt ihre Wohnung in London auf und zieht 1990 zu Erwin nach Köln: »Dort belästigt mich niemand. Ich bin dort eine Fremde. Das brauche ich. Ich führe so ein verrücktes Leben. Da tut es gut, sich verstecken zu können«, erzählt sie in einem Radiointerview. Damals verkündet sie auch: »Egal, wo er hingeht, ich werde mit ihm gehen.« Wie das Heiratsversprechen der alten Römer: »Ubi tu Gaius, ego ibi Gaia« (Wo du Gaius bist, bin ich Gaia.). Ende 1994 ziehen sie in eine dreistöckige Villa nach Küsnacht bei Zürich um.

Ihre Liebe hat sich inzwischen bewährt. Obwohl – oder gerade weil? – Erwin Bach jünger ist. Dazu haben sich die beiden nie öffentlich geäußert. Aber Tina meint: »Ich habe mich verändert, aber die Welt hat sich auch verändert. Nicht nur die Frauen sind selbstständiger geworden, auch die Mentalität der Männer hat sich geändert.« Tinas Erwin hat jedenfalls offensichtlich keine Ego-Probleme damit, im Schatten eines Stars zu leben.

»The World's Sexiest Granny«, wie sie von ihren Fans liebevoll genannt wird, kann stolz zurückblicken: »Die meisten meiner Träume sind wahr geworden – ich bin froh, dass ich nie aufgehört habe, sie zu verfolgen.« Dazu zählt auch der Traum von einem Mann, dem »Dessert«, nach dem man nichts anderes mehr kosten will, von einem Mann, mit dem man alt werden möchte, der einen als einen Menschen respektiert und als Frau jenseits aller Konventionen lieben wird. Erwin Bach ist tatsächlich »The Best« – der Held ihres Songs von 1991:

»I call you when I need you, my heart's on fire
You come to me, come to me wild and wired
Mmm, you come to me
Give me everything I need
Give me a lifetime of promises and a world of dreams
Speak a language of love like you know what it means
Mmm, it can't be wrong

Take my heart and make it strong, baby
You're simply the best, better than all the rest
Better than anyone, anyone I've ever met
I'm stuck on your heart, I hang on every word you say
Tear us apart no, no, baby, I would rather be dead.«

Wenn ich dich brauche, rufe ich. Gib mir, was ich brauche, versprich mir, dass du mich dein Leben lang lieben wirst, schenk mir eine Welt voller Träume. Es kann nicht falsch sein. Nimm mein Herz, Baby, und mach es stark. Du bist das Beste. Ich würde lieber sterben, als dich zu verlieren …

»Du willst mich immer lieben, kleiner Bub?«

Rosa Luxemburg (5. März 1871 – 15. Januar 1919)
Sozialistin, Märtyrerin der deutschen Arbeiterbewegung
VIERZEHN Jahre älter als
Konstantin Zetkin (14. April 1885 – September 1976)
Arzt, Sohn von Clara Zetkin

Kostik, mein Sohn«, nennt sie ihn in einem der ersten von 613 Briefen, die sie ihm schicken wird. Eine keusche, korrekte Anrede. Doch schon bald erfindet Rosa Luxemburg für ihren 14 Jahre jüngeren Geliebten eindeutige Kosenamen: »Liebster Juju«, » süßer Duda«, »Herzliebling«. Sie tauft ihn auf » Niuniu«, »Ninuniusch« – und unterschreibt mit »Niunia«.

Es fällt schwer, ihre leidenschaftlichen Briefe mit dem Image der Revolutionärin zu verbinden, die seit ihrer Ermordung zu einer Märtyrerin der Arbeiterbewegung, zur Heldin des Sozialismus stilisiert und bereits zu Lebzeiten für Parteipropaganda instrumentalisiert wurde. Die Frau verschwand hinter der Kämpferin. Aber neben der »roten

Rosa« gab es stets eine Frau, die rosa Blumenkästchen hatte, Natur und Männer liebte, und zwar mit der gleichen, kompromisslosen Leidenschaft, mit der sie den Kampf des Proletariats führte: »Sie war eine sanfte Person mit einer Liebe zu Blumen«, bescheinigt ihr Bert Brecht, »jedoch wenn sie öffentlich redete, war sie der Teufel selbst und hetzte die unwissende Menge auf, den Besitzenden alles wegzunehmen ... Außerdem trug sie schreckliche Hüte.« Weit davon entfernt, eine Schönheit zu sein (sie ist klein, hinkt und ihr Kopf ist unverhältnismäßig groß), scheint Rosa Luxemburg durch ihren Intellekt und ihre Energie eine nahezu unwiderstehliche Ausstrahlung zu besitzen.

Als anno 1906 in Berlin eine der außergewöhnlichsten, obwohl wenig bekannten Liebesgeschichten des 20. Jahrhunderts beginnt, soll der 21-jährige Kostja wenig begabt, etwas lebensuntüchtig, schmal, melancholisch, aber hübsch gewesen sein, darin sind sich die Biografen einig. Die 35-jährige Rosa ist verzaubert, der Jüngling ebenso, und er schwört ihr ewige Liebe: »Du willst mich immer lieben, kleiner Bub?«, fragt sie am 20. Juni 1908 in einem Brief. Sicher zunächst eine rhetorische Frage, denn Rosa wird sich wohl zu Beginn ihrer Beziehung keinerlei Illusionen über die mögliche Dauer ihrer Beziehung gemacht haben.

Außerdem ist Kostja der jüngste Sohn ihrer Parteigenossin und Mentorin Clara Zetkin (1857–1933). Als Rosa und Kostja ein Liebespaar werden, kühlt die Freundschaft zwischen den beiden Frauen allerdings etwas ab, obwohl Clara selbst nach dem Tod von Kostjas Vater 42-jährig den 24-jährigen Maler Friedrich Zundel (1875–1948) geheiratet hat.

Rosa Luxemburg ist als Jüdin, Sozialistin, Intellektuelle und Frau geradezu prädestiniert dafür, ein Exot zu sein. Sie kommt als fünftes Kind eines reichen jüdischen Holzhändlers in Polen auf die Welt und begeistert sich bereits im Warschauer Mädchengymnasium für die linke Partei »Proletariat«, die 1886 den ersten Massenstreik Europas organisierte. Da ihr Engagement in Warschau bekannt wird, muss die Tochter aus gutem Hause in die Schweiz fliehen. Sie studiert Nationalökonomie, promoviert 1897 »summa cum laude« und verbringt seitdem ihr Leben mit Vorträgen, Reden und Debatten im Dienste ihrer marxistischen Ideale.

Um in Berlin, wo das »Herz der Arbeiterklasse« schlägt, arbeiten zu können, geht sie 1898 eine Scheinehe mit dem deutschen Staatsbürger Gustav Lübeck ein. (Die Ehe wird 1903 geschieden.) Sie wird preußische Staatsangehörige und zehn Tage nach ihrer Ankunft Mitglied der Sozialdemokratischen Partei Deutschlands (SPD). Von nun an bereist sie Deutschland und hält flammende Reden »gegen Militarismus und imperialistischen Krieg«. Sie beteiligt sich an internationalen Disputen über Fortschritte in der marxistischen Theorie und betreibt Wahlkampf – obwohl die Vorurteile gegenüber Frauen, die in der Öffentlichkeit eine Rolle spielen, bis weit in die linken Parteien hinein verbreitet sind. Auch ihre Maxime: »Freiheit ist immer die Freiheit der Andersdenkenden« macht sie bei den eher engstirnigen Genossen nicht beliebter, ihre Kritik an Lenin ist legendär. Als Kritikerin des Kaiserreiches landet sie regelmäßig im Gefängnis.

Die junge Frau definiert sich über ihre Arbeit: »Die Arbeit, die tüchtige, intensive Arbeit, die einen ganz in Anspruch nimmt mit Hirn und Nerven, ist doch der größte Genuss im Leben ... ich weiß, dass dies nicht normal ist, aber ich habe immer in mir selbst so viel Stoff zum Nachdenken und Durchleben, dass ich nie die Leere fühle.«

Dennoch bleibt sie eine große Liebende: »Rosa Luxemburg war zeitlebens unverheiratet, sie hatte fast immer jüngere Liebhaber. Ihre glücklichste Zeit verbrachte sie mit Kostja Zetkin«, erzählt die Schauspielerin Regine Seidler, die in dem Musical *Rosa*, das am 7. November 1998 im Berliner Grips-Theater uraufgeführt wurde, die Titelrolle übernahm, »Das war eine ganz innige Liebesbeziehung. In der DDR ist dieser Aspekt nicht vorgekommen. Da hieß es dann, dass Rosa Luxemburg ein mütterliches Verhältnis zu ihrem Untermieter hatte. Eine interessante Umschreibung.«

Und Elzbieta Ettinger, Rosa-Luxemburg-Biografin, schreibt: »Sie waren füreinander geschaffen, so schien es – sie liebten es, den zunehmenden Mond zu betrachten und die aufgehende Sonne; sie liebten die freie Natur und lange Spaziergänge, liebten es, Musik zu hören und Romane zu lesen.«

Rosa Luxemburg verliebt sich 1906 in den 14 Jahre jüngeren Konstantin (rechts), den Sohn ihrer Parteigenossin Clara Zetkin.

Für all diese Dinge oder gar fürs »Reden« hatte Rosas erster Liebhaber Leo Jogiches (1867–1919) keine Zeit – wegen der »Sache«. Der 23-jährige Litauer war vor dem Armeedienst nach Zürich geflüchtet, sah gut aus, seine Auftritte bei Kundgebungen und Versammlungen waren mitreißend. Ein Jahr lang trafen sich die beiden sich in »sozialistischen Zirkeln«, bis sie 1890 ein Paar wurden.

Da sie mit ihm schlief, glich ihre Beziehung in ihren Augen einer Ehe. Für Leo gehörte Sex mit Genossinnen auf die Tagesordnung, er sah sich eher als ihr Mentor. Privates, Konzerte oder Essen mit Freunden, hielt er für Zeitverschwendung. Und da er im Dienste der »proletarischen Revolution« oft unterwegs war, beschränkte sich ihre »Liebe« meist auf Briefwechsel. »Mein Gold, mir ist mit Dir so sonderbar – Du hast mich dahin gebracht, dass ich mich geniere, Dir Persönliches zu schreiben, von meinen Gefühlen und Eindrücken. Es scheint mir, dass es etwas Schlechtes ist, wenn man nicht von der Sache schreibt. Darum schließe ich«, schrieb sie ihm am 12. März 1894. Dennoch bettelte sie: »Und vielleicht noch ein kleines, ganz kleines Baby? Werde ich nie eins haben dürfen? Nie?« Er verweigerte sich einer festeren Bindung, meinte, ihre Aufgabe sei es, nicht Kinder, sondern politische Ideen zu gebären.

Rosa nahm sich dies zu Herzen, disziplinierte sich. Auch physisch. Ihr Leben lang würde sie täglich um sechs Uhr morgens aufstehen, strenge Diät halten und zwei Mal täglich kalte Bäder nehmen. Ihren Körper konnte sie »abhärten«, ihre Sehnsucht nach menschlicher Wärme verschwand dadurch jedoch nicht.

Nach dem Umzug nach Berlin hat Rosa viel Arbeit und – da eine hypnotische Agitatorin und geborene Volksrednerin – auch viel Erfolg.

Währenddessen hat sich Rosa, die Frau, in Kostja verliebt, aber Rosa, die Genossin, ist über die gemeinsame politische Arbeit an Leo gefesselt. Als dieser merkt, dass er seine Macht über sie verliert, wird er eifersüchtig.

Im Mai 1907 fängt Leo einen Brief von Kostja ab und droht damit, Kostja umzubringen. Rosa kauft sich einen Revolver und warnt ihren Liebhaber: »Kleiner geliebter Bubi, nimm Dich in acht, ich bitte Dich, ich flehe Dich an ... Du hast noch ein ganzes Leben vor Dir« (23. Mai 1907). Einen Tag zuvor erklärt sie Leo: »Es stimmt, ich habe verdammte Lust, glücklich zu sein!«

Fast ein Jahr lang erduldet sie dennoch Leos Launen und Szenen. Im Juli 1908 schreibt sie an Kostja: »Mit ihm ist kein Spaß mehr, der Mensch ist innerlich fertig.« Sie versucht, Leo aus dem Weg zu gehen, damit ihr politischer Einsatz durch ihre privaten Probleme keinen Schaden nimmt. Aber vor allem ist sie jetzt erstmals als Frau strahlend glücklich.

Ihre Briefe an Kostja schwanken zwischen einer vitalen Leidenschaft, die sie nicht abtöten will, und dem Versuch, dem Ganzen doch noch einen Anschein von Mütterlichkeit zu verleihen: »Gestern sah ich drei nackte kleine Buben in der See stundenlang hüpfen und schwimmen ... Ich dachte daran, dass ich so am Ufer sitzen möchte, und im Wasser mein geliebter Bub sich so tummeln, nackt und frei.« Und sie denkt über ihre Zukunft nach: »Es wäre mir schrecklich, wenn Du nicht im Verhältnis zu mir volle innere und äußere Freiheit fühlen würdest. Ich habe selbst genug unter innerer Unfreiheit gelitten und möchte Dich IMMER frei wie ein Vögelein, wie einen Schmetterling wissen« (18. Juni 1908). Zugleich fordert sie die Offenheit, die sie bei Leo stets vermisste: »Wenn Du mich nicht mehr liebst, so sag es offen mit drei Worten« (13. August 1909). Ob sie mit den drei Worten »Es ist aus!« meint?

Am 17. August 1909 dann verabschiedet sich Rosa von Kostja: »Nun, es ist überwunden. Ich bin mit Lust und Liebe an der Arbeit und bin entschlossen, noch mehr Strenge, Klarheit und Keuschheit in mein Leben zu bringen (...) Nun bist DU frei wie ein Vögelchen, sei doch auch glücklich. Die Principuccia steht Dir nicht mehr im Wege. Leb wohl, die Nachtigallen des Apennin singen Dir (...) R.«

Offenbar zieht Rosa, die spürt, dass Claras Sohn sich in eine andere verliebt hat, es vor, die Initiative zu ergreifen und die drei Worte selbst auszusprechen ...

Übrigens: In dieser Zeit vertieft sich Rosa Luxemburg in Stendhals Roman *Rot und Schwarz* (erschienen 1830) und empfindet die Romanheldin Madame de Rénal, die sich in den um zehn Jahre jüngeren Julian Sorel verliebt und daran verzweifelt, als eine Seelenverwandte. »Du bist jung, du wurdest von mir verführt. Der Himmel kann dir noch verzeihen, ich aber bin verdammt«, heißt es dort. Doch da die Madame schließlich von Julian lässt und sich bereit erklärt, »brave Ehefrau« zu sein, wird ihr vergeben, auch von ihrem Ehemann.

Auch Rosa wird »vergeben« – und zwar von Kostjas Mutter Clara. 1910 marschieren die beiden Genossinnen eingehakt, mit Hut und knöchellangen Kleidern, zu einem Parteikongress. Rosa beginnt, ihren »Niuniu« nun tatsächlich zu bemuttern und bleibt vier weitere Jahre in regelmäßigem Kontakt zu ihm. Kostja engagiert sich zunehmend an der Seite seiner Mutter für die Arbeiterbewegung. Sie fühlt sich derweil leer und gebrochen, wird krank.

»Was meine Depressionen angeht, so ist nichts passiert, es ist eben eine Depression reinsten Wassers, ohne jeden Grund und umso bedrückender. Einfach eine Krankheit« (Brief an Leo, 10. Oktober 1910).

Ihre Herzattacken werfen sie immer wieder in ihrer Arbeit zurück. Dennoch funktioniert sie weiter, schreibt unzählige Artikel, Aufsätze und Bücher. Sie bereist Kongresse, arbeitet an der Parteischule, führt politische Auseinandersetzungen mit Karl Kautsky und August Bebel, wird zur Frontfrau ihrer Partei – und berichtet Kostja (der inzwischen Medizin studiert) davon.

Leider wurden von den über 600 erhaltenen Briefen an ihn rund 70 nicht in die Gesamtausgabe, die in der ehemaligen DDR erschien,

Rosa Luxemburg und Clara Zetkin auf dem Weg zum SPD-Parteitag 1910 in Magdeburg

aufgenommen. Wegen ihres »vorwiegend privat-intimen Charakters«, hieß es. Als hätte man Angst gehabt, die Selbstzeugnisse der liebenden Rosa würde das Image der Vorzeigekommunistin besudeln. Kostjas Briefe hat Rosa auf seinen Wunsch vernichtet.

Für den Rest ihres Lebens pendelt sie zwischen der privaten Sehnsucht nach Ruhe und Harmonie und dem politischen Drängen ins Zentrum der Ereignisse. Aber an die Liebe glaubt sie nach wie vor: »Mir war (oder ist) auch die Liebe an sich stets wichtiger und heiliger als der Gegenstand, der zu ihr anregt. Und zwar deshalb, weil sie erlaubt, die Welt als ein schimmerndes Märchen zu sehen, weil sie aus einem Menschen das Edelste und das Schönste herauslockt, weil sie das Gewöhnlichste und Geringste erhebt und in Brillanten fasst und weil sie ermöglicht, im Rausch, in Ekstase zu leben …« So ihr Brief aus dem Gefängnis, wo sie in Sicherheitsverwahrung einsaß, an Karl Liebknechts junge Frau Sonja vom 24. November 1917.

Auch die nächsten beiden »Gegenstände«, die es ihr erlauben, »die Welt als ein schimmerndes Märchen zu sehen« sind deutlich jünger: Paul Levi (1883–1930) ist Sozialdemokrat und ihr Verteidiger bei Gericht und zwölf Jahre jünger. Sein Nachfolger ist der um 13 Jahre jüngere Arzt Hans Diefenbach (1884–1917). Vielleicht hatte sie verinnerlicht, dass ein gleichaltriger oder älterer Mann eine so kraftvolle, international bekannte Persönlichkeit wie sie, die so wenig die traditionelle Ehefrauenrolle bediente und ihre Meinung stets vehement verteidigte, kaum ertragen würde.

Im November 1918, gerade aus dem Gefängnis entlassen, erlebt Rosa in Berlin die Ausrufung der Räterepublik. Am 1. Januar 1919 ist sie beim Gründungsparteitag der KPD dabei, deren erstes Programm zu großen Teilen aus ihrer Feder stammt. Am 15. Januar 1919 wird sie, erst 48 Jahre alt, zusammen mit Karl Liebknecht, ihrem Genossen aus der von der SPD abgespaltenen Spartakusgruppe, von der paramilitärischen, rechten Garde-Kavallerie-Schützen-Division ermordet. Ihre Leiche, in den Berliner Landwehrkanal geworfen, wird erst Monate später aufgefunden.

Wenige Wochen zuvor schreibt sie: »Ich möchte auch nichts aus meinem Leben missen und nichts anders haben, als es war und ist ... Ich fühle mich in der ganzen Welt zu Hause, wo es Wolken und Vögel und Menschentränen gibt ... Ich habe manchmal das Gefühl, ich bin kein richtiger Mensch, sondern auch irgendein Vogel.«

»Was uns verbindet, kann durch Dritte nicht zerstört werden«

Leni Riefenstahl (22. August 1902 – 8. September 2003)
Deutsche Filmemacherin und Fotografin
ZWEIUNDVIERZIG Jahre älter als
Horst Kettner (* 1944)
Kameramann, ihr Lebensgefährte

Wie ich Horst fand« – so heißt ein Kapitel im letzten Teil von Leni Riefenstahls Memoiren, in dem sie eigentlich ihre Entdeckung der Nuba-Stämme im Sudan beschreibt: »Der Begleiter, den ich suchte, müsste charakterlich stabil und gesund sein, außerdem Freude an der Arbeit haben. Ferner sollte er ein guter Fahrer sein, er sollte Autos reparieren können. Und da ich mir einen neuen Kameramann nicht zusätzlich leisten konnte, wäre es notwendig, dass er auch etwas von Filmtechnik versteht. Ein solcher Begleiter wäre ein Idealfall. Es war mir selbstverständlich klar, dass dies ein Wunschbild war. Da kam mir ein Zufall zur Hilfe.« Ein Bekannter macht sie auf den Mieter seiner Mutter aufmerksam, und die bestätigt: »Ein feiner Mensch ... Sein Zimmer ist immer aufgeräumt, er raucht nicht und trinkt nicht und ist immer hilfsbereit.«

Leni selbst behauptete im »Emma«-Interview: »Ich habe in der Liebe immer nur Unglück gehabt. Ich bin zu eng mit meiner Arbeit verbunden. Die Männer haben einfach gespürt, dass ich das doch vorziehen könnte.« Aber einem »Time-Magazine«-Journalisten sagte sie: »Es ist ein tolles Gefühl, wenn man mit jemandem all die schönen Sachen des Lebens teilen kann, es ist wunderbar, jemanden zu haben, der mir glaubt, obwohl alle anderen mich verdammen.« Gemeint ist Horst Kettner, der Mann, der ihre Stärke durch seine eigene ergänzt. Ein halbes Jahrhundert nach Kriegsende bezeichnet man die Frau, die Hitler einen Korb gab, aber zwei Filme drehte, in denen sie sein Regime glorifizierte, als »Nazi-Matratze« (Harald Schmidt) oder »Hofschranze«

(Fritz K. Raddatz). Für die »taz« ist sie »einfach nur doof«. Das Ausland sieht die »Teufelsregisseurin« differenzierter. Für die »New York Times« ist Leni »der größte weibliche Filmemacher aller Zeiten«. Mick Jagger, der sie um Porträtfotos bat, hält sie schlicht für genial. Und inzwischen kehrt auch hierzulande eine neue Sachlichkeit in die Beurteilung der Filme Leni Riefenstahls ein.

1967 treffen sich Horst Kettner und Leni Riefenstahl in deren Münchner Wohnung in der Tengstraße: »Ich begrüßte einen scheuen jungen Mann, sehr groß, schlank ... Sein Gesicht flößte mir vom ersten Augenblick an Vertrauen ein ... Er sprach gebrochenes Deutsch. Als Kind deutscher Eltern war er in der Tschechoslowakei aufgewachsen und arbeitete erst seit zwei Jahren in Deutschland. Mein Name sagte ihm nichts, ich war ihm unbekannt. Der Grund, dass er sich bei mir meldete, war sein Interesse an Afrika. Als ich ihm sagen musste, dass ich ihm kein Gehalt zahlen, sondern nur die Reisespesen und die notwendigen Versicherungen übernehmen könnte, machte das keinen Eindruck auf ihn. Er war sofort mit meinem Vorschlag einverstanden.« Und legt los: »Von früh bis spät war Horst auf den Beinen.« Kümmert sich, organisiert die Expedition, verliert nie die Nerven. Und sieht gut aus: »sein Gesicht eingefallen, und mit einem Bart ähnelte er tatsächlich dem Christusbild«. Er bleibt bei ihr bis zu ihrem Tod, 36 Jahre später – und doch scheint es ihn für die anderen nicht zu geben. Horst wird geradezu systematisch ignoriert.

Die meisten Journalisten, die Leni in den letzten Dekaden ihres Lebens in ihrem Haus in Pöcking am Starnberger See, 30 Kilometer von München entfernt, besuchen, sowie alle ihre Biografen schwärmen einhellig von ihrer Vitalität und ihrem wachen Geist – aber keiner fragt sich, ob dies nicht auch damit zusammenhängen könnte, dass sie mit einem 42 Jahre jüngeren Mann zusammenlebt.

Für Alice Schwarzer, die 1999 ein Interview mit Leni führt, ist er der »Mitarbeiter«, der sie in der Diele begrüßt. Rainer Rother erwähnt ihn in seinem Buch *Leni Riefenstahl – Die Verführung des Talents* nur ein einziges Mal – als ihren »Begleiter«. In dem großartigen Bildband von

Angelika Taschen *Leni Riefenstahl – Fünf Leben* wird er immerhin als »ständiger Mitarbeiter und Lebensgefährte« geführt. Ob diese Nichtachtung vielleicht damit zu begründen ist, dass Horst nicht dem Machotyp entspricht, den man ansonsten in Lenis Leben vorfindet?

Schon ihr Vater, ein Selfmademan, dessen Installationsfirma rasch expandiert, erwies sich als wahrer Familientyrann (»Er konnte wie ein Elefant trampeln, wenn sich am gestärkten Kragen seines Hemdes der Knopf nicht aufmachen ließ«). Die Mutter, das jüngste von 18 Kindern, wollte eigentlich Schauspielerin werden und »besucht mit ihrer Tochter heimlich Bälle oder geht mir ihr ins Kino« (Angelika Taschen).

Als der Vater erfährt, dass die Tochter mit Unterstützung ihrer innig geliebten Mutter heimlich Tanzunterricht nimmt, reicht er die Scheidung ein. Um den Hausfrieden zu wahren, gibt Leni auf, wird Sekretärin und nimmt Zeichenunterricht. Sie fürchtet den väterlichen Tyrannen – ist aber zugleich von ihm fasziniert (wie später von Hitler): »Ohne meine Willenskraft, die ich von meinem Vater geerbt habe, wäre ich an den Verfolgungen, die ich erleiden musste, kaputtgegangen.«

Kaum volljährig und finanziell unabhängig, studiert sie (mit der legendären Gret Palucca) modernen Tanz: »Das hat mir am meisten Spaß gemacht, weil ich da alles allein mit meinem Körper machen konnte.« 1923 engagiert Max Reinhardt sie als Solotänzerin für das Deutsche Theater in Berlin. Zahlreiche Auftritte folgen, sie wird vom Regisseur Arnold Fanck für den Film entdeckt und gibt 1926 in *Der heilige Berg* ihr Schauspieldebüt. Damit beginnt eine langjährige Zusammenarbeit mit Fanck, der ihr in seinen Abenteuer- und Bergfilmen wichtige Rollen gibt. Die Perfektionistin lernt Klettern und Skifahren und eignet sich Kenntnisse über Kamera-, Regie- und Schnitttechnik an. 1931 gründet sie die Leni Riefenstahl Filmproduktion, die bis zu ihrem Tod existiert.

Sie ist 30 Jahre alt, als ihr erster eigener Film *Das blaue Licht* am 24. März 1932 im Berliner UFA-Palast am Zoo Premiere hat. Idee, Drehbuch, Hauptrolle, Regie, Schnitt und Produktion: Leni Riefenstahl. Sie spielt »Junta«, ein Dorfmädchen, das als einzige das Geheimnis des

Leni Riefenstahl feiert mit Horst Kettner 1992 ihren 90. Geburtstag am Starnberger See in der Nähe von München.

blauen Lichts am Monte Cristallo kennt. Als ein junger Mann nach dem anderen auf der Suche nach dem Licht in die Schlucht stürzt, verfluchen die Dörfler Junta als Hexe. Sie selbst stürzt in den Abgrund, als sie merkt, dass die Dorfbewohner ihr Geheimnis, eine Grotte voller Bergkristalle, entdeckt und alle Kristalle, die blau leuchten, abgeschlagen haben.

Während der Dreharbeiten zum *Blauen Licht* beendet Leni die Beziehung zu ihrem Tonmeister, der »ausgerechnet dann mit mir schlafen [wollte], wenn ich 150-prozentig mit meiner Arbeit beschäftigt war.« Auch die nächste Partnerschaft scheitert: Ihr Kameramann Hans Schneeberger (sieben Jahre älter) verlässt sie wegen einer anderen.

Ein weiterer Mann allerdings ist von ihr hingerissen: Adolf Hitler. »Er bewunderte, dass ich es geschafft hatte, mich ohne eigene Mittel als Frau durchzuringen. Das hat ihm imponiert. Der Film war ja ein Welterfolg. Ich bekam Telegramme von Chaplin und Douglas Fairbanks« (*Memoiren. 1902–1945*).

Hitler, der die Rolle der Frau einzig darin sieht, sich dem Mann unterzuordnen und der Nation Kinder zu gebären, wirbt um die Filmemacherin, lädt sie zu einem Spaziergang am Strand von Horumersiel an der Nordsee ein: »Wir gingen stumm nebeneinander. Nach einer längeren Pause blieb er stehen, sah mich lange an, legte langsam seine Arme um mich und zog mich an sich«, schildert sie diesen Nachmittag. Als sie seinen Annäherungsversuch abwehrt, hebt er die Hände und sagt: »Ich darf keine Frau lieben, bis ich mein Werk nicht vollendet habe.«

Noch eines sagt Hitler schließlich nach ihrem folgenschweren Spaziergang: »Wenn wir einmal an die Macht kommen, müssen Sie meine Filme machen.«

»Nie habe ich bestritten, dass ich der Persönlichkeit Hitlers verfallen war«, gibt Leni später zu, »dass ich das Dämonische zu spät in ihm erkannt habe, ist zweifellos Schuld oder Verblendung.«

Leni Riefenstahl dreht vor dem Weltkrieg zwei Filme, die ihr später zum Verhängnis werden: 1935 entsteht *Triumph des Willens* über den NSDAP-Parteitag und 1936, auf dem Höhepunkt ihrer Karriere, erhält sie den Auftrag, die Olympischen Spiele in Berlin propagandistisch in Szene zu setzen. Der Olympiafilm besteht aus zwei Teilen: *Fest der Völker* und *Fest der Schönheit.* Noch ein Jahr vor ihrem Tod hält sie diese beiden Filme für ihre wichtigsten Werke: »Ich kann doch einen Film, obwohl er mir Unglück gebracht hat, für eine große Leistung halten«, erklärt sie der *Weltwoche.*

Diese beiden Meisterwerke lassen sie zur »Nazi-Propagandistin« werden. Diesem Vorwurf setzt sie stets entgegen: »Ich war nie in einer Partei.« Der Streit um den Wert dieser Filme ist bis heute Bestandteil der Diskussion um Leni Riefenstahl, wenngleich sie nach dem Krieg von den amerikanischen Behörden als »Mitläuferin« eingestuft und entnazifiziert wurde. Sie führt mehr als 50 Prozesse wegen Verleumdung und gewinnt alle.

An ihrem 40. Geburtstag verlobt sie sich mit dem Hauptmann der Gebirgsjäger Peter Jacob (sieben Jahre älter), den sie zwei Jahre später in Kitzbühl heiratet, sich aber drei Jahre später wieder von ihm scheiden lässt, weil er sie betrogen hat.

Ist sie zu stark, zu unabhängig für eine traditionelle Mann-Frau-Beziehung? Leni ist schließlich der Chef am Drehort, arbeitet mit Millionenetats und hat das letzte Wort darüber, wie ein Film geschnitten wird. Sie ist ein Weltstar wie ihre Freundin Marlene Dietrich, unterscheidet sich aber von der Diva, der »es Spaß machte, Männern den Kopf zu verdrehen. Ich hingegen hatte Angst davor, dass sich einer in mich verliebte, weil das immer Komplikationen gab.« Tatsächlich war sie – wie die meisten Yoko-Frauen – stark und anlehnungsbedürftig zugleich. In einem Interview mit Alice Schwarzer sagt die »Herrin der Bilder«: »Ich glaube: Ich bin 100 Prozent Mann und 100 Prozent Frau.« So hätte sie wohl ihren Lebensgefährten nie so bedient, wie Marlene ihren letzten, um 28 Jahre jüngeren Freund Burt Bacharach (Jahrgang 1928): »Ich habe seine Hemden gebügelt, seine Socken gewaschen«, zitiert Donald Spoto die Diva in seiner *Marlene Dietrich*-Biografie.

1962 fliegt Leni Riefenstahl mit verschiedenen Leica- und Leicaflex-Kameras zum ersten Mal nach Afrika auf der Suche nach den Nuba-Stämmen. Aus der Filmregisseurin wird die Fotografin. 1966 erscheint im »Stern« die Fotostrecke *Leni Riefenstahl fotografiert die Nuba – Was noch nie ein Weißer sah.* Das Foto, auf dem die zierliche, strahlende Blondine im Minirock mit einem zwei Meter großen, bis auf eine Halskette nackten Schwarzen Händchen hält, macht Geschichte und ihr Bildband sorgt für ein glamouröses Comeback. Kritiker feiern ihn als einzigartigen Hymnus an die Schönheit des menschlichen Körpers, so Jürgen Trimborn in seiner Riefenstahl-Biografie *Riefenstahl. Eine deutsche Karriere.*

Auf der Expedition von 1967 schließlich begleitet sie Horst Kettner zum ersten Mal. Und er ist auch dabei, als sie 1972 im Auftrag der »Sunday Times« die Olympischen Spiele in München fotografiert, als sie sich beim Skilaufen den Oberschenkel bricht, als sie sich um 20 Jahre jünger macht, um 1973 einen Tiefsee-Tauschein erwerben zu können, und als sie beginnt, unter Wasser zu drehen.

Aus »Horst und ich« wird in Lenis Memoiren allmählich ein unaufgeregtes, selbstverständliches »wir«. In einem Gespräch mit der Schauspielerin und Theaterintendantin Vera Oelschlegel sagt Leni 1992 über Horst: »Er ist unentbehrlich. Er nimmt mir sehr vieles ab, ist ein genialer Techniker und ein hervorragender Kameramann und Fotograf. Er ist sehr praktisch. Aber er ist auch schwierig, es ist nicht einfach mit ihm.« Gefragt, ob sie ihn liebte, antwortet die Künstlerin: »Wenn Sie mich als Frau fragen, lieben kann ich überhaupt nicht mehr, seit ich mich habe scheiden lassen. Ich liebte meinen Mann. Das war ein so starkes Gefühl, eine so starke Liebe, dass das, was man Liebe nennt, für immer kaputtgegangen ist. Wir wohnen zusammen, es ist eine sehr enge Zusammengehörigkeit. Eine starke Verantwortlichkeit für einander. Er möchte nicht woanders arbeiten, er möchte nichts anderes tun, am liebsten immer mit mir arbeiten. Vielleicht ist das Liebe, ich kann das nicht sagen. Ich weiß es nicht. Wenn, dann ist es aber keine erotische Liebe.«

Horst Kettner ist auch an ihrer Seite, als sie stirbt.

»Er war der einzige, mit dem ich je eine Wohnung teilte«

Simone de Beauvoir (9. Januar 1908 – 14. April 1986)
Französische Philosophin, Schriftstellerin und Frauenrechtlerin
SIEBZEHN Jahre älter als
Claude Lanzmann (* 27. November 1925)
Französischer Dokumentarfilmer (u. a. »Shoa«)

Da gibt es jemanden, der mich lieben will, wo ich doch dachte, ein Liebesleben gäbe es für mich nicht mehr«, berichtet die 44-jährige Simone de Beauvoir in einem Brief. Und in ihren Erinnerungen *Der Lauf der Dinge* ist nachzulesen: »Die Gegenwart Lanzmanns ließ mich mein Alter vergessen (...) Ihm verdanke ich es, wenn mir tausenderlei Sache wieder zuteil wurden: Freude, Staunen, Besorgnis, Lachen und die Frische der Welt (...) Ich kehrte in die Heiterkeit meines Privatlebens zurück.«

1952, als sie sich kennenlernen, ist er ein unbekannter Philosophiestudent, gerade einmal 27 Jahre alt. Sie hingegen ist nach ihrem Welterfolg *Das andere Geschlecht* von 1949 zu Frankreichs Vorzeigeintellektueller avanciert, wird von Regierungen eingeladen und hält Vorträge in Europa, Amerika, in der Sowjetunion und in China. »Gut, meinetwegen war ich Opportunist«, sagt Lanzmann 1983 in einem Interview, »ich war ›im Kommen‹, wenn Sie so wollen. Aber sie war *wunderschön*! Ich fühlte mich wirklich sehr zu ihr hingezogen.«

Simone sieht tatsächlich so gut aus wie lange nicht mehr, sie fühlt sich wohl in ihrer Haut. Sie trinkt nicht, macht lange Spaziergänge, arbeitet an ihrem neuen Roman. Sie muss sich nichts mehr beweisen, weiß um ihre Ausstrahlung und genießt diesen Aspekt ihrer Weiblichkeit.

Sie und Lanzmann treffen sich in der Redaktion von »Les Temps Modernes«, einer literarisch-philosophischen, 1945 von Jean-Paul Sartre gegründeten Zeitschrift. Er ist ein junger Redakteur, sie die Chefin. Eines Tages ruft er aus der Redaktion an, um sie ins Kino einzuladen:

»Als ich auflegte, brach ich in Tränen aus, und weinte vor Glück, dass ich jemandem etwas bedeute«, erzählt sie einem Freund und berichtet in ihrem anderen Memoiren-Band *Alles in Allem*: »Lanzmann war mir sehr sympathisch. Viele Frauen fanden ihn attraktiv: auch ich gehörte zu ihnen. In zwanglosem Ton serviert er die gewagtesten Formulierungen und seine Geisteshaltung ähnelte der Sartres. Wir passten zueinander aufgrund dessen, was wir waren und was jeder von uns in den Augen des anderen war.« Und Deirdre Bair hält es für wichtig, in ihrer großartigen Beauvoir-Biografie zu betonen: »Der Altersunterschied spielte keine so bedeutende Rolle.«

Claude ist der einzige Mann, mit dem Simone je eine Wohnung teilt. Er erinnert sich: »Ich zog in die Rue de la Bucherie ein. Es gab im Grunde nur einen Raum (...) Das enge Beisammensein war ein Problem. Sie arbeitete unentwegt und sehr diszipliniert (...) Am ersten Morgen wollte ich im Bett liegen bleiben, doch sie stand auf, kleidete sich an und setzte sich an ihren Arbeitstisch (...) Ich glaube, sie hat bis zur Mittagsstunde kein einziges Wort mit mir gewechselt (...) Es gab keine Partys, kein Empfänge, keine bürgerlichen Werte. Das alles betraf uns nicht. Es gab nur das Wesentliche – ein Leben ohne Ballast, von einer Schlichtheit, die bewusst erwählt war und dem Zweck diente, ungehindert arbeiten zu können.« Materielles war Nebensache.

Sechs Jahre lang sind die beiden ein Paar, von 1952 bis 1958.

Aber der wichtigste Mensch in Simones Leben bleibt auch in dieser Zeit der Philosoph Jean-Paul Sartre. Jener »Doppelgänger, in dem ich in einer Art von Verklärung alles wieder fand, wovon ich selbst besessen war. Mit ihm würde ich immer alles teilen können«, gesteht sie später in ihren *Memoiren einer Tochter aus einem guten Hause*. Mit ihm führt sie die wohl außergewöhnlichste Liebesbeziehung des 20. Jahrhunderts – und jeder, zu dem sich Sartre oder Simone im Laufe ihrer 51 gemeinsamen Jahre hingezogen fühlten, kann nur der Dritte im Bund sein. Geheiratet haben sie nie, auch nie zusammengewohnt.

1929 »schenkt« Beauvoir ihrem Studienkollegen Sartre ihre Jungfräulichkeit. Warum ausgerechnet einem Mann, der für seine Vorliebe für »schnellen« Sex bekannt ist, der nichts von Zärtlichkeit hält? Vermutlich, weil sie sich von ihm auch intellektuell dominiert fühlt. Danach schließen die beiden einen Pakt: Sie wollen sich nicht binden und nie belügen. Bedingungslose Transparenz und die Bereitschaft, die sexuellen Ausschweifungen des anderen zu akzeptieren, werden zu Prämissen einer Partnerschaft, in der sich die Visionen der aufgeklärten abendländischen Gesellschaft spiegeln. Simone de Beauvoir und Sartre leben diese Verbundenheit in einer offenen Beziehung öffentlich und zwar in einer Zeit, als die Gesellschaft noch weit davon entfernt ist, dies zu akzeptieren.

Sartre entpuppt sich als Fixstern, den neben Beauvoir ein ganzer Hofstaat von Liebhaberinnen, Verehrerinnen und Schwärmern umkreist: »Er ist ein warmherziger und lebendiger Mann, in allem, außer im Bett. Ich habe es intuitiv schnell gemerkt, trotz meines Mangels an Erfahrung, und nach und nach kam es uns unnötig, ja sogar unanständig vor, weiter miteinander zu schlafen. Wir gaben die Versuche nach circa acht oder zehn Jahren auf«, schreibt sie später ihrem Liebhaber, dem amerikanischen Schriftsteller Nelson Algren.

Nach außen hin verkörpert das Paar Souveränität und Gleichberechtigung, all das, wofür Simone mit ihren Theorien kämpft. Doch nach innen herrscht eine emotionale Asymmetrie, der ewige Konflikt zwischen Treue und Freiheit.

Auf was sie sich mit ihrem Pakt eingelassen hat, begreift »der Castor« (Biber), wie Sartre Simone nennt, als ihre Schülerin und Geliebte Olga zur Liebhaberin Sartres wird. Olga ist das erste Mitglied des Beauvoir-Sartre-Clans, der unter Freunden einfach »die Familie« heißt. Im Laufe der Jahre wächst die Gruppe: Ehemalige Schülerinnen, Studenten und Verehrer beiderlei Geschlechts suchen die Nähe des faszinierenden Paares und landen gebannt von ihrem Charisma und ihrem Sex-Appeal in Beauvoirs oder Sartres Bett, bisweilen sogar in beiden – Simones One-Night-Stands haben ihre Seele jedoch nicht erreicht, weil sie ihren Körper nicht erweckten. Bis sie sich in den amerikanischen Schriftsteller Nelson Algren (1909–1981) verliebte.

Sie traf den 39-Jährigen auf ihrer ersten Tournee durch die USA (1947). Ihm verdankt sie, wie sie später ihrer Biografin Deirdre Bair anvertraut, den ersten Orgasmus ihres Lebens. Sie wird ihm bis zu ihrer Trennung 1964 Briefe schreiben, 304 an der Zahl: »Sie küsste stellvertretend das Briefpapier, auf dem sie schrieb, drückte dem Bogen einen Lippenstiftmund auf. Was erlebten sie doch (sagte sie) für eine herrlich kitschige Liebesgeschichte!« (Deirdre Bair).

Die 36 Stunden, die Simone mit Algren während ihres ersten Chicago-Aufenthalts verbringt, stellen ihr Leben auf den Kopf, denn sie erfährt, wie leidenschaftlich die Liebe zwischen Mann und Frau sein kann. Simone erzählt in ihren Memoiren: »Seine Lust hat mich umgeformt: ich, die ich so lange keinen Geschmack, keine Form mehr hatte, ich besaß wieder Brüste, einen Bauch, Sex, Fleisch.« Und in *Alles in Allem*: »Kein Mann hatte mich jemals aufgefordert, ihm Kaffee zu kochen oder die Hemden zu bügeln, denn ich hatte nie die Absicht, so etwas zu tun, weder für mich selbst noch für andere (...) Zwei Wochen umhegte ich ihn genau wie all die amerikanischen Frauen, über die ich mich mokiert hatte, weil sie den Männern die Wünsche von den Augen ablesen. Und ich war erstaunt, wie sehr ich es genoss (...) Bevor ich ihn verließ, sagte ich ihm, dass ich für immer in Frankreich gebunden sei. Er glaubte mir, ohne es zu begreifen.« Sie nennt ihn »Mein wunderbarer Chicago-Junge«, »mein kostbarer Schatz« und »mein innig geliebter Mann!«. Mein »Mann« – so bezeichnet sie Sartre nie. Dennoch lässt sie Algren wissen: »Ich will auf keinen Fall ein Kind am Hals haben.« Er will heiraten und Kinder haben.

Gerade als Simones langjährige Beziehung zu Algren in die Brüche gegangen und sie davon überzeugt ist, dass »mein Alter und die Umstände mir nicht mehr erlaubten, auf eine neue Liebe zu hoffen«, taucht Claude Lanzmann auf.

Die deutsche Autorin Angelika Schrobsdorff, die er 1971 heiratet, beschreibt die Faszination, die von ihm ausging: »Plötzlich geht die Tür auf und er steht also wie ein Torero ... nein ... eigentlich wie der Stier da, der das rote Tuch sieht.«

1967 besucht das Dreiergespann aus Claude Lanzmann (links), Simone de Beauvoir und Jean-Paul Sartre die Pyramiden von Gizeh.

Claudes Spontaneität und Frische, seine Leichtigkeit erfüllen Simone mit Lebenskraft: »Seine Jugend half ihr über ihre Angst vor dem Alter hinweg«, schreibt Axel Madsen in *Die Geschichte einer ungewöhnlichen Liebe.* Im Dezember, zwei Wochen vor ihrem 40. Geburtstag, wird er ihr Geliebter.

Claude ist ein begabter Journalist, militanter Zionist und glühender Marxist. Als 18-Jähriger organisiert er den Widerstand gegen die Nazis und kämpft mit den Partisanen gegen die Okkupanten. Nach dem Krieg studiert er Philosophie in Tübingen, leitet in Berlin das neu gegründete französische Kulturzentrum, kehrt dann nach Paris zurück.

Er beeinflusst auch Simones Wendung zum Marxismus. Er ist es, der sie ermutigt, ihre Beziehung mit Algren in einem Roman zu verarbeiten (*Die Mandarins von Paris*). Sie genießt es ihrerseits, ihn zu ihren geliebten Orten zu führen, nach Südfrankreich, Italien, Algerien oder Spanien. Simone ist glücklich in ihrer »quasi-inzestuösen Mutter-Sohn-Beziehung, die vermutlich ein Leben lang bestehen wird«, wie sie in *Alles in Allem* schreibt. Im Unterschied zu Algren betrachtet Claude Sartre auch nicht als Konkurrenten: »Sartre war das Bindeglied, der Katalysator, und zwar für alle (...) Da gab es keine Rivalität (...) [Unsere Beziehung war] vollkommen unproblematisch, es war eine dieser Dreiecksgeschichten, bei denen das Leben wirklich geteilt wurde.« Etwa gleichzeitig verführt Sartre Claudes Schwester Evelyne Ray.

Da sie dank den Auflagen ihrer Bücher zu Geld gekommen ist, kann sich Simone mit 47 Jahren ihre erste eigene Wohnung leisten.

Claude zieht nicht mit um, er hat sich in eine jüngere Frau verliebt. Darüber hatte sich Beauvoir bereits in *Das andere Geschlecht* Gedanken gemacht: »Das gefährliche Alter macht aus einer Geliebten in einem gewissen Alter eine Wohltäterin, die versucht, sich vor einem jüngeren Liebhaber den Anschein von Zuneigung und Respekt zu erkaufen.« In diese Falle möchte Beauvoir offenbar nicht tappen. »Zwar kränkte es sie, als die Trennung allgemein bekannt wurde, zugleich aber fügte sie sich widerstandslos in ein Schicksal, das sie immer schon vorausgesehen hatte« (Deirdre Bair).

Ihre Mutter und Schwester hatten sie übrigens mit Nachdruck vor der Beziehung zu Claude gewarnt – und wer weiß, vielleicht hat ihre Skepsis auch sie selbst angesteckt: »Seine Jugend verurteilte mich dazu, in seinem Leben nur ein flüchtiger Augenblick zu sein. In meinen Augen war das eine Entschuldigung dafür, dass ich ihm nicht mein ganzes Leben schenkte« (*Der Lauf der Dinge*).

Nun, von Claude verlassen, beginnt für sie der schmerzliche Prozess des Alterns: »Ich war eine alte Frau. Von diesem Augenblick an würde ich bis ans Ende meines Lebens allein sein.«

Die Liebesbeziehung mit dem 17 Jahre jüngeren Claude hatte ihr geholfen, eine Zeit lang über Ängste und Depressionen hinwegzukommen, von denen sie immer wieder heimgesucht wird. Jetzt schluckt sie Tabletten und trinkt wieder, empfindet sich als »Matrone«. Sie sei nun definitiv zu alt, um etwas anderes zu lieben als ihr Auto: »Endlich haben meine wahre Liebe und ich uns vermählt: Ich habe jetzt einen Führerschein.«

Doch vor allem dient sie Sartre, und zwar so hingebungsvoll wie nie zuvor: »Ich liebe Sie so sehr, mein zarter Kleiner, heftiger denn je. Sie, der mein Leben so schön gemacht hat.« Sie kutschiert ihn von einer Geliebten zur anderen, redigiert seine Texte, begleitet ihn auf Versammlungen und passt auf, dass er nicht zu viele Psychopharmaka in Reichweite hat. Sie erhebt nicht einmal Einspruch, als Sartre 1956 die um 51 Jahre jüngere Algerierin Arlette Elkaim schwängert, sie heiraten möchte, aber schließlich doch eine Adoption passender findet (ohne es Simone zu sagen). Der Pate seiner neuen »Tochter« ist 1965 Claude Lanzmann.

Als Sartre stirbt, zieht Simone de Beauvoir, durch Alkohol und Beruhigungstabletten fast besinnungslos, das über den Toten gebreitete Laken zurück und will sich zu ihm ins Bett legen. Das Pflegepersonal hält sie davon ab. Als Claude nach der Feuerbestattung zu ihr kommt, um ihr beizustehen, sitzt sie mit hohem Fieber auf dem Fußboden und deliriert.

Wenige Wochen später adoptiert sie ihre langjährige Freundin, die Philosophielehrerin Sylvie Le Bon, bei der sie seit Jahren Trost und Halt, Zärtlichkeit und Zuspruch findet – aber mit dem Bekenntnis zu ihr wartet, um Sartre nicht seiner Alleinstellung in ihrem Leben zu berauben. Er sollte wissen, dass er ihr Ein und Alles war. Bleibt die Frage, ob es ihn interessierte.

Simone jedenfalls findet in den kommenden Jahren »zu sich«, indem sie über das Ende nachdenkt und schreibt – über den Tod, der die Schranken zwischen den Geschlechtern aufhebt.

Als Sartres »Witwe« kümmert sich Simone um seinen Nachlass, organisiert Gedenkveranstaltungen und sonnt sich in ihrem internationalen Ruhm als Wegbereiterin der Frauenbewegung.

Sechs Jahre nach Jean-Paul Sartre, fast auf den Tag genau, stirbt auch Simone.

Rückblickend gesehen waren Algren und Lanzmann wohl das Beste, was ihr passieren konnte – und doch waren sie ihr nicht »genug«, obwohl sie sich nur an ihrer Seite als Frau lebendig fühlte. In Wirklichkeit wollte sie etwas anderes – einen Mann zum Aufschauen: »In meinem Leben habe ich einen unbestreitbaren Erfolg zu verzeichnen, meine Beziehung zu Sartre.« Was für eine Aussage! Nicht ihr Werk, nicht ihre Vorreiterrolle in der internationalen Frauenbewegung erfüllen sie mit Stolz, sondern ihre Beziehung zu einem Mann, der sie sexuell kein einziges Mal befriedigen konnte und dem sie bis zur Selbstverleugnung ergeben war. Und so blieben Algren wie Lanzmann die Dritten in ihrem Bund mit Sartre.

Glücklich trotz Unbehagen

Eine Frau, die wirklich glücklich werden möchte, sollte auch bereit sein, sich in einen jüngeren Mann zu verlieben, wobei diese Liebe nicht immer einfach sein wird. Viele und weitverbreitete Klischees können einem solchen Paar das Leben schwer machen.

»Was meinen Freund – acht Jahre jünger – angeht, er ist perfekt, wenn ich das so sagen darf, der Prinz, von dem ich schon immer geträumt habe. Er legt mir die Welt zu Füßen, sein Herz in die Hand, erfüllt mich mit reiner Liebe, macht mich lebendig, wie ich es vielleicht noch nie war. Und ich tue das Gleiche für ihn, nicht ein bisschen weniger. Wir liebten noch nie wirklich, bevor wir uns getroffen haben. Wir geben uns alles, was wir brauchen«, schwärmt »Daisy« in einem der vielen Internetforen, in denen man sich über das Thema »ältere Frau/jüngerer Mann – kann das gut gehen?« austauscht.

Erst einmal ein paar Zahlen

Laut Statistischem Bundesamt ist in jeder fünften deutschen Ehe die Frau inzwischen älter als der Mann – mindestens sechs Jahre. Von den Frauen um die 40 heiratet sogar jede Zweite einen jüngeren Mann. Außerdem ist von 2002 auf 2007 die Zahl der Ehen, in denen die Gattin im Schnitt zehn Jahre älter ist, um 18 (!) Prozent gestiegen. Glaubt man Deutschlands größter Single-Umfrage, die die Kontaktbörse ElitePartner veröffentlicht hat, so kann sich ein Drittel der über 45-jährigen Frauen sehr wohl vorstellen, einen mehr als sieben Jahre jüngeren Partner zu haben. Ein vier bis sechs Jahre Jüngerer käme für jede Zweite infrage. Und eine im Herbst 2004 durchgeführte Umfrage des GEWIS-Instituts zeigte, dass 77 Prozent der Bundesbürger es »absolut in Ordnung« finden, wenn eine Frau einen jüngeren Freund oder Ehemann hat.

Noch eine Zahl: Laut einer Emnid-Umfrage für die Zeitschrift »Bunte« sind 82 Prozent der 1085 befragten Frauen davon überzeugt, dass ein jüngerer Mann mehr Lebensfreude als ein älterer schenke. 62 Prozent glauben an mehr Spaß beim Sex. (Andererseits: Bei einem älteren Partner würden sich 79 Prozent der Befragten geborgener fühlen und 74 Prozent schätzen die finanzielle Sicherheit an der Seite des Älteren.)

Last but not least: Bei der Partnervermittlung be2 würde sich jede dritte registrierte Frau gern mit einem jüngeren Mann treffen. Tendenz mit wachsendem Alter steigend. Das bestätigt auch die Partnerbörse Friendscout 24: Je älter die Frauen werden, desto eher suchen sie einen jüngeren Mann.

Doch auch viele Männer sind offenbar einer Beziehung mit einer Älteren alles andere als abgeneigt: Bei einer Umfrage der Zeitschrift »freundin« im Jahr 2005 gaben 77 Prozent der 2051 befragten Männer zwischen 20 und 29 an, sich dies gut vorstellen zu können. Bei den 30- bis 39-Jährigen waren es 72 Prozent. Mit zunehmendem Alter wurde die Zahl der Akzeptanz allerdings geringer: 63 Prozent der 40- bis 49-Jährigen und 56 Prozent bei den 50- bis 59-Jährigen. Das ist aber immerhin doch noch mehr als die Hälfte.

Kein Wunder, dass sich inzwischen im Internet auch Partnervermittlungen finden, die auf den Kontakt älterer Frauen mit jüngeren Männern spezialisiert sind (z. B. www.altersvorsprung.de, www.toyboywarehouse.com).

Neues Jahrtausend – neue Spielregeln für die Liebe?

Die ältere Frau und der jüngere Mann – das Yoko-Couple, wie ich sie nenne – sind also das neueste Modell auf dem Beziehungsmarkt. Sie werden von Soziologen bzw. Eheberatern als Partnerschaftsmodell der Zukunft gehandelt, was kaum erstaunen kann in einer Zeit, in der sich Frauen noch mit 70 als vital erleben und und immer noch toll aussehen.

Als das amerikanische Nachrichtenmagazin »Newsweek« vor 20 Jahren eine Statistik veröffentlichte, derzufolge eher ein Kamel durchs Nadelöhr ginge, als dass eine über 40-jährige Frau einen Mann fände, sah die Lage noch anders aus. Eine ganze Generation von »reifen«, bindungswilligen Frauen schien vom Beziehungsmarkt ausgeschlossen.

Zwar tun sich berufstätige Akademikerinnen über 35 noch immer am schwersten bei der Partnersuche. Das liegt daran, dass sie meist nach einem Mann mit demselben Bildungsniveau suchen, die passenden Männer aber häufig schon vergeben sind oder aber gern unter ihrem eigenen Bildungsstand heiraten – so wird der Heiratsmarkt ziemlich übersichtlich. Ca. 18 Prozent der Frauen müssten sich »nach unten« orientieren, damit auch sie einen Partner finden, der ihren Vorstellungen entspricht. Wie die eben genannten Zahlen zeigen, gilt das aber nicht nur in Bezug auf die Bildung, sondern auch für das Alter!

Und so sind Yoko-Paare längst keine Ausnahme mehr.

Das heißt auch: Alte, klassische Rollenmuster lösen sich auf. Materielle Sicherheit und sozialer Status sind keine reine Männersache mehr. Die Hochkaräter unter den Frauen zeigen sich mit ihren strahlenden Jüngeren und stellen die Altersstereotypen ganz einfach auf den Kopf. Immer öfter, immer öffentlicher. Ein Yoko-Paar wurde sogar zum »Couple of the Year 2008« gekürt: Olympiasieger im Gewichtheben Matthias Steiner und Inge Posmyk. Die TV-Moderatorin ist zwölf Jahre älter.

Der Altersunterschied – wie groß darf er sein?

Das ist eine Frage, die (nicht nur) in den Internetforen leidenschaftlich diskutiert wird: Bis wann kann man sich noch in der Mitte treffen, ab wann knallt es, wann entstehen unüberbrückbare Differenzen?

Befragt man Yoko-Paare zum Thema Altersunterschied, fällt manchmal eine Zahl, aber fast 90 Prozent der Meinungen lauten sinngemäß: »Mit Zahlen konnte ich noch nie was anfangen.« Soll heißen: Das Alter spielt keine Rolle.

Sie ist älter – Yoko-Paare im Überblick

55 Jahre – Georgia O´Keeffe und Juan Hamilton
40 Jahre – Bibi Johns und Alex Racic, Pearl S. Buck und T. F. Harris
33 Jahre – Joan Collins und Percy Gibson, May West und Paul Novak
30 Jahre – Marguerite Duras und Yann Andréa Steiner
28 Jahre – Elke Heidenreich und Marc-Aurel Floros, Marlene Dietrich und Burt Bacharach
27 Jahre – Zsa Zsa Gabor und Frédéric Prinz von Anhalt
26 Jahre – Sharon Stone und Chase Dreyfus
25 Jahre – Vivienne Westwood und Andreas Kronthaler, Hannelore Hoger und Siegfried Gerlach, Marika Kilius und George Triantafilidis
24 Jahre – Ivana Trump und ihr Ex-Mann Rossano Rubicondi, Gina Lollobrigida und Javier Rigau Rifols
21 Jahre – Lisa Fitz und Peter Knirsch, Shere Hite und Friedrich Höricke
20 Jahre – Fran Drescher und Peter Jacobson, Edith Piaf und Theo Lamboukas
19 Jahre – Francesca Annis und Ralph Fiennes
18 Jahre – Martha Graham und Erick Hawkins
17 Jahre – Die beiden ersten Ehefrauen von Clark Gable, Josephine Dillon und Rhea Langhang, Else Lasker-Schüler und Gottfried Benn
16 Jahre – Geena Davis und Reza Jarrahy, Brigitte Nielsen und Mattia Dessi, Colette und Maurice Goudeket
15 Jahre – Raquel Welch und Richard Palmer Schneider, Asta Scheib und Günter Bauer, Prophet Mohammed und seine Frau Chadidscha
14 Jahre – Lou Andreas-Salomé und Rainer Maria Rilke
13 Jahre – Jean-Jacques Rousseau und Louise de Warens
12 Jahre – Nena und Philipp Palm, Susan Sarandon und Tim Robbins, Margarethe Schreinemakers und Jean-Marie Maus, Mary Anne Wyndham Lewis und Benjamin Disraeli
11 Jahre – Alma Mahler und Franz Werfel

10 Jahre – Halle Berry und Gabriel Aubry, Iris Berben und Heiko Kiesow, Katharina die Große und Grigori Potemkin, Gala und Salvador Dalí
9 Jahre – Heinrich Lübke und seine Frau Wilhelmine
8 Jahre – Uschi Glas und Dieter Hermann, Christiane Hörbiger und Gerhard Tötschinger, Jeanne Moreau und William Friedkin, Hildegard Knef und David Cameron
7 Jahre – Désirée Nosbusch und Mehmet Kurtulus, Linda de Mol und Jeroen Rietbergen, Eva Longoria und Tony Parker, Königin Victoria und ihr Diener John Brown
6 Jahre – Barbara Becker und Arne Quinze, Juliette Gréco und Gérard Jouannest, Goldie Hawn und Kurt Russell, George Sand und Frédéric Chopin
5 Jahre – Reese Witherspoon und Jake Gyllenhaal, Sandra Bullock und Jesse James

Hinzu kommt, dass heutzutage das reale Alter oft weder dem gefühlten noch dem von der Umwelt wahrgenommenen entspricht.

Am häufigsten findet man allerdings einen Yoko-Unterschied von nur wenigen Jahren: 2007 wurden 53.551 Ehen geschlossen, in denen der Mann weniger als fünf Jahre jünger ist als die Frau. Im gleichen Jahr haben 16.795 Paare geheiratet, in denen die Frau bis zu zehn Jahre älter ist. Aber auch der Prozentsatz der Ehen zwischen älterer Frau und jüngerem Mann, bei denen ein Altersunterschied von mehr als zehn Jahren besteht, ist konstant geblieben: 2007 waren es 3697. Selten findet man Paare mit einem Unterschied von 20 oder mehr Jahren – offenbar empfinden das die meisten dann doch als zu viel.

Wichtig wird der Altersunterschied vor allem dann, wenn einer von beiden Kinder haben möchte – und entweder er sich dafür noch zu jung fühlt, während bei ihr die Uhr schon lauter tickt, oder aber er eine Familie gründen will, während sie sich schon jenseits des gebärfähigen Alters befindet. Mehr dazu im Kapitel »Warum Sex kein Alter kennt«.

Der Unterschied im Umgang mit dem Unterschied

Medien und Gesellschaft reagieren auf den Altersunterschied eines Yoko-Paares vollkommen anders als auf den eines Pärchens, in dem der Mann älter ist als sie. Wenn sich Madonna, Jahrgang 1958, ein Jahr nach der Scheidung von ihrem Mann Guy Ritchie (zehn Jahre jünger) mit ihren neuen Freund Jesus Luz, Jahrgang 1986, zeigt, ist die Entrüstung groß: Das könnte doch ihr Sohn sein! Und eigentlich glaubt auch niemand so wirklich, dass Jesus Madonna wirklich als Frau begehrt.

Wenn sich dagegen ein deutscher Spitzenpolitiker nach dem Tod seiner Frau mit einer neuen, 40 Jahre jüngeren Freundin zusammen zieht, jubeln die Medien unisono: »Sie ist sein neues Glück!«

»Müntes Neue« wird mit schmeichelnden Worten beschrieben: die wissenschaftliche Mitarbeiterin in Münteferings Büro hätte eine »hohe Stirn und süße Grübchen«. Über Madonnas Jesus erfährt man, dass der »extrem knackige Kerl« in der brasilianischen Softporno-TV-Show »Hostel« vor der Kamera stand. Madonna irritiert. Müntefering sorgt für strahlende Schlagzeilen. Warum? Es ist wohl nicht zu leugnen, dass die Kulturgeschichte uns ein kleines Regelwerk der Liebe eingepflanzt hat. Während »Sugardaddy und seine Kleine« oft bewundert werden, schaut man das Yoko-Paar ungern an, als täte es etwas Obszönes. Spott und die Unterstellung niederer Motive sind übliche Reaktionen, wenn sich ein Yoko-Paar gefunden hat.

Das Problem mit den anderen

Noch bis vor zehn, fünfzehn Jahren waren Yoko-Paare aller Altersklassen erst recht Exoten außerhalb der gesellschaftlichen Konventionen. Es gab auch kaum eine Möglichkeit, sich mit anderen auszutauschen. Daher lebten die »betroffenen« Paare ihre Beziehung meistens nicht offen, um sich zu schützen. Ich kann mich gut daran erinnern, dass ich »es« so lange wie nur möglich für mich behielt, weil mir klar war, was auf uns zukommt, und ich wollte mir die Schmetterlinge im Bauch von niemandem vertreiben lassen.

Das Unbehagen angesichts der Yoko-Paare ist unter anderem gewissermaßen ein Nebenprodukt der im 19. Jahrhundert entstandenen bürgerlichen Familienideologie.

Wann wurden Yoko-Paare in der Geschichte geduldet?

- Immer wieder, wenn die Liebe als entscheidender Faktor für die Selbstverwirklichung galt, in Zeiten also, in denen es romantisch zuging. Z.B. als jugendliche Minnesänger die »reife« Gattin ihres Lehnsherren anhimmelten, oder während der Romantik, als die Society-Damen des 19. Jahrhunderts in ihren Salons den bürgerlichen Verhaltenskodex ignorierten (wie Georges Sand, Carolin Schlegel-Schelling, Germaine de Stael, Rahel Varnhagen).
- Vor allem, wenn Not am Mann war (wie nach Kriegen).
- Wenn es darum ging, mittels »dynastischer Ehen« die Macht zu erhalten oder zu erweitern: Katharina von Aragon war sechs Jahre älter als König Heinrich VIII. von England, der durch diese Ehe die Neutralität zwischen Spanien und England sichern wollte. Anno 1252 ehelicht der 22-jährige Böhmenprinz Ottokar die 47-jährige Margarete von Babenberg, um ihr Herzogtum Österreich in sein Machtgebiet eingliedern zu können. Barbarossas Sohn Heinrich VI. gewann Sizilien durch eine Ehe mit der elf Jahre älteren Erbin Konstanze.
- Eine Ältere wurde auch dann widerspruchslos »genommen«, wenn es um Macht- oder Wohlstandserhalt in Handwerksbetrieben, Fabriken oder auf Bauernhöfen ging. Um den Betrieb weiterführen zu können, wurde die Witwe »konserviert«, d.h. mit einem Gesellen verheiratet, der naturgemäß jünger war als sie.

Als die Heimarbeit, die sowohl Frauen als auch Männer ausgeübt hatten, durch die industrielle Massenproduktion in den Fabriken ersetzt wurde, waren es plötzlich die Männer, die in die Fabrik zur Arbeit gingen, während die Frauen in den häuslichen Bereich verbannt wurden. Er verdiente das Geld, ihr kam die Aufgabe zu, Kinder zu bekommen und aufzuziehen, die der industrialisierte Kapitalismus als Arbeitskräfte-Nachschub in den Fabriken brauchte. So wurde die Reproduktion einmal mehr zur gesellschaftlichen Hauptaufgabe der Frau. Der jungen Frau wohlgemerkt, denn die ältere konnte keinen Nachwuchs garantieren. Sie war jünger, er älter – so gehörte es sich, diese Konstellation sicherte die Erfüllung »gottgewollter« Daseinsaufgaben. Die Arbeit kontrollierte ihn, er als Älterer kontrollierte seine Frau – so blieb alles ruhig.

Subversive Versuche, diese Ordnung zu untergraben, galten als Bedrohung der Machtstrukturen; Unangepasste wie die Yoko-Paare wurden mit Ächtung gestraft. Eine Frau, die es wagte, in einer Beziehung die »Hosen« anzuhaben, und das auch noch öffentlich, wurde von den Einladungslisten zu familiären oder sonstigen Festen gestrichen, von »ehrbaren Ehefrauen« ignoriert, von ihren Kindern aus früheren Ehen angegriffen.

Auch heute noch halten sich die Yoko-Paare nicht an die traditionellen Verhaltensnormen und Geschlechterrollen. Sie rütteln an der konventionellen Machtverteilung in der »klassischen« Ehe, in der sein Alter dem Mann auch seine Überlegenheit garantiert. Mit dem Alter steigen ja in der Regel auch Einkommen, Ansehen und Macht – jedenfalls bis zum altersbedingten Karriereknick oder dem Ruhestand.

Eine berufstätige ältere – und damit in unserer vom protestantischen Arbeitsethos und dem Geist des Kapitalismus geprägten Gesellschaft mächtigere – Frau, die einen jüngeren Mann wählt, verletzt damit eine Grundregel der patriarchalischen Gesellschaft. Das darf nicht sein.

Ein weiterer Grund für das Unbehagen ist ein visueller: Es irritiert, wenn eine grauhaarige Frau einen Jüngling küsst, der nicht ihr Sohn ist. Man möchte es nicht sehen. Das ist bitter und hat nichts mit der Evolution zu tun, sondern vielmehr mit einer Ästhetik, die auf der traditionellen Rollenverteilung basiert. Und seien wir ehrlich, von diesem Tabureflex bzw. dem Gefühl, dass da irgendetwas einfach nicht stimmt, wenn eine 50-Jährige einen 20-Jährigen knuddelt, ist in unserer abendländischen Kultur kaum einer wirklich frei.

Angela Merkel auf Staatsbesuch mit einem Ehemann, der gerade sein Diplom schreibt? Unvorstellbar. Da sträubt sich etwas und zwar mit erstaunlicher Kraft. Auf den Punkt gebracht: Ein schwuler Bundeskanzler wäre für die öffentliche Fantasie akzeptabler als ein Bundeskanzler mit einer erheblich älteren Frau. Oder aber noch schlimmer: eine Bundeskanzlerin mit einem deutlich jüngeren Partner. An einem Yoko-Paar im Kanzleramt würden wohl selbst moderne, aufgeklärte Menschen gefühlsmäßig Anstoß nehmen. Oder irre ich?

Und doch, trotz allerlei Unbehagen, mit dem sie manchmal noch zu kämpfen haben, sind die Yoko-Paare glücklich – wenn sie es schaffen, sich vom etwaig schiefen Blick der anderen zu lösen und an ihre Gefühle zu glauben.

Die jüngeren unter ihnen haben ohnehin kaum noch Probleme mit Bekannten und Freunden ihrer Generation, wie ich in den zahlreichen Gesprächen mit Yoko-Paaren aller Altersgruppen, die ich für dieses Buch geführt habe, erfuhr: »Wir werden völlig problemlos akzeptiert. Er findet es toll, eine ältere Freundin zu haben, nur dass er am Anfang Angst hatte, mir nicht genügen zu können«, meint Verena (26), die wie ihr Freund (21) Sport studiert.

Die Sekretärin Lena (39) und ihr Lebensgefährte (29) teilen diese Erfahrung: »Uns hat noch keiner auf den Altersunterschied angesprochen. Habe anscheinend einen coolen Bekannten- und Freundeskreis. Wäre ja noch schöner, wenn andere glauben würden, sie müssten dazu was Negatives sagen. Würde mir dennoch mein Glück nicht zerlabern lassen.«

Bei der Ärztin Lisa (66) allerdings sah es anders aus: »Wir hatten von Anfang an extreme Probleme, vor allem mit meiner Mutter. Aber auch, wenn wir tanzen gingen. Gegen frühmorgens hieß es dann meistens: ›Wieso hast du dir einen Jüngeren angelacht? Hast es wohl nötig!‹ Ich wunderte mich, weil ich mich genau so jung wie er fühlte.«

Und auch Ulrike (71), die 16 Jahre lang mit ihrem um 18 Jahre jüngeren Freund lebte, bestätigt: »In den ersten Jahren war es echt schlimm, wir haben uns ziemlich verkrochen, um nicht angestarrt zu werden. Das hinterlässt Spuren. Ich fürchte, das war auch einer der Gründe, warum er mich dann doch sitzen ließ.«

In Carl Barks Entenhausen halten sich derweil Annette Duck, die verwitwete Großmutter von Donald Duck und seiner Schwester Daisy, und ihr junger Knecht Franz Gans noch wacker. »Ihre Liebe ergreift nicht Besitz, jeder achtet die Persönlichkeit des anderen und kennt seine Rechte und Pflichten: Oma versorgt den Hof, Franz sammelt Kräfte für den Feierabend. Sie sind führwahr glückliche Menschen«, heißt es in Dr. Grobian Gans' Essay *Die Ducks – Psychogramm einer Sippe.*

Sie bewirtschaftet ihren Hof in der Nähe von Entenhausen mit den praktischen Tugenden einer vorbildlichen Hausfrau, die Erträge dienen nicht dem Profit, sondern unmittelbar dem Lebensunterhalt: »Du bist unbezahlbar, Franz. Dadurch, dass ich alles selbst machen muss, bleibe ich schlank und rank und habe nie das Gefühl, dass ich zum alten Eisen gehöre«, frohlockt die verliebte alte Ente, die sich heimlich ein Bad »wie Kleopatra« macht und sich danach genauso schön wie diese fühlt.

Eine Legalisierung dieses Verhältnisses verbietet sich selbstverständlich – die stolze Entensippe würde niemals eine Verbindung dieser alten Närrin (!) mit einer jugendlichen Gans zustimmen. Daher: »Aus Furcht vor den Sanktionen der Gesellschaft tarnen beide in der Öffentlichkeit die Erfüllung ihrer Zärtlichkeitsbedürfnisse« (Dr. Grobian Gans). So ist das Phänomen inklusive aller Probleme also auch im Comic angekommen.

Und auch im Internet, das für so manchen einen Mix aus virtuellem Beichtstuhl und Selbsthilfegruppe darstellt, bin ich zahlreichen verzweifelten Fragen begegnet, die darauf schließen lassen, dass vielen Yokos ihre eigene Liebesbeziehung tatsächlich immer noch so abseitig erscheint, dass sie geradezu ihre religiös-moralische Legitimität infrage stellen.

Des Öfteren wird diskutiert, ob eine solche Verbindung widernatürlich oder amoralisch wäre. Wie könnte die Liebe zwischen zwei volljährigen, nicht verwandten Erwachsenen das sein? Offenbar ist im kollektiven Unbewussten immer noch die Vorstellung stark verankert, dass die Beziehung zwischen Frau und Mann der Fortpflanzung dienen sollte. Das macht Sexualität für eine Frau jenseits der Menopause überflüssig, während der Mann, der sich zu ihr gesellt, als Stammhalter ausfällt. Statt Kinder in die Welt zu setzen, scheint er sich selbst in die Dauerposition des Kindes zu versetzen, so die Wahrnehmung.

Andere fragen sich, ob ihre Liebe gegen die Gebote Gottes verstößt. Aber auch von diesem wird die Yoko-Beziehung nirgendwo verboten.

Liebe kennt keinen Altersunterschied

Liebe ist zweifelsohne ein hohes Gut. Positiv, erhaben, erhebend. Sie ist fähig, alle Schranken zu überwinden – so lehren uns Beispiele aus Literatur, Film und Geschichte:

- Familienbande (siehe Shakespeares Drama *Romeo und Julia*)
- Glaubensunterschiede (wie in Lion Feuchtwangers Roman *Die Jüdin von Toledo*)
- Hautfarbe (wie im US-Film *Rat mal, wer zum Essen kommt*)
- Soziale Kasten (*Aschenbrödel*)
- Ästhetische Unausgewogenheit (*Die Schöne und das Biest*)
- Mächtigen Zauber (*Dornröschen*).

Warum sollte sie dann vor dem Altersunterschied kapitulieren?

Wie sagen wir es seinen Eltern?

Hast du es ihnen gesagt?«, bohrte ich nach. Er stellte sich dumm: »Wem? Was?«

»Na was wohl? Dass ich älter bin!« Mildes Lächeln statt einer Antwort. »Feigling!« schnauzte ich ihn an.

Doch dann gab es Wichtigeres zu tun, zum Beispiel zu entscheiden: Was zieht man eigentlich an, wenn dich ein Jüngerer seinen Eltern vorstellt? Das kleine Schwarze? Doch nicht an einem Sonntagnachmittag! Hose oder Rock? Habe ich überhaupt einen vorzeigbaren Rock? Habe ich nicht.

»Also noch einmal: Was soll ich denn anziehen?«, fragte ich ihn.

»Du bist doch ein großes Mädchen, dass musst du selber wissen.«

»Nein, weiß ich nicht! Ich bin noch niemals irgendwelchen Schwiegereltern in spe vorgestellt worden.«

Augenblick mal: Habe ich »Schwiegereltern« gesagt? Stopp, ermahnte ich mich, hör auf zu spinnen, du weißt sehr wohl, dass es so weit nie kommen wird. Keine Hochzeitsglocken, kein Happy End.

Das war am Mittwoch. Am Samstag kaufte ich drei Röcke und zwang ihn, sich alle erdenklichen Kleidungsvarianten anzuschauen. Er versuchte mit rührender Geduld, mich ernst zu nehmen (mein Mann hätte mich für unzurechnungsfähig erklärt und den Raum gewechselt): »Wovor hast du eigentlich Angst?«

»Ich habe keine Angst, ich bin lediglich bemüht, dich nicht zu blamieren«, widersprach ich. Selbstverständlich hatte ich Angst.

Ausgerechnet ich, von der mein Philosophieprofessor allen Ernstes behauptet hatte, ich hätte keinen Überlebenstrieb weil ich mich in Situationen stürzte, die jeder halbwegs vernünftige Mensch meiden würde.

Damals, als Prag noch hinter dem Eisernen Vorhang lag und wir gegen die Diktatur der Gleichgeschalteten angetreten sind, hatte ich keine Angst. Und nein, ich hatte keine Angst, als ich 1968, nachdem die Russen den Prager Frühling mit ihren Panzern niedergewalzt hatten, mutterseelenallein nach Amerika geflogen bin, um dort zu studieren, ohne richtig Englisch zu sprechen. Nicht einmal als ich – nach unserer Hochzeit, die von einem Stasiteam überwacht wurde – als Staatsfeind mit meinem Mann nach Deutschland ausgewiesen wurde, und wir in München ankamen, ohne Arbeit, ohne Geld, ohne Krankenversicherung, ohne Heimat, verspürte ich Angst. Nur Kampfgeist.

Jetzt hatte ich Angst.

Und zum ersten Mal in meinem Leben stellte ich mir die absurde Frage: Sehe ich so alt aus, wie ich bin?

Wir kannten uns seit drei Monaten.

Klar wusste ich, dass er jünger ist. Aber der Altersunterschied spielte keine Rolle, weder beim Schmusen noch beim Einkaufen. Nun aber, da der Besuch bei seinen Eltern bevorstand, war es aus mit der Leichtigkeit. Wie würden sie reagieren? Für das bayerische Städtchen, in dem sie lebten, war ein Paar wie wir grenzwertig, fast ein Skandal. Wie würde mein Jüngerer das verkraften? Ich wollte ihn nicht verlieren.

Am Samstag beschloss ich, ein paar Freunde und Bekannte zu der Kleidungsfrage zu konsultieren. Das war allerdings ein heikles Unterfangen, denn damit würde ich mich outen. Selbstverständlich hatte »man« bereits wahrgenommen, dass ich mich neuerdings mit einem jungen Mann »zeigte«, der vermutlich wenigstens über Ausnahmequalitäten im Bett verfügen musste, denn ein Adonis war er nicht und auch kein »Macher«.

Mein Mann war Filmregisseur. An dem Prager Haus, in dem er gestorben ist, erinnert eine Tafel an ihn. Und er war, wie ich schon erwähnte, älter als ich. Eigentlich waren alle Männer um mich herum bislang älter: Freunde, Bekannte, alle, die mich seit meiner Kindheit interessierten. Uniprofessoren, Künstler, Dichter – das war mein Umgang. Und sie alle nahmen mich, glaube ich auch rückblickend noch, für voll. Na gut, damals war ich schlank und rank und blond gelockt, wenn auch bebrillt.

Als ich meinen Eltern erzählte, dass ich einen Freund hatte, waren sie erst einmal erleichtert. Vor allem meine Mutter: endlich einer, der sich um mich kümmern würde. Sobald ich jedoch erwähnte, dass er jünger ist, konnte ich ihren Schock sogar am Telefon spüren. »Wie viel jünger?«, wollte sie wissen. Und dann: »Aber das ist doch kein Mann für dich, du bist doch eine erwachsene Frau und er ... fast ein Kind.«

Ich verstand ihre Verwirrung: Einerseits hatte sie Angst, ich würde (schon wieder) einen Mann versorgen müssen, andererseits empfand sie wohl mein Verhalten als eine Art Kränkung. Wie konnte ich ihr das antun? Auf meinen Mann konnte sie immerhin stolz sein, mit dem konnte man »angeben«. Aber jetzt? Was hatte sie nur falsch gemacht, wie konnte ich meine Kinderstube so mit Füßen treten? Nicht zu vergessen: Was werden die anderen sagen, wird er nicht mein Ansehen in der Redaktion gefährden? Später, als sie ihn persönlich kennenlernte, akzeptierte sie uns als Paar, aber respektiert hat sie meinen Jüngeren nie.

Mein Vater reagierte gelassener: »Du wirst schon wissen, was du machst, bist schließlich alt genug.« Vermutlich ahnte er, dass ich von seiner Seite aus keinerlei moralische Verweise dulden und ihn umgehend an seine eigenen Verstöße gegen die ehelichen Regeln erinnern würde. Seine Reaktion beschränkte sich auf kleine Sticheleien: »Er wohnt doch nicht bei dir ...?« Oder: »Du kennst doch die Männer, du hast dich bis jetzt gut gehalten, aber in ein paar Jahren – da wird er sich eine Jüngere suchen. Und du stehst dann mit leeren Händen da.« Ich wurde wütend, weil er meine eigenen, verborgenen Bedenken ausgesprochen hatte: Sollte unsere Liebe tatsächlich ein programmiertes Verfallsdatum haben?

Sonntag. Ich entschied mich für einen hellen Hosenanzug aus feinster Baumwolle, in dem ich mich wohl und sicher fühlte. Ein Hauch zu edel vielleicht, aber immerhin eine Hose.

»Und – wie sehe ich aus?« Er umarmte mich: »Wunderbar!« Er war nicht aus der Ruhe zu bringen, während ich mich am Rande eines hysterischen Anfalls befand ... In einer vergleichbaren Situation, als mein Mann und ich zum ersten Mal aufs Land zu Václav Havel fuhren, ermahnte dieser mich: »Vergiss nicht, meinen grünen Pullover einzupacken!«

In der Familie meines Jüngeren wurde sonntags gemeinsam gegessen. Am großen Tisch im Wohnzimmer saßen oft bis zu zwölf Personen. Tanten, Cousinen, der ältere Bruder mit seiner Frau und Tochter. Ich wurde neutral bis freundlich begrüßt und in aller Ungezwungenheit begutachtet. Habe ich Blumen mitgebracht? Wie lange sind wir geblieben? Was kam auf den Tisch? Keine Ahnung.

Mein Freund war der »Benjamin« der Familie, zwölf Jahre jünger als der Erstgeborene, und wurde immer noch ziemlich bemuttert.

Eine jüngere Frau hätte seine Mutter vermutlich als ein »notwendiges Übel« wahrgenommen wie bei ihren beiden älteren Söhnen. Die Schwiegertöchter hatten ihr zwar ihre Söhne ein wenig entfremdet, aber wenn es Probleme gab, war sie diejenige, die alle um Rat und Hilfe baten. Ich hingegen war alt und erfahren genug und würde wohl auch ohne ihre Ratschläge zurechtkommen. Aber da ihr Jüngster unaufgefordert verkündete, wir würden nicht ans Heiraten denken, konnte man vielleicht noch retten, was zu retten war, sprich: irgendwann eine »passende« Frau für ihn finden – eine, die Kinder kriegen konnte.

Bis dahin allerdings – und das verstand seine Mutter sofort – durfte ich mich als eine Art Entwicklungshelferin betätigen. Ich kam ja mit den »entsprechenden« Menschen zusammen, hatte Kontakte, und der Junior war künstlerisch begabt. Wegnehmen konnte ich ihn ihr, da keine Kinder geplant waren, eh nicht. Später hat sie mich, glaube ich, sogar ins Herz geschlossen, weil sie spürte, dass ihr Kleiner an meiner Seite selbstbewusster wurde.

Auch sein Vater erkannte, dass ich eigenständig genug war, um nichts fordern oder nehmen zu wollen und dass ich verliebt genug war, um viel zu geben. »Wir haben schon drei Enkel«, flüsterte er mir verschwörerisch zu, »ich brauche keine mehr, mir reicht´s!« Er gönnte seinem Sohn offenbar ein paar schöne Jahre, bevor er sich dem Ernst des Lebens zuwenden würde.

Dennoch war es nicht einfach – weder für meine, noch für seine Eltern. Denn wir haben sie gezwungen, ihre eigenen Lebensvorstellungen zu hinterfragen. War ein Yoko-Paar tatsächlich eine Alternative zu den traditionellen Beziehungen? Mein Freund und ich strahlten ja vor Glück!

Eigentlich hätten sie sich wünschen müssen, dass wir als Paar scheitern würden, um ihre Weltsicht retten zu können.

Ich glaube jedoch, dass sie uns eher Kraft und Glück wünschten. Für eine Weile jedenfalls. Und dass sie dank der Auseinandersetzung mit uns menschlich – pardon – gereift sind.

Das Problem mit dem Aussehen

Kennen Sie das Gemälde »Der Jungbrunnen« von Lucas Cranach (1472–1553)? Aus der felsigen, unfruchtbaren Landschaft links kommen alte, sieche Weiber, um zu baden. Sie steigen in den Brunnen in der Mitte des Bildes und verlassen ihn wieder als junge, appetitliche Frauen. Sie werden schon erwartet: von Herren aller Altersgruppen, rechts in der grünen Parkanlage. Bei Tanz, Spiel und Schmaus erquicken sie sich an ihren Reizen, um nach diesem Vorspiel in einem Zelt zur Sache zu kommen und Nachwuchs zu zeugen.

Auf mich wirkt dieses Werk, das der große deutsche Meister anno 1546 schuf, wie ein Comic, allerdings einer, der eher irritiert als amüsiert: Wieso krabbeln ausschließlich Frauen in den Zauberbrun-

Lucas Cranachs Darstellung eines Jungbrunnens (Öl auf Holz) entstand 1546.

nen, der ihre Haut glättet und ihr Gesicht zum Strahlen bringt? Warum kein einziger Mann? Altern die Männer nicht? Sind sie immun gegen Falten & Co?

Cranachs Botschaft jedoch ist eigentlich unmissverständlich: Um begehrt und geschwängert zu werden, muss das Weib jung bleiben.

Prinzessinnen zum Beispiel sind jung, gleichzeitig schön – und deswegen zwangsläufig auch gut. Hexen dagegen sind alt, gleichzeitig hässlich – sowie böse und kinderlos. Zeig mir, wie du aussiehst, und ich sage dir, wer du bist – das ist wohl das mächtigste Vorurteil, mit dem sich vor allem Frauen seit Evas Zeiten herumplagen müssen.

Die Macht der Bilder

Wir leben schließlich in einer Medienwelt, in der das Sichtbare, das Bild und damit das Äußere, immer mehr mächtiger wird. Früher war das gesprochene oder geschriebene Wort die Quelle der Informationen. Heute hat das Bild das letzte Wort.

Was aber sieht man, wenn man einen Spielzeugladen oder ein Kaufhaus betritt, sich in einem Zeitungskiosk umsieht oder den Fernseher anschaltet? Abbilder von Frauen mit makellosen Körpern und Gesichtern und strahlende Jünglinge mit durchtrainiertem Sixpack und knackigem Po. Das sind die Vorbilder, an denen vor allem frau, aber zunehmend auch mann sich orientieren soll.

Das »Spieglein, Spieglein an der Wand«-Ritual ist nach wie vor ein Gradmesser weiblichen Wohlgefühls – oder der Verzweiflung: »Oft bleibe ich konsterniert haften an dem unglaublichen Zeug, das mir als Antlitz dient; ich hasse mein Spiegelbild: über den Augen die Mützen, unter ihnen die Taschen, das allzu volle Gesicht, und diese Traurigkeit um den Mund, die von den Falten kommt. Ich sehe meinen Kopf von früher, der jetzt von Blattern befallen ist, die nicht abfallen werden,« schreibt Simone de Beauvoir in ihrem Memoirenband *Der Lauf der Dinge*, wo man doch annehmen möchte, dass ihr

Intelligenzquotient »Banalitäten« wie ein hübsches Gesicht in den Hintergrund gedrängt haben sollte.

Das »Spieglein« aus Grimms Märchen *Schneewittchen* erzählt aber mehr als eine Geschichte von Eitelkeit und Narzissmus. Es geht vor allem um eine Königin, die sich in ihrer Schönheit durch die nachfolgende Generation bedroht sieht. Das Märchen lehrt uns, dass mit fortschreitendem Alter der Verlust der Schönheit und des weiblichen Selbstwertgefühls einhergehen.

Warum das Aussehen für Yoko-Paare so wichtig ist

Ich habe mich deshalb so ausführlich mit dem Aussehen beschäftigt, weil es für das Entstehen und die Dauer einer Yoko-Beziehung ganz wesentlich ist.

Denn im Allgemeinen gilt: Wenn man »es« (den Altersunterschied) nicht sieht, wird man von den anderen in Ruhe gelassen und akzeptiert – und bleibt auch selbst recht locker. Vielleicht nicht nur, weil die jüngeren Generationen allgemein offener sind, sondern auch deshalb haben die Jüngeren unter den Yoko-Frauen, die ich interviewt habe, viel weniger Probleme mit dem Altersunterschied. Es leuchtet ein, dass die knackige 26-jährige Sportstudentin Verena noch keine Komplexe hat, wenn sie mit ihrem Freund auf eine Party geht – auch wenn der erst 21 ist.

Bei den älteren Paaren sieht es schon anders aus. »Ich muss nur zu oft erklären: Das ist nicht meine Mutter, das ist meine Frau!« Diesen Satz habe ich immer wieder gehört, als ich ältere Yoko-Männer mit älteren Partnerinnen nach ihren Erfahrungen befragte; mal waren sie darüber wütend, mal resigniert, mal belustigt.

Wenn also etwaige Falten den Altersunterschied verraten, sobald die Frau in einer Bar oder im Cluburlaub als Älteste identifiziert wird, wird die Zustimmung seltener und ihre Angst größer: Verlässt er mich jetzt wegen einer Jüngeren?

Fakt ist: Mit den Falten beginnt (symbolisch gesprochen) zuweilen der Yoko-Überlebenskampf. Auch weil die Ältere ihren Partner davor bewahren möchte, sich für sie in der Öffentlichkeit schämen zu müssen. Und dieser Kampf ist gefährlich, weil durch ihn die Gemeinsamkeiten aus dem Blick geraten und die Stärken der Yoko-Frau wie ihre Unabhängigkeit, Souveränität und ihr Selbstbewusstsein außer Kraft gesetzt werden.

Unter dem Druck, gut auszusehen, stehen Männer zwar heute zunehmend auch – die Herrenkosmetik boomt, schließlich hat das Aussehen sogar großen Einfluss auf das Einkommen, wie US-Forscher nachweisen konnten. Dennoch kann ein Mann dem Älterwerden viel gelassener entgegensehen als eine Frau. Seine grauen Haare, ein paar markante Falten machen ihn lediglich interessant, keineswegs unsichtbar, wie Bertolt Brecht es der alternden Frau attestiert:

»Sieh diese Frau und sieh: sie ist kalt / erinnere dich, wie schön sie einst aussah! / Jetzt betrachte sie nicht mit dem Herzen, sondern kalt / Und sage: sie ist alt (...) / Laß uns schaun nach neuen Fraun / Und wenn diese Fraun wieder alt ausschaun / Dann bleiben wir nicht mehr da.«

Bekommt eine beliebte Moderatorin langsam Falten, wird ihr im Fernsehen ein Weichzeichner vors Gesicht gelegt. Und hilft dieser auch nichts mehr, dann sind ihre Tage vor der Kamera oft gezählt.

Bei einer Frau geht es also nicht darum, gut auszusehen, es geht darum, jung auszusehen – und dieser Umstand macht das Thema Äußerlichkeiten für die ältere Frau mit einem jüngeren Mann zu einem besonderen Problem.

Doch die eigene Jugendlichkeit zu erhalten ist harte und auf die Dauer vergebliche Arbeit, die unattraktiv macht und Energien verschwendet, die an anderen Stellen der Partnerschaft viel besser aufgehoben wären.

Zum Glück kann es auch genau andersherum laufen – wie bei der Marketingexpertin Anna (42) und ihrem 37-jährigen Freund. Bei ihr kehrte nämlich Ruhe ein, nachdem sich auch bei ihm erste Spuren des Alters zeigten: »Als ich ihn das erste Mal gesehen habe, hat er mich völlig umgeworfen. Er sah aus wie ein junger Prinz. So hat es mir am Anfang auch schwer zu schaffen gemacht, dass ich glaubte, älter auszusehen. Jetzt habe ich den Unterschied ganz vergessen. Das liegt vielleicht auch daran, dass er auch eher schnell gealtert ist, er hat einen Bierbauch bekommen, sieht nicht mehr so frisch aus. Aber ich liebe ihn so, wie er ist. Und der Druck fällt von mir ab.«

Das erste Yoko-Paar Europas

Auch für das erste Yoko-Paar Europas war das Aussehen überaus wichtig. Wie Ovid in seinen »Metamorphosen« überliefert, verliebte sich Eos (röm. Aurora), die Göttin der Morgenröte, mit aller Wucht in Tithonos, den wunderschönen jungen Prinzen. Sie entführt und heiratet ihn, und erbittet von Zeus, dem obersten aller Götter, für ihren Gatten die Unsterblichkeit. Leider vergisst sie, ihn auch um die ewige Jugend zu bitten. Also altert Tithonos, unfähig zu sterben. Er schrumpft und seine Stimme wird schrill und schriller, sodass ihn Zeus schließlich aus Mitleid in eine Zikade verwandelte, die seither Eos bei ihren allmorgendlichen Himmelfahrten begleitet. In einer anderen Version der griechischen Sage verwandelt Eos den armen Greis in eine Heuschrecke, da Heuschrecken im Alter ihre Haut wechseln und somit wieder jung aussehen ...

Seelenfrieden vs. Selbstverwirklichung?

Früher wünschten sich die Frauen vermutlich auch, auf immer und ewig schön zu bleiben, aber sie durften sich (frei nach Erica Jong) in aller Ruhe von einer Venus von Milo in eine Venus von Willendorf verwandeln.

Meine Oma kenne ich eigentlich nur mit Kopftuch. Sie hat ihr Aussehen als gottgegeben akzeptiert und hätte Botox-Spritzen als rausgeschmissenes Geld empfunden. Sonntags ging es mit dem feinsten Tuch aus Seide in die Kirche, wochentags gehörte die Schürze zu ihrem Outfit. Falten taten ihrem Selbstwertgefühl keinen Abbruch. Sie hatte schließlich ein pflichterfülltes Leben vorzuweisen, das sie mehr oder weniger zufriedenstellte. Sie wollte nicht jünger aussehen, als sie war (glaube ich, gefragt habe ich sie nie). Auf einem Foto, das um 1915 entstand (und in meinem Schlafzimmer hängt), schaut sie den Betrachter sehr beherrscht an und heischt nicht nach Liebe, sondern Respekt.

Eine Frau, die damals kein Ärgernis erregen wollte (wie Bert Brechts *Unwürdige Greisin*), musste in Würde altern. Und so lange wie möglich ihren Beitrag zum Lebensunterhalt der Familie leisten: »Die normale Matrone ist mehr als zwei Jahrzehnte lang noch ein leistungsfähiger Mensch«, versichert 1918 der Psychiater Eugen Bleuler in seinem *Lehrbuch der Psychiatrie*.

Meine Oma wollte nicht nur eine »Matrone« werden, sondern vermutlich auch wie eine aussehen. Das ist eine Perspektive, die ihr wohl Halt und Seelenfrieden gab, heute aber abschreckt – und zugleich fasziniert. Sie scheint Zufriedenheit unabhängig von ihrem Aussehen erlangt zu haben. Ich selbst schaffe das nicht.

Das ist anstrengender, aber dafür habe ich auch die Freiräume gewonnen, die unter anderem eine Yoko-Beziehung überhaupt erst möglich machen:

Die Grenzen zwischen den Generationen lösen sich auf, vor allem optisch. Allerorten trägt man Jeans, quer durch alle Altersklassen. Allein dadurch wirken Frauen auch im reifen Alter heute jünger als ihre Mütter und Großmütter im gleichen Alter. Außerdem ernähren sie sich gesund, gehen vielleicht regelmäßig ins Fitnessstudio und einmal im Jahr verbringen sie eine Woche in einer Wellnessfarm. Ihre Kosmetika sind effektiver, ihre Haare besser gefärbt, die Zähne makellos. Da ihnen die vielen Haushaltsgeräte die schwere Arbeit abnehmen, können sie ihre Kräfte und die Haut an ihren Händen schonen. Außerdem haben sie nicht so viele Kinder geboren.

Die heutigen Frauen sehen nicht nur jünger aus, sie haben auch, der Emanzipation sei Dank, wesentlich mehr Möglichkeiten als ihre

Großmütter: Sie haben weitgehend die gleichen Bildungschancen wie Männer; sie können (theoretisch jedenfalls) den gleichen Beruf ausüben wie ein Mann (wenngleich sie dafür auch mehr leisten müssen). Eine Frau kann Mutter werden, ohne den Vater heiraten zu müssen, kann sogar – dank der Reproduktionsmedizin – auf den physischen Vater verzichten (siehe Jodie Foster oder Annie Leibowitz). Von einem Mann, der sie nicht glücklich macht, nicht achtet oder nicht (mehr) mitreißt, kann sie sich scheiden lassen, ohne dass es eine Schande ist.

Kurz: Die »reife« Frau von heute kann, falls sie sich dafür entscheidet, noch einmal durchstarten. Auch an der Seite eines Jüngeren.

Seine Freunde, meine Freunde

Es war einfach nur schön, also war ich nach einigen Wochen zu allem bereit. Auch dazu, seine Freunde zu treffen. Eigentlich wollte mich seine Clique nicht wirklich kennenlernen, wohl in der Hoffnung, dass ihr Freund wieder zur Vernunft kommen würde. Doch ich merkte, wie wichtig es ihm war, mich ihnen vorzustellen. War er stolz auf mich? Das hoffe ich doch.

Meine Freunde waren irgendwie entspannter, aber nur weil sie »den Kleinen« nicht ernst nahmen. Wer war er schon? Weder ein Filmregisseur wie mein Mann noch ein Künstler oder Journalist wie die meisten von ihnen. Eben kein Mann, der zu mir passen würde. Hinter meinem Rücken wurde mitleidsvoll der Kopf geschüttelt: Die Arme, die hat es wohl arg nötig. Gemeint war Sex.

Warum er darauf bestand, dass ich seinen Freundeskreis kennenlernte, obwohl er doch ahnen musste, dass ich dort nicht hineinpassen würde? Ich denke, er merkte, dass er sich durch unsere Beziehung allmählich veränderte und dass ihn meine Welt von der seinen entfernte. Nur wollte er die seine nicht verlieren und auf meine konnte er nicht mehr verzichten.

Und dann war es so weit. Die Party bei seinen Freunden. Er bastelte für jeden fantastische, individuelle Geschenke: Bierflaschen mit einer

Vignette mit dem Foto des Beschenkten, witzige Aufkleber. So sehr ich beeindruckt war, so verärgert war ich auch: In meinen Augen war das vergeudete Zeit. Statt eines seiner eigenen Projekte weiterzubringen, versuchte er, seine Freunde »gnädig zu stimmen«. Aber als ich das vorsichtig ansprach, reagiert er gereizt: »Ich kenne die meisten seit der ersten Klasse ... ich muss keinen bestechen!«

Das war ja das Problem. Die Männer waren genauso alt wie er, ihre Freundinnen im entsprechenden Alter, also mindestens 15 Jahre jünger als ich. Theoretisch hätte ich ihre Mutter sein können. Was die Mädels ganz genau wussten – und die Jungs sahen.

Was, um Himmels willen, sollten sie auch mit mir anfangen? Vor allem, nachdem man sich über das Wetter ausgetauscht hatte und nach Geschlechtern aufteilte. Die Jungs guckten fern, die Mädels zogen sich in die Küche zurück, um das Abendessen vorzubereiten.

Nie zuvor kam ich mir so fehl am Platz vor. Ich durfte gar nichts, nicht einmal Kartoffeln schälen: »Ruh dich doch aus!« hieß es, sobald ich wagte, zu fragen: »Was kann ich tun?« Wovon sollte ich mich ausruhen? Von meinem Alter?

Es dauerte keine fünf Minuten und das Gespräch drehte sich um Kinder (eine der jungen Frauen war schwanger). Ich langweilte mich nicht, nein, es war schlimmer: Ich fühlte mich ausgestoßen. Bis mich eine der Frauen mit Unschuldsmiene fragte: »Was ist mit euch beiden? Wie viele Kinder wollt ihr denn?« »Drei oder vier, wenn es nach ihm ginge, mir würden schon zwei reichen«, ließ ich sie wissen, dankte Gott für meine Geistesgegenwart, aber verließ die Küche, um eine Szene zu vermeiden. Ich war es nicht gewohnt, mich widerstandslos provozieren zu lassen. »Vielleicht kann ich mich bei den Jungs nützlicher machen«, so meine Abschiedsworte.

Mein Freund blühte bei seinen Kumpels auf. Er lachte, sprühte vor Witz und Selbstsicherheit. Fast wie ein Fremder. Natürlich entging ihm (im Unterschied zu mir), dass wir pausenlos beäugt wurden, dass jede unserer Berührungen registriert wurde.

Dies waren seine Freunde – aber nicht meine Welt. Niemals. Aber ich gab mir alle, wirklich alle Mühe, es niemanden spüren zu lassen. Übte mich fleißig im Small Talk, hörte zu, stellte die richtigen Fragen – wie ich es halt in meinem Beruf gelernt habe.

Er war so zufrieden mit mir, dass er mir noch auf der Heimfahrt versprach, selbst sobald wie möglich eine Party für seine Freunde bei uns zu geben. Lasse ich jetzt auch nur den Hauch eines Widerspruchs hören, breche ich ihm das Herz, dachte ich, und riss mich zusammen.

»Super Abend ...« seufzte er selig.

Und ich fragte: »Was haben deine Freunde über mich gesagt?«

»Dass du nett bist!«

Immerhin. Aber: »Das war alles?«

»Na ja, und gut erhalten.« Toll, das war meine antike Kommode auch.

Ich hätte wetten können, dass die Freundinnen seiner Freunde nach dieser Party eine Hilfsaktion starteten, um für »den Armen« eine passende Freundin aufzutreiben.

Als wir uns einmal stritten, weil ich mich weigerte, noch einmal zu seinen Freunden mitzukommen, da ich voraussehen konnte, dass ich ihm diesmal den Abend verderben würde, schrie er mich an: »Nur weil du älter bist, musst du nicht immer alles besser wissen!«

»Wissen? Bestimmt nicht, aber ich habe mehr Erfahrungen als du und deine Kumpels zusammen.« Das war zwar wahr, aber in dieser Situation wohl ein Fehler. Ich hatte zum ersten Mal etwas wie Überlegenheit demonstriert. Seine Freunde standen am Anfang ihres Lebens – ich mitten drin. Wo stand er? Dazwischen, wo denn sonst.

Und so hatten wir den Schlamassel: Seine Freunde machten sich Sorgen um ihn, meine um mich. Zwei Parallelwelten. Seine Freunde waren irritiert, weil sie mich, eine ältere, sprich: erfahrenere Frau kaum beeindrucken, geschweige denn mich wie »die Kleine vom Wolfgang« behandeln konnten. Meine Bekannten kamen nie über das Wetter als Gesprächsthema hinaus: »Der hat ja eh keine Meinung.«

Seine Freunde rieten ihm: »Junge, mach das Beste draus ...« Meine Freundinnen meinten: »Genieß es, so lange er knackig ist, aber pass nur auf, dass er nicht an dein Geld kommt.« (Als ob ich Geld gehabt hätte!)

Nein, direkten Druck, endlich Schluss zu machen, gab es nicht. Aber im Laufe der Zeit wurde er von seinen Freunden immer seltener zu den gemeinsamen Partys eingeladen und ich gab meine »Salons« für meine Freunde auf. Es wurde leerer um uns.

Man kann das eine Zeit lang aushalten, indem man näher zusammenrückt. Aber auf die Dauer ist das Wegbrechen von sozialen Kontakten schwer zu verwinden, weil auch die Nähe, die mal das Schönste auf der Welt war, plötzlich mit einem Beigeschmack von »Notlösung« belegt wird.

Aber erst einmal sind wir zusammengezogen und wollten mit einem Kraftakt gegen die programmierte Isolation angehen. Mit einem Gartenfest für alle Freunde. Sie kamen auch, alle. Aber vermischten sich nicht. Meine Bekannten saßen schön separiert an einem Tisch, seine an einem anderen. Gut, das mag auch an Unterschieden in puncto Herkunft und Bildungsstand gelegen haben, dennoch denke ich, dass Gleichaltrige solche »Standesunterschiede« entspannter betrachtet hätten.

Es machte mich krank. Heute glaube ich, dass ich während dieses Festes angefangen habe, »uns« aufzugeben: Ein positives soziales Netz, das die Stabilität unserer Liebesbeziehung stützen würde, würde es nie geben. Seine wie meine »besten Freunde« warteten doch nur darauf, dass dieser Unsinn endlich ein Ende haben würde.

Unsere Zweisamkeit begann bösartig zu wuchern. In den Momenten der Ohnmacht, als ich zugeben musste, dass wir es nicht schaffen würden, die anderen von uns zu überzeugen, fragte ich mich immer wieder, wieso sich die postfeministische Gesellschaft so gar nicht mit dem Gedanken anfreunden kann, dass eine ältere Frau und ein junger Mann aus einem einzigen Grund zusammen sind: aus Liebe.

Warum Sex kein Alter kennt

Ich kann einem 30 Jahre jüngeren Mann erst jetzt geben, was ihm keine junge Frau geben kann«, erklärte die 76-jährige Doris Lessing. Was ist es wohl, was sie zu geben hatte? Straffe Haut und wallende Locken wohl kaum, eher tollen Sex. Zwölf Jahre später, mit 88, erhielt die britische Schriftstellerin den Nobelpreis für Literatur. In der Begründung der Akademie heißt es, sie sei eine »Epikerin weiblicher Erfahrung« – da kann man doch davon ausgehen, dass sie weiß, wovon sie spricht, wenn sie behauptet: »Es gibt junge Männer, die dafür sterben würden, mit einer alten Frau ins Bett zu gehen.«

Sie selbst hatte nach ihrer zweiten Scheidung und als dreifache Mutter viele, »meist zermürbende Liebschaften«, u. a. mit Nelson Algren (wir erinnern uns, dass ihm zehn Jahre zuvor schon eine andere Ikone des Feminismus, Simone de Beauvoir, den ersten Orgasmus ihres Lebens verdankte).

Was genau eine Frau »im Herbst des Lebens« einem Jüngeren bieten kann, was sie empfindet, schildert Doris Lessing mit mitreißender Offenheit und Leichtigkeit in ihrem Alterswerk *Und wieder die Liebe.* Da verliebt sich ihre 65-jährige Protagonistin Sarah mit der Energie eines Teenagers in den 26-jährigen Bill, bedrängt ihn aber nicht, sondern umhüllt ihn mit einer Großmut und Toleranz, die eine Jüngere nicht geben könnte – nicht aus Böswilligkeit, sondern weil sie selbst noch reift: »Das Wesen der Liebe ist es, den Partner nicht verändern zu wollen«, heißt es, »aber die Gesellschaft ist noch lange nicht bereit, das zu akzeptieren.« Vor allem, wenn es um Sex geht.

Und das, obwohl das Thema an sich ja schon lange und in fast allen Variationen kein Tabu mehr ist. Dennoch können sich viele Mitbürger nicht vorstellen, dass sexuelle Lust im Alter nicht nachlässt: Sie erlischt nicht, sobald die Haut welkt, die Backen hängen und der Bauch Falten wirft. Vor allem nicht bei Frauen: »Ich habe einige Männer geliebt, und sehr viel mehr haben mich geliebt, aber erst mit sechsundsiebzig Jahren hatte ich meinen ersten Orgasmus. Ungeachtet meiner Abenteuer oder Liebschaften habe ich dieses Alter erreichen müssen, damit ein zwanzigjähriger Junge mich lehrte, dass eine Frau den Liebesakt auch auf andere als die unterwürfige Art erleben kann«, schreibt Claire Goll (1890–1977), die Witwe des Dichters Yvan Goll, in ihrer Biografie *Ich verzeihe keinem*. Auch Benoîte Groult (Jahrgang 1920) bringt es in ihrem Bestseller *Salz auf unserer Haut* auf den Punkt: »Mein Hormon heißt ›Ich liebe dich.‹ (...) Keine Verfallserscheinung konnte mich deprimieren, solange Gauvain mich begehrte.«

Und die von mir interviewte Ingrid, 56 Jahre alt und Hausfrau, seit sechs Jahren mit Ulrich (38, Lkw-Fahrer) liiert, erzählt: »An der Seite meines Exmannes fühlte ich mich lebendig begraben, der war emotional tot, mit seiner Arbeit verheiratet. Und im Bett lief auch nichts mehr. Als ich ihm unauffällig eine Packung Viagra, die ich im Internet bestellt hatte, auf seinen Nachttisch legte, ist er total ausgeflippt und wurde handgreiflich. Da habe ich beschlossen, mich scheiden zu lassen, obwohl wir drei Söhne haben. Ich war mit meinen 50 Jahren zwar schon in den Wechseljahren, aber noch lange nicht die Mumie, für die er mich hielt.«

Ich könnte noch etliche solcher Zeugnisse anführen, aber vielleicht überzeugen bereits die hier versammelten Stimmen. Ältere Frauen sind nicht asexuell, im Gegenteil. Das Alter kann zu einer Chance werden, ihre Sexualität nach ehelichen »Dienstjahren« am Gatten als autonome Personen zu genießen:

Die 71-jährige Erzieherin Ulrike, die als junge Frau einen 21 Jahre älteren Mann geheiratet hatte, nennt die 16 Jahre, die sie mit dem 53-jährigen Kai verbrachte die »sexuelle Primetime meines Lebens«: »Je länger wir zusammen waren, umso besser wurde es. Vielleicht, weil ich mich freier fühlte, mich gehen ließ, und wir keine Mühe scheuten, allerlei auszuprobieren.«

Die kinderlose Krankenschwester Tina (49), die seit zehn Jahren mit dem Heilpraktiker Heinrich (30) zusammenlebt, beantwortet spontan die Frage danach, welche Rolle Sex in ihrer Beziehung spielt: »Eine ganz große. Wir haben regelmäßig Sex – das war mit Heinrichs Vorgänger, der zwölf Jahre älter war als ich, anders! –, was keineswegs normal ist, weil man mir vor zwei Jahren die Gebärmutter entfernte und ich mich danach ein bisschen wie ›Frau light‹ fühlte. Aber ich trage seitdem ein Hormonpflaster – und im Bett ist es einfach wunderschön. Und falls mir jemand dumm kommt, weil ich mit einem Jüngeren lebe, dann sage ich: Nun, ich beherrsche das Kamasutra aus dem Effeff! Mein Exmann weiß nicht einmal, wie man es buchstabiert!«

Das Spiel der Hormone

Es ist in der Tat so, dass ein Mann den Gipfel seiner sexuellen Fähigkeit mit Mitte 30 erreicht, die Frau jedoch etwa mit 40, bestätigen die Endokrinologen. Während die Frau also ihre sexuelle Blütezeit erlebt, lässt seine Potenz nach, weil sein in die Jahre gekommener Körper geringere Mengen des Männlichkeitshormons Testosteron produziert. Seine Potenz wird schwächer und mit weiter zunehmendem Alter oft noch zusätzlich durch Altersdiabetes oder Herz-Kreislauf-Probleme beeinträchtigt. Auch Medikamente oder Psychopharmaka mindern das Stehvermögen. Dazu kommt die Versagensangst: Die Panik bremst die Potenz.

Der jüngere Mann aber kann sich also nichts Besseres wünschen, als eine Frau, die sich in puncto Sexualität von der östrogen- zur testosteronbetonten hin entwickelt, obwohl die landläufige Überzeugung dem widerspricht. Die Wechseljahre machen keine Frau frigide und lustlos, im Gegenteil.

Ingrid, Ulrike und Tina sind keine Ausnahmen. Wohlgemerkt: Heute. Im Mittelalter wären sie mit Sicherheit als »männerfressende Hexen« auf dem Scheiterhaufen gelandet. Weil Frauen nämlich im Bett (im Unterschied zu ihren Partnern) immer »können«, entsteht der Verdacht, dass sie auch sonst, z.B. bei der Arbeit, mehr können könnten. Da Sex im Allgemeinen mit Lebenskraft und Leistung identifiziert wird, deswegen musste ihre Lebenskraft dämonisiert und sie als Hexe abgestempelt werden, um die scheinbar gottgegebene Ordnung zu bewahren.

Wie wuchtig die unterschwellige Panik der Männer vor der sexuellen Kraft einer reifen, selbstbestimmten Frau sein kann, lassen die folgenden beiden literarischen Männerstimmen erkennen:

Der Philosoph Arthur Schopenhauer urteilt in seiner *Metaphysik der Geschlechtsliebe* unmissverständlich: »Die oberste, unsere Wahl und Neigung leitende Rücksicht ist das ALTER. Im Ganzen lassen wir es gelten vor den Jahren der eintretenden bis zu denen der aufhörenden Menstruation, geben jedoch der Periode vom achtzehnten bis achtundzwanzigsten Jahre entschieden den Vorzug. Außerhalb jener Jahre hingegen kann kein Weib uns reizen: Ein altes, d.h. nicht mehr menstruierendes Weib erregt unseren Abscheu. Jugend ohne Schönheit hat immer noch Reiz: Schönheit ohne Jugend keinen«. Sex nach der Menopause, so geht aus dem Buch hervor, sei nicht von Gott gewollt.

Auch der Schriftsteller Thomas Mann (1875–1955) beschreibt 1953 die Menopause in seiner Erzählung *Die Betrogene* als das »Erlöschen ihrer physischen Weiblichkeit« und die »die stockend dorrende Rückbildung ihres Weibtums«.

Seine Heldin Rosalie (der weibliche Gegenpart des vornehm alternden Gustav Aschenbach im *Tod in Venedig*) hat diese Haltung verinnerlicht, wie folgendes Zitat verdeutlicht: »Wenn es uns nicht mehr geht nach der Weiber Weise, dann sind wir eben kein Weib mehr, sondern nur noch die vertrocknete Hülle von einem solchen, verbraucht, untauglich, ausgeschieden aus der Natur (...) wenn wir fünfzig sind, da sind wir ausgedient, da erlischt unsere Fähigkeit zu gebären, und vor der Natur sind wir bloß noch Gerümpel.«

Dennoch liebt und begehrt Rosalie mit aller Kraft ihrer Seele den jüngeren Ken Keaton.

Was Hexen und Yoko-Frauen verbindet

Eine Frau – gleich welchen Alters – zu beleidigen, ist einfach, man muss sie lediglich eine »alte Hexe« nennen. Vivienne Westwood, Gala Dalí, Barbra Streisand, Leni Riefenstahl und Madonna haben genau das erdulden müssen. Dabei verbirgt sich in dieser Bezeichnung nicht nur die Furcht, sondern auch die Ehrfurcht vor der Macht einer Frau. Das Angstobjekt männlicher Feindseligkeit konnte schließlich alles und jeden »verhexen«.
Warum aber sind die meisten der rund 100.000 Menschen, die zwischen 1450 und 1750 auf Europas Scheiterhaufen verbrannt wurden, weiblich gewesen? Weil sie, so die Kirchenlehre, als Evas Töchter moralisch ungefestigter und anfälliger für die Versuchung des Teufels sind als Männer. Der Dominikaner Heinrich Kramer, der 1486 in Speyer seine Gebrauchsanweisung für den Umgang mit diesen Weibern, den »Hexenhammer« (»Malleus Maleficarum«), veröffentlichte, unterstellt Frauen nicht nur Charakterschwäche, intellektuelle Unterlegenheit und Aberglauben, sondern auch sexuelle Leidenschaftlichkeit. Kramer war überzeugt, dass »alle Hexerei von der fleischlichen Lust kommt, die bei Frauen unersättlich ist.« Dass die Frau sexuell passiv sei, ist demnach eine Vorstellung, die sich erst im 18. Jahrhundert durchsetzt, denn bis dahin galten die Frauen im christlichen Europa als der sinnlichere und sexuell zügellosere Teil der Menschheit: »Fleischeslust galt als ein Hauptmotiv der Hexerei«, schreibt Brian P. Levack in seinem Standardwerk »Hexenjagd«, und weiter: »das Bild von der alten, sexbesessenen Hexe spiegelt eine tiefe männliche Furcht vor der sexuell erfahrenen und sexuell unabhängigen Frau. Die junge Frau mochte noch so lustbegierig sein, sie galt vor der Heirat, durch die sie dann unter die strenge Kontrolle ihres Mannes geriet, als sexuell unerfahren. Sehr viel bedrohlicher erschien die sexuell erfahrene, reife Frau.« Auch Yoko-Frauen sagt man nach, sie seien beherrscht von sexueller Begierde? Wohlgemerkt: »Ehrbare Matronen sind der fleischlichen Begierde wenig ausgesetzt« (»Hexenhammer«).

Aber es gibt noch mehr Parallelen: Die Hexe ist eine mächtige Frau – auch der älteren Frau wird unterstellt, sie besitze in der Beziehung mit einem jüngeren Mann die Entscheidungsgewalt.
Darüber hinaus waren Hexen wie die Yoko-Frauen oft finanziell unabhängige, wohlhabende Frauen mit starker Persönlichkeit – verunglimpft als böse, »scharfzüngige, streitsüchtige und zänkische Weiber«. Obwohl Frauen doch zu schweigen hatten. Außerdem waren sie meist alleinstehend und galten daher als ideale Beute des Fürsten der Finsternis.
Die kirchlichen Gerichte und ihre Protokolle zeigen, dass Hexen verdächtigt wurden, gegen die moralischen Grundregeln verstoßen zu haben, weil sie z. B. den Gottesdienst nicht besucht, die Sonntagsruhe nicht eingehalten, geflucht, uneheliche Kinder in die Welt gesetzt oder öffentlich über sexuelle Themen gesprochen hatten. »Ganz sicher hatten sie ein einer Frau nicht angemessenes Verhalten an den Tag gelegt und versäumt, auf ihren guten Ruf zu achten« (Brian P. Levack). Ebenso die Ältere, die einen Jüngeren liebt. Eine Hexe war meistens kinderlos – wie nicht wenige Yoko-Frauen. Kurz: Hexen waren Nonkonformistinnen. Wie die Yoko-Frauen. Eine latente Bedrohung für die etablierte Ordnung und Machthierarchie. In den Hexenprozessen von Salem wurden 1692 dann auch diejenigen Hexen am strengsten bestraft, die sich weigerten, die Autorität des Gerichts anzuerkennen.

Sex im Alter? Schlicht ein Muss!

Warum? Weil Sex gesund ist. »Es ist erwiesen, dass sexuelle Aktivität das Leben verlängert«, sagt Oswald Kolle, »durch sie wird eine Vielzahl von Glückshormonen ausgeschüttet. Untersuchungen zeigen, dass Menschen, die regelmäßig Orgasmen haben, weniger gefährdet sind, einen Herzinfarkt zu bekommen. Auch die Haut bleibt straffer … Und, davon bin ich überzeugt: Sex ist das beste Mittel gegen Altersdepressionen.«

Sex – ein Anti-Aging-Mittel und natürlicher Schlankmacher? Wirksamer als das teuerste Trimm-dich-Gerät? Wieso nicht? Diverse Studien haben bewiesen, dass beim lustvollen Sex Kalorien verbrannt werden und der Körper Fett abbaut, die Haut durchblutet, das Bindegewebe gestärkt wird und sich die Elastizität erhöht. Auch das Gehirn wird besser durchblutet, man kann sich »danach« besser konzentrieren. Muskeln werden aufgebaut und die Seele freut sich. Der Höhepunkt kurbelt die Hormonproduktion an, das Immunsystem wird gestärkt. Wie beim Nordic Walking oder beim Pillen-schlucken, nur dass Sex mehr Spaß macht als körperliche Ertüchtigung beim Pflichttraining.

Aber: Nur wenn sich Opa mit Sex gesund hält, schmunzeln die Mitmenschen. Lässt sich dagegen Oma gehen, schämt man sich für sie.

Schon Fürstin Pauline Metternich (1836–1921), die Gattin des vormärzlichen österreichischen Staatskanzlers sah das offenbar anders. Gefragt, wie lange im Leben die Frau nach der körperlichen Liebe verlange, sagte sie: »Mich dürfen Sie nicht fragen, ich bin erst sechzig Jahre alt.«

Immerhin ist das Thema Sex im Alter mittlerweile in Talkshows und Gesundheitsmagazinen angekommen. Der phänomenale Film »Wolke 9« über ein Seniorenehepaar, bei dem die Frau eine Affäre hat, erhielt beim Filmfestival in Cannes Standing Ovations. Flächendeckend verbreitet hat sich die Diskussion darüber freilich noch nicht – weil nicht Sexualität, aber das Alter nach wie vor ein Tabu ist.

Eine Emnid-Umfrage vom März 2008, in der 500 Frauen zwischen 50 und 65 Jahren nach ihrer Selbstwahrnehmung befragt wurden, widerlegt jedenfalls eindeutig das Bild von der asexuellen älteren Frau: 49 Prozent der Frauen finden sich attraktiver, 38 Prozent verführerischer, 34 Prozent sinnlicher als mit 30, 38 Prozent flirten gern, 52 Prozent empfinden mehr Genuss beim Sex, 92 Prozent haben mehr Selbstbewusstsein als früher. Aber: 42 Prozent spüren eine gesellschaftliche Missbilligung ihrer Gefühle und Bedürfnisse!

Fazit: Die Frau ab 40 erlebt eine Harmonie von Körper und Seele wie nie zuvor.

»Entdecke die Möglichkeiten« lautet das Motto dieser Lebenszeit.

Die britische Starkolumnistin Julie Burchill brachte es auf den Punkt, nachdem sie einen 13 Jahre jüngeren Mann geheiratet hatte:

»Zeigen Sie mir eine alte Mieze, verheiratet mit einem jungen Mann, und ich zeige Ihnen jemanden, der nie Kopfschmerzen kriegt.«

Dummerweise ist es (frei nach Albert Einstein) schwieriger, ein Klischee loszuwerden, als die Relativitätsformel zu entdecken.

Woher aber kommt die geschlossene Abwehr?

Vielleicht geht es auch hier wieder ums Aussehen. Ältere Menschen, besonders Frauen und besonders in unbekleidetem Zustand, gelten als hässlich. Und Hässliche sollen ihre Finger vom Sex lassen. Sex ist ein Privileg der Jungen.

Darüber hinaus mag manche dieses Liebesverhältnis an eine inzestuöse Mutter-Sohn-Beziehung erinnern. Außerdem spukt in unserem Unbewussten vermutlich immer noch die jahrhundertelang von der Kirche geförderte Vorstellung, dass Fruchtbarkeit und Sexualität eine Einheit bilden. Bei einer Yoko-Verbindung geht es aber nicht primär ums Kinderkriegen.

Während die Frau eines Tages ganz genau weiß, dass sie keine Kinder mehr bekommen kann, ist der Mann zeugungsfähig (und damit »sexwürdig«) ad ultimo. Je älter der Papa, umso stolzer präsentiert er den Nachwuchs. Er erstrahlt in seiner Männlichkeit, beansprucht und erhält Respekt und Applaus. Charlie Chaplin wurde 1919 erstmals Vater. Sein elftes Kind erblickte 1962 das Licht der Welt. Da war er 73 und seine dritte Frau Oona 36 Jahre alt: »Solange ich Oona habe, die sich um mich kümmert, und die Kinder, die mich inspirieren, kann ich nicht alt werden und nichts kann mir etwas anhaben«, sagte er in einem Interview anlässlich seines siebzigsten Geburtstages. Picasso wurde mit 65 Jahren Vater seiner Tochter Paloma, Anthony Quinn war bei der Geburt seines letzten Kindes gar 81 Jahre alt. Als Franz Beckenbauer mit 59 einmal mehr Vater wurde, hört die Welt ihn schwärmen: »Es gibt nichts Schöneres, als einem Menschen das Leben zu schenken.« Heidi Burmester ist seine dritte Frau, 21 Jahre jünger als er.

Nur am Rande sei allerdings erwähnt: Alte Väter werden sowohl beneidet als auch verurteilt: 54 Prozent der im Jahr 2006 befragten Deutschen fanden es peinlich, wenn Männer jenseits der 70 Väter werden. 78 Prozent halten es für unverantwortlich gegenüber dem Kind. Und aktuelle Studien belegen, dass auch ein hohes Alter des Vaters ein erhöhtes gesundheitliches Risiko für das Kind bedeuten kann.

Das Yoko-Paar und die Kinder

Das Thema Kinder beschäftigt viele Yoko-Paare sehr.

Kai, der 53-jährige Lebensgefährte der 71-jährigen Ulrike, hat sie vor einiger Zeit nach 16 gemeinsamen Jahren verlassen. Um eine 30 Jahre jüngere Thailänderin zu heiraten, mit der er jetzt zwei Töchter hat: »Und dann wollte er auch noch, dass ich mich auf eine Dreierbeziehung einlasse: Ich kann doch mit ihr über nichts reden, hieß es. Aber nein, das konnte ich nicht. Offensichtlich gärte in ihm die ganzen Jahre ein Nachholbedarf, dabei kam er nicht einmal mit seinem Sohn aus erster Ehe klar, da musste ich oft vermitteln. Ich bin immer noch verletzt, fühle mich aber auch irgendwie befreit.«

Gisela (38) und Kai (26) möchten unbedingt ein gemeinsames Kind, obwohl sie bereits zwei eigene aus ihrer ersten Ehe hat: »Das gehört dazu. Das ist ein verkörpertes Jawort. Ich hoffe, dass es endlich klappt, wir haben bereits zwei Babys durch Fehlgeburten verloren.«

Anne (42) und Björn (37) haben eine gemeinsame Tochter: »Geplant war das nicht. Ich hätte danach gerne noch ein Kind gehabt, aber er will kein zweites. Und jetzt will ich auch nicht mehr. Je mehr Kinder, desto weniger Zeit haben wir für uns selbst.«

Lena (39) und Tobias (29) möchten beide keine Kinder haben.

Lisas (66) Ehemann (56) »ist ein unglaublich rührender Stiefvater, das war und ist ein riesiger mentaler und beruflicher Gewinn für mich. Und mein Sohn respektiert ihn, weil er versteht, wie wichtig Sven für mich ist.«

Man sieht: Von einer Patchworkfamilie bis hin zur bewussten Kinderlosigkeit sind alle Konstellationen möglich (wie auch bei den »normalen« Paaren). Trotzdem macht sich manchmal die Tatsache bemerkbar, dass sie älter ist als er.

Wenn sie bereits Mutter ist, wird sie sich fragen (müssen), wie gut – und ob überhaupt – ihr Jüngerer die Vaterrolle übernehmen kann: »Seine drei Kinder sind zwölf, 14 und 18 Jahre alt, ich habe drei Söhne, von 20 bis 27 Jahren, das heißt, mein Ältester ist gerade mal elf Jahre jünger als Ulrich«, erzählt Ingrid (56).

Bringt er eigene Kinder in die Yoko-Beziehung, wird sie die »klassische« Stiefmutter, und der Altersunterschied macht es nicht einfacher.

Sollte nur einer der beiden sich ein Kind wünschen, kann dieser Wunsch zur Feuerprobe für ihre Liebe werden, da die Zeit in gewisser HInsicht gegen das Paar arbeitet. Wenn ihre biologische Uhr bereits lauter tickt, während er noch nicht an die Familiengründung denkt – dann hilft nur eines: Klartext, aber mit Fingerspitzengefühl. Wenn sie ihm verständlich gemacht hat, warum ein Kind für sie wichtig ist, und ihn seine Furcht vor den Einschränkungen seiner Freiheit, der Verantwortung für ein Lebewesen, und davor, ihre Liebe mit einem »Unbekannten« zu teilen, immer noch hindern, Vater zu werden (»Nicht jetzt, später vielleicht!«), dann wird es schwer. Denn dann steht sie vor der Wahl: Kinderlos bleiben oder Partner wechseln.

Eine Frau hingegen, die kein Baby mehr kriegen kann, hat vielleicht ein schlechtes Gewissen (obwohl sie weiß, dass sie keine Schuld trifft), sie fühlt sich wie eine Versagerin, weil sie ihrer weiblichen Pflicht als Zulieferin des menschlichen Fortbestands nicht nachkommt. Außerdem gerät sie unter Druck, aus Angst, ihn deswegen zu verlieren. Sie verkrampft, beginnt vielleicht zu klammern, die Sexualität ist belastet.

Er spürt, wie sehr es sie bedrückt, zögert aber aus Rücksicht auf ihre Gefühle, seinen Kinderwunsch offen anzusprechen, sodass das Thema heimlich wuchert.

Nun steht er vor der Entscheidung – und trägt die Verantwortung für die Zukunft ihrer Liebe. Er muss sich fragen: Was ist für mich, für meinen Lebensentwurf wichtiger? Ein Kind oder meine Partnerin? Entscheidet er sich für sie, gibt es immer noch einen Plan B: Adoption. Hugh Jackman und Gattin haben ihre beiden Kinder adoptiert, ebenso wie Sharon Stone oder Madonna und ihre jeweiligen Partner, um nur die bekanntesten Bespiele zu nennen.

In Amerika zeichnet sich eine weitere Möglichkeit zur Erfüllung eines Kinderwunsches ab: Leihmütter. Die Angebote häufen sich, die Anzahl der Yoko-Paare, die auf diesem Weg ihren Kinderwunsch verwirklichen wollen, ist fast so hoch wie die der interessierten »normalen« Paare. In Deutschland ist die Vermittlung von Leihmüttern derzeit noch verboten.

Wenn der Kinderwunsch zum Problem wird

Doch ungeachtet dieser Möglichkeiten scheitern viele Yoko-Beziehungen am Kinderwunsch des Mannes, wie ich in Gesprächen mit betroffenen Freundinnen oder Bekannten feststellte. Dies ist der häufigste Trennungsgrund, erst an zweiter Stelle stehen die Vorurteile. »Er hat mich nicht verlassen, weil seine Neue jünger gewesen wäre als ich«, erzählte mir Irene (48), die die elf Jahre mit Peter (35) zu den schönsten ihres Lebens zählt, »sondern weil sie schwanger wurde. Er tauschte das Vaterglück gegen unsere harmonische, tolle Beziehung. Gerecht war das nicht, aber die Natur ist, wie sie ist, jenseits der moralischen Kategorien, die die Menschen aufgestellt haben, nicht wahr?« Das war 2004.

Einige Jahre später rief Irene an und sprudelte vor Glück: Peter kehrte zurück und brachte seine kleine Tochter mit, die Scheidung von seiner Jüngeren läuft.

Seit Irene nun eine überglückliche »Mutter« ist, erfährt auch ihre Yoko-Beziehung zunehmende Akzeptanz, als würde ihnen das Familiendasein eine Art gesellschaftliche Existenzberechtigung verschaffen. Dass man sie auf dem Spielplatz für die Oma seiner Tochter hält, stört keinen von beiden. Die Kleine nennt sie »Momi«, ein Wort, das Peter sich ausgedacht hat.

Als ich schwanger wurde ...

Später erzählte mir eine Schwester, dass er nach der OP fix und alle eine halbe Stunde vor der Tür meines Krankenzimmers gestanden hatte. Warum draußen?

Es ging ja auch so schrecklich schnell: Am Dienstag hatte ich Schmerzen im Unterleib, der Gynäkologe verordnete einen Bluttest. Mittwochmorgen rief eine hysterische Lernschwester an, ich möge mich sofort ins Krankenhaus begeben, ich sei schwanger. Da dies Unsinn sein musste, lackierte ich mir in aller Ruhe die Fingernägel, obwohl mein Freund vor lauter Panik schon wütend wurde.

Im Krankenhaus stand die Diagnose schnell fest: Ich sei schwanger, eine weitere Extrauterina (Außergebärmutterschwangerschaft), neun Jahre nach der Ersten, nach der es geheißen hatte: Keine Kinder, niemals. Das konnte, das wollte ich damals nicht glauben, und habe noch jahrelang mich selbst mit Temperaturmessung und meinen Mann mit perfekt getimtem Geschlechtsverkehr gequält. Ihm war übrigens der Besuch nach der ersten OP peinlich: Ich lag auf einer Entbindungsstation. die anderen Herren streichelten mit einem Finger ihre neugeborenen Babys, während er mit leeren Händen dastand.

Leider konnte ich jetzt die »frohe Botschaft« nicht genießen, da man mich im Sauseschritt in den OP-Saal rollte (es bestand die Gefahr einer Blutvergiftung). Unterwegs schimpfte die Anästhesistin, weil ich lackierte Fingernägel hatte. Zwei Stunden später war ich operiert und der Fast-Vater erledigt.

Zwölf Wochen zuvor hatten wir unseren ersten gemeinsamen Urlaub in Tunesien verbracht. Tagsüber Sonne und scharfer Bikini, nachts Strapse. Tunesien tat Wunder.

Und nun: Schock. Schuldgefühle. Panik: Wird er mich jetzt verlassen? Er betonte zwar immer wieder, keine Kinder haben zu wollen, nachdem ich ihm offenbarte, dass ich keine haben kann. Aber eine Vernunft-Aussage ist etwas anderes, als wenn ein Ungeborenes tatsächlich verloren geht.

Er kam täglich, scherzte ob der misslungenen »Gemeinschaftsproduktion«, berichtete darüber, dass eine Frau auch ohne Eierstöcke Kinder bekommen hatte, und machte sich konkrete Gedanken über eine Adoption ... und dann sprach er erstmals über unsere gemeinsame Zukunft: Er wollte ein Haus bauen, einen Teich voller Goldfische im Garten anlegen. Für uns.

Ich hörte ihm zu und begann, mich innerlich von ihm zu verabschieden. Zentimeterweise. Kein Goldfisch kann ein Baby ersetzen. Er ist in einem Haus voller Kinder und Freunde aufgewachsen. Unser Haus würde leer bleiben. Hätte sich unser Baby »richtig« und nicht auswärts eingenistet, hätten wir es trotz Altersunterschied irgendwie geschafft, uns in der Welt der »normalen« Paare zurechtzufinden. Das Elterndasein stiftet Solidarität: Ich hätte mit jungen Müttern in Vorzimmern über die Qualität der Windeln diskutiert, er mit seinen Kumpels Baumhäuser gebaut. Ich hätte erfragt, welcher Kindersitz fürs Auto der Beste ist, er um einen Kita-Platz gekämpft. Vorbei.

Dennoch war ich in diesen Tagen im Krankenhaus sicher, noch nie im Leben eine Beziehung gehabt zu haben, in der ich mich so wohl, so frei und zugleich so aufgehoben gefühlt hatte. Er stand zu mir, obwohl er ahnen musste, dass sein Lebensplan mit mir nicht zu erfüllen wäre.

Ich hatte Schmerzen. Er aber litt an seiner Seele und versuchte geradezu heroisch, es vor mir zu verheimlichen, um mich aufbauen zu können. Und da wurde mir klar, dass unsere Zukunft ähnlich ausfallen würde: Ich würde früher oder später von irgendeinem der Alterswehwechen befallen werden, er würde mich trösten und pflegen, mir Kamillentee kochen, eine Wärmeflasche auf den Bauch legen, mich tragen ... War es das, was ich wollte? War es das, was er »verdiente«?

Wenn es nicht ums Geld geht

Die Lady mit zu viel Schminke und teurem Hut sitzt entspannt am Schreibtisch und füllt gönnerhaft einen Scheck aus. Der junge Mann liegt noch leicht ermattet im Bett und sieht wortlos zu ... Es bedarf keiner weiteren Worte, um zu verstehen, was es mit dem Paar in dieser Filmszene aus »Frühstück bei Tiffany« auf sich hat: Der erfolglose Schriftsteller Paul (George Peppard) lässt sich von der Society-Lady Ms. Thalanson (Patricia Neal) aushalten. Man ist leicht angewidert, erduldet die Szene aber, da man als Zuschauer schon lange ahnt: Er liebt nicht die Alte, sondern ist, Gott sei Dank, in die Richtige verknallt, sprich: in das bezaubernde Playgirl Holly Golightly (Audrey Hepburn), die von ihren älteren Begleitern schon mal 50 Dollar »für die Toilette« nimmt. Letzteres scheint vollkommen normal zu sein, aber das Verhalten des ambitionierten Autors gilt als widernatürlich – weil seine Geliebte sichtbar älter ist. Und reicher. Das macht ihn zum bezahlten Dienstleister in Sachen Liebe. Zum Gigolo. Obwohl auch dagegen nichts einzuwenden ist, man bezahlt ja Männer auch durchaus für Schlimmeres ...

Bitter, aber wahr: Eigentlich schwebt ein Gigoloschatten über fast jedem Mann, der eine deutlich Ältere liebt. Zahlreiche Filme fördern dieses Image: »Schöner Gigolo, armer Gigolo« mit David Bowie, »American Gigolo« mit dem knackigen Richard Gere, »Chérie« mit Rupert Friend (»Schenk mit Deine Perlenkette«, fordert er seine ältere Geliebte auf, »sie steht mir genauso gut wir dir! Wahrscheinlich sogar besser!«). Da aber Filme als Vermittler von Werten einen beachtlichen Einfluss haben, und ebenso wie Märchen oder Mythen ein Navigationssystem der Seele sind, belastet der Gigoloverdacht fast jede Yoko-Beziehung, selbst wenn er finanziell unabhängig ist oder gar betuchter als seine Lebensgefährtin.

Wieso?

Wer älter ist, hat Macht

Der Grund dafür ist einfach: Wer Geld hat, hat Macht. Und wer Macht hat, verfügt über Kontrolle, dominiert den Ärmeren. Wer aber verfügt i.d.R. über Geld und Macht? Ein Berufseinsteiger oder ein älterer Mensch, der sich im Laufe seines Lebens nicht nur Erfahrungen, sondern auch Status und Entscheidungskompetenz erarbeitet hat? Der junge Bräutigam oder der greise Patriarch? Keine Frage, der Ältere. Das Alter war in Europa (bisher jedenfalls) stets ein Zeichen der Überlegenheit. Und der Überlegene war meist der (ältere) Mann. Schon Eva hört Gott über den zuerst erschaffenen Adam sagen: »Er aber soll herrschen über Dich« (1 M 3,16).

»Eine Frau, die einen Mann wählt, der jünger ist als sie selbst, verletzt eine Grundregel der patriarchalischen Gesellschaft. Bis vor ein paar Jahren hatten solche Verbindungen den Beigeschmack des Lotterlebens«, erklärt die Psychologin Ursula Richter. Kein Wunder – bis etwa Ende der Fünfzigerjahre wussten 90 Prozent der Frauen nicht, wie viel ihre Männer verdienen.

Ist er »kastriert«, wenn sie mehr verdient?

»Ich brauchte lange, bis ich verstanden habe, dass es an die Substanz seiner Männlichkeit geht, dass ich mehr verdiene. Und wenn es kracht, lasse ich ihn wissen: Ich bin keine Sparkasse. Das ist dann schlimm – für uns beide«, sagt Irene (48).

Was passiert, wenn der Jüngere kein Gigolo ist, wie der ganz überwiegende Teil der Yoko-Männer, aber dennoch weniger als seine Frau verdient? Das ist eine der »Überlebensfragen« der Yoko-Paare. Ihre Zukunft hängt vor allem davon ab, so meine Erkenntnis, ob sie es schaffen, über dieses »anormale Machtverhältnis« zu sprechen oder nicht.

»Die ersten zwei, drei Jahre bockte Peter total, weigerte sich nicht nur, mit mir übers Geld zu reden, er ließ sich auch nichts schenken, und bestand darauf, alle Rechnungen zu teilen, obwohl ich das Doppelte verdiente«, erinnert sich Ulrike (71). »Das war grausam, ich begann, wie eine Irre zu sparen, kaufte nur das Billigste, hatte ein schlechtes Gewissen, wenn ich mir mal ein teures Kleid kaufte. Und auch er wurde immer mürrischer, gönnte sich nicht einmal ein Bierchen, weil ich doch die Hälfte bezahlen musste. Irre war das. Aber als er dann ablehnte, mit in den Urlaub zu fahren, den ich in einer Tombola gewonnen hatte, drehte ich durch und drohte, ihn zu verlassen. Da war er gesprächsbereit. Und danach gab er sogar vor seinen Kumpels damit an, dass ich gutes Geld nach Hause bringe.«

Obwohl es für jeden nachvollziehbar ist, dass eine 40-Jährige mehr verdient als ihr jüngerer Partner, bringt dieser Umstand die kulturell überlieferte Machthierarchie zwischen Mann und Frau ins Wanken. Und für manche scheint es schwerer zu sein als gedacht, sich von Verhaltensmustern zu lösen, die von Generationen unserer Ahnen gepflegt wurden, erst recht, wenn es ums Geld geht. Denn über Geld redet man nicht ...

Falls sich aber das Yoko-Paar über diese finanzielle »Schieflage« nicht ausspricht, wird es schwierig. Er wird sich zunehmend wie ein Mann zweiter Klasse fühlen; sie wird sauer, weil sie die Rechnungen und die Verantwortung übernehmen muss und er es ihr nicht dankt. So kann das Geld ihre Liebe vergiften.

Noch schwieriger ist es nur, wenn der Jüngere gar nichts verdient. Wenn er sich bereit erklärt, die Hausarbeit zu übernehmen, um ihr den Rücken freizuhalten, muss er gute Nerven haben. Denn einem »Hausmann« wird fast noch weniger Respekt zugestanden als dem bezahlten Liebhaber (der verdient immerhin etwas). Ein Mann, der seiner Partnerin im Bett zur Verfügung steht, ihr Liebe und Zuwendung bietet und »das bisschen Haushalt« auch noch übernimmt, muss ein Weichei sein, so das einhellige Stammtischurteil.

Auch die ältere Besserverdienende wird vom Pauschaldenken ihrer Mitmenschen geplagt. Steigt sie zur Managerin auf, wird ihr Erfolg zwar anerkannt, aber beim Party-Small-Talk fragt man sie trotzdem als Erstes: »Und was ist Ihr Mann vom Beruf?«

Ist der Gatte der Powerfrau ein jüngerer Nobody, dürfte man doch in Zeiten des Jugendwahns immerhin annehmen, dass seine Jugendlichkeit ihr zu weiterem Ansehen verhilft (wie es bei dem Sugardaddy-Paar funktioniert). Dem ist aber nicht so. Seine Jugend ist für ihr Image wertlos, ja, sie schadet eher, kann er doch kein »echter Kerl« sein (mit einer Ausnahme vielleicht: Wenn er Künstler ist, also ein »Exot vom Dienst«).

Lebensqualität zählt mehr als der Kontostand

Insgesamt allerdings, wenn auch manchmal erst nach der Überwindung der Finanzproblematik durch klare Regelungen und offene Gespräche, waren für alle Yoko-Paare, die mir ihr Vertrauen schenkten, immaterielle Werte wichtiger als Geld. Das Wichtigste für sie seien Lust und Kommunikation.

Und das kommt meines Erachtens genau daher, dass das Yoko-Paar um seine Liebe anders kämpfen muss als andere Paare. Es muss sich den Vorurteilen der anderen stellen, muss sich seinen Familien erklären, sich ständig verteidigen. Der Druck von außen ist gerade bei den älteren Paaren oft enorm, Ablehnung und Unverständnis erleben die meisten regelmäßig, selbst bei den besten Freunden. Dieser Kampf zwingt sie, die Werte zu überprüfen, die man ihnen mit der Kinderstube auf den Weg gegeben hat. Sie müssen sich neu orientieren, sich eigene Werteskalen aufstellen.

So sind Yoko-Paare Idealisten, die sich auf Augenhöhe begegnen. Für das Yoko-Paar scheint das schlichte »Sein«, das Zusammen-Sein, wesentlicher zu sein als das »Haben«. Mit dieser Lebensauffassung sind die Yoko-Paare ihrer Zeit weit voraus – und dem humanistischen Ideal des Menschen näher als viele andere. In Zeiten des Umbruchs, wie wir sie heute erleben, sind Menschen, die ihren Partner nicht nach seinem Marktwert, sondern nach seinen Eigenschaften urteilen, Gold wert.

Zugegeben, die Rahmenbedingungen erleichtern diese Haltung: Die Ältere hat meist bereits »alles«: Wohnung, Auto, Haushaltsgeräte. Und sie ist bereit, es zu teilen: »Ich verdiene wirklich deutlich mehr – aber er ist ja auch ein Berufsanfänger, wenn er so alt ist wie ich, sieht die Verdienstsituation bestimmt noch mal anders aus. Wir haben einen Ehevertrag, er zahlt Miete an mich, da die Wohnung mir gehört. Natürlich profitiert er davon, dass ich eine voll ausgestattete Wohnung mit in die Beziehung gebracht hatte, aber er leistet auch immer wieder seine Beiträge. Ich stelle mir gar nicht die Frage, ob da alles ausgeglichen ist. Die Liebe steht über allem«, erklärt Silke (35).

Und da es bei einem Yoko-Paar auch seltener um Familienplanung geht als bei »normalen« Paaren, entsteht auch aus dieser Ecke heraus kein materieller Druck, weil Nachwuchs bekanntermaßen »kostet«. Die Yoko-Liebe läuft selten Gefahr, zur Versorgungsgemeinschaft zu werden.

»Geld spielt für uns gar keine Rolle«, beteuert Ingrid (56). »Mein erster Mann hatte viel geerbt, ich konnte mir damals alles leisten. Jetzt muss ich gucken, dass wir klarkommen, was sich einfacher anhört als es ist, denn [sie lächelt] er trinkt literweise Cola, und das kostet. Wir wohnen einfacher, aber das merke ich eigentlich gar nicht, weil das andere überwiegt. Wir fahren in keinen Luxusurlaub, sondern machen viele Wochenendreisen und wohnen in Jugendherbergen. Aber vor allem reden wir über alle Ausgaben und entscheiden gemeinsam.«

Apropos Zukunft: Da viele Yoko-Paare unterschwellig unsicher sind, ob sie miteinander alt werden, wird nicht langfristig geplant und gespart, vielmehr jetzt und heute das Leben genossen.

Wie haben wir es mit dem Geld geregelt …

In jenen fernen Zeiten, als es noch keine SMS gab, hat man sich Briefe bzw. Zettelchen geschrieben – selbst an Tagen, an denen man sich sah. Ich liebte seine Zettel.

Zum Beispiel: »Vier Monate! Und ich liebe dich immer noch wie am ersten Tag. Wie soll das bloß weitergehen? Auf in den Fünften! Arbeite nicht so viel, mein Schatz.«

Sechs Monate später: »Arbeit, Arbeit, Arbeit. Arbeit und eine arme Katze.« (Ich hatte damals eine Katze, die ich über alles liebte, aber mich vermutlich eher suboptimal um sie kümmerte.)

Zum Zweijährigen überraschte er mich mit einer selbst entworfenen Riesenpostkarte, auf der ein Trapezkünstler mit seinem Gesicht eine Frau auffangen will (mich), die nach seinen Händen greift. Die Überschrift lautete »Waghalsigkeiten am Trapez, Balanceakt zwischen Liebe, Lust und Leid«, die Botschaft: »Jeder Mann kann eine Frau dorthin bringen, wo sie ihn gerne haben möchte.«

Ein halbes Jahr danach, als ich – wieder einmal – später als angesagt nach Hause kam, lag auf dem Küchentisch ein Zettel: »Bohnensalat ist im Kühlschrank«. Keine Unterschrift, kein »Schlaf schön«.

Ein Zettel wie ein Faustschlag. Und wäre ich nicht so k.o. gewesen, hätte ich die Alarmglocken läuten hören müssen. Es war ja folgendermaßen: Da er im Unterschied zu mir geregelte Arbeitszeiten hatte, übernahm er immer öfter »das bisschen Haushalt«. Und ich nahm es als gegeben an.

Wieso? Ich hatte niemals das Bedürfnis, mich »kleiner« zu machen, um auf der gleichen Einkommensstufe mit ihm zu stehen. Ich habe mein Standing und mein Gehalt genossen. Aber gleichzeitig habe ich seine Fantasie bewundert, vor allem, weil sie an Humor gekoppelt war. Er erfand hintergründige Comicstrips, schuf karikaturähnliche Collagen (Schwerpunkt: Bananen) und verstand weit mehr, als man annahm. Sicher, er war jünger, aber kein Loser oder Schwächling, nur weil er kei-

ne Karriere machte – vielleicht sogar nie machen wollte. Kurz: Ich wusste um meinen Wert, habe aber den seinen niemals unterschätzt. Ja, ich habe mehr verdient, aber da er sich nie über seinen Kontostand definierte, nagte das auch nicht an seinem Selbstbewusstsein – und diese Souveränität war Teil seiner Ausstrahlung.

Seit wir zusammen wohnten, gab es Haushaltsgeld, das monatlich aufgefüllt wurde, halbe-halbe. Er verwaltete es. Zum Einkaufen fuhren wir meistens am Samstagvormittag gemeinsam. Auch den Urlaub zahlte jeder selbst. Geld war kein Streitgrund, niemals.

Bei meinem Exmann schon eher, und zwar heftig, vor allem in den Zeiten, als er kein Einkommen hatte und ich allein für alles aufkommen musste. Das war hart. Sein Ego bröckelte und in mir wurde ein Instinkt wachgerüttelt, den ich bislang für mir wesensfremd hielt: der hungrige Wunsch nach einem Ernährer.

Zum fünfjährigen Jubiläum schenkte mir mein Jüngerer ein Fotoalbum mit der Überschrift: »Feuer und Wind«. Auf dem Cover: Er als Rhett Butler aus »Vom Winde verweht«, der mich alias Scarlett aus der Feuersbrunst rettet. Ich bin halb ohnmächtig, er trägt mich auf den Händen. Innen fünf Fotos von jedem von uns – für jedes Jahr eines. Meine Haare wurden immer länger, seine weniger. Meine Karrierekurve ließ er nach oben schnellen, seine nach unten wegbrechen.

Ich lachte, war einmal mehr beeindruckt von der Gelassenheit, mit der er unseren Rollentausch glasklar einschätzte und ohne Bitterkeit akzeptierte (oder irrte ich mich?). Andererseits fragte ich mich, wie schon öfter, wieso »reichte« ihm das? Ich wünschte, ich könnte ihn mit meinem Ehrgeiz infizieren. Je erfolgreicher ich in der Welt da draußen wurde, umso ungeduldiger wurde ich mit ihm, umso mehr ärgerte ich mich über seine Zufriedenheit mit sich und seinen Fantasiewelten.

Ich zappelte offensichtlich in einem Netz aus alten Vorurteilen und Klischees, war nicht dankbar und happy, einen so fantastischen Partner und Mann gefunden zu haben, sondern begann, allergisch auf seine Fürsorge zu reagieren. Je abhängiger ich daheim von ihm wurde, umso aggressiver reagierte ich manchmal auf seine Aufmerksamkeiten: Im

Küchenschrank stand immer ein Wodka, damit ich abends den Kopf ausschalten konnte; er goss meine Pflanzen, besorgte meine geliebten »Angélique«-Filme auf Video. Er bestimmte, was wir am Wochenende machten und was an Feiertagen – einerseits war es so angenehm, daheim nichts entscheiden zu müssen, »verwaltet« zu werden! Dennoch merkte ich, wie schwer es mir fiel, mich von den mir anerzogenen Verhaltensmustern zu lösen. Dienen wollte ich daheim – nicht bedient werden, wenigstens manchmal. Das war keine Frage des Geldes, das jeder von uns nach Hause brachte.

Eine Win-win-Situation – Hauptgewinn für beide

Will you still need me / Will you still feed me / When I'm sixty-four?« Als der Beatle Paul McCartney diesen Song schrieb, war er gerade mal 16 Jahre alt. Und doch stellte er die Gretchenfrage, die jeder Liebende kennt und die einen spätestens dann heimsucht, wenn der Haussegen mal wieder schief hängt: Wirst Du noch da sein, wenn ich alt bin?

Als Kind nervte ich alle Erwachsenen mit der Frage: Was ist das, die Liebe? Bis ich eines Tages ein altes Paar sah, das Händchen hielt und in sich gekehrt eine seltsame, unantastbare Zufriedenheit ausstrahlte. Seitdem glaube ich, dass der Wunsch, mit dem anderen alt zu werden, zum Wesen der Liebe gehört. Wie sagte der Nobelpreisträger Albert Camus? »Einen Menschen zu lieben, heißt einzuwilligen, mit ihm alt zu werden.«

»Wird schon schiefgehen«

Während ein normales Paar schwört, sich zu lieben und zu ehren, »bis dass der Tod euch scheidet«, wird ein Yoko-Paar von Anfang an mit dem Spruch »wird schon schiefgehen« konfrontiert. Man möge sich doch eher auf ein »Glück auf Zeit« statt auf die Ewigkeit einstellen. So muss sich die Ältere den (immerhin gut gemeinten) Rat anhören: Genieße es, so lange es dauert, aber rechne nicht damit, dass er bei dir bleibt.

Und da sie ihre natürlichen Grenzen kennt und sogar selbst das Alter mit nachlassender Attraktivität (»Ich bin alt, also nicht mehr sexy«) assoziiert, begreift sie sich früher oder später selbst als eine lediglich vorübergehende Partnerin, als etwas, das – da alt! – irgendwann von etwas Neuem ersetzt werden wird: »Am Anfang habe ich mir schon manchmal einen Kopf darüber gemacht, ob er mich wohl irgendwann gegen eine Jüngere eintauschen wird«, sagt Verena. Wohlgemerkt, sie ist gerade mal 26, und seit vier Jahren mit dem 21-jährigen Jörg liiert. Wenn Tina mit ihren 49 Jahren es für eine »reale Gefahr« hält, dass Heinrich (30) eines Tages fremdgeht, überrascht das einen dagegen weniger.

Die kollektive Skepsis hinterlässt Spuren, sie nagt an den Wurzeln der Yoko-Liebe. Warum sonst hätte John Lennon für Yoko ein Lied geschrieben, in dem es heißt: »Grow old along with me / The best ist yet to be / When our time has come / We will be as one.« Werde alt mit mir, das Beste kommt doch erst ...

Paul Anka, der kanadische Songschreiber, war gerade mal 16 Jahre alt war, als er erfahren musste, dass seine Mitmenschen seine Liebe nicht für voll nahmen. Er hatte sich in eine 25-Jährige verliebt und schrieb ihr zu Ehren seinen ersten Song, der gleich zum Evergreen wurde: »Diana«: »I'm so young and you're so old / This, my darling, I've been told / I don't care just what they say / Cause forever I will pray / You and I will be as free / As the birds up in the trees / Oh, please stay by me, Diana.« Die Leute sagen, du bist zu alt. Was schert mich das! Ich bete, dass wir so frei bleiben wie die Vögel. Bitte, Diana, verlass mich nicht ...

Auch Psychologen wissen um die zerstörerische Kraft der selffulfilling Prophecy (der sich selbst erfüllenden Prophezeiung): Wer sich selbst als Verlierer sieht, wird auch eines Tages zu einem. Wenn also ein Yoko-Paar die Zweifel an der Dauerhaftigkeit ihrer Beziehung verinnerlicht, sinken auch die Chancen, dass diese hält. Statistiken zufolge liegen die Überlebenschancen einer Yoko-Ehe in Europa im Schnitt bei 13 Jahren. Eine normale Durchschnittsehe hält heutzutage gerade mal 14 Jahre – der Unterschied ist also minimal.

Die Scheidungsrate eines »normalen Paares« beträgt in Deutschland derzeit 38 Prozent (in Großstädten wird jede zweite Normal-Ehe geschieden, nach durchschnittlich drei bis fünf Jahren). Und wie sieht es mit den Yoko-Ehen aus? Geschieden wird lediglich jede Fünfte. Endlich ein Beweis dafür, dass die moderne Alternative zur normalen Ehe den Partnern doch eher mundet? Leider nein. Diese Zahl ist wenig aussagekräftig, denn es gibt derzeit keine verlässlichen Untersuchungen darüber, ob die Yoko-Paare genauso schnell und oft heiraten wie die Normal-Paare.

Aber mal vorausgesetzt, eine Yoko-Ehe wird tatsächlich weniger oft geschieden: Könnte das nicht auch eine positive Folge der »Wird-schon-schiefgehen«-Vorhersage sein? Die Aussicht, sein ganzes Leben miteinander teilen zu »müssen«, kann auch einen psychologischen Druck erzeugen, dem wir als Mitglieder einer schnelllebigen Wegwerfgesellschaft nicht gewachsen sind: Austauschen, ja nicht am alten Ballast hängen, heißt allgemein die Devise.

Fällt der Druck weg, weil ein Paar sowieso nicht so richtig daran glaubt, Hand in Hand grau zu werden, kann es sich intensiver auf das »Jetzt« konzentrieren und die Gegenwart mit allen Sinnen genießen. Das Liebesband ist fest geschnürt, aber es ist keine Fessel. Die allgegenwärtige Skepsis wird zum Freiraum – und das wiederum kann die Zweisamkeit verlängern: »Ich wollte nicht heiraten, weil ich ihm das Gefühl lassen wollte, jederzeit frei genug zu sein, zu gehen. Außerdem mag ich keine Verträge«, berichtet Lisa (66), »aber Sven meinte, würde er tatsächlich abhauen wollen, könnte ihn sowieso nichts daran hindern. Er bestand auf einer Ehe, um allen, vor allem seiner Familie zu zeigen, dass er zu mir steht.« Sie sind mittlerweile seit 30 Jahren verheiratet.

Ulrike (71) erinnert sich: »Ich hätte nie geglaubt, dass ich mit meinem Jüngeren so lange zusammenbleiben würde, nervte ihn mit meinem Misstrauen in eine gemeinsame Zukunft, und wer weiß, vielleicht habe ich ihn irgendwann damit angesteckt«. Ihr Partner hat sie vor drei Jahren verlassen.

Die Angst vor dem Alter und der Einsamkeit

Es ist ja auch unheimlich, was da mit einem passiert: »Aber wie kann das wirklich sein, dass ich die kleine Resi war, und dass ich auch einmal die alte Frau sein werd! Die alte Frau, die alte Marschallin!«, fragt sich die Marschallin in Richard Strauss' Oper »Der Rosenkavalier«, kaum dass sie nach einer Liebesnacht ihren 17-jährigen Geliebten, den Graf Octavian, nach Hause geschickt hat.

Die Marschallin ist sicher, dass sie und Octavian sich »heut' oder morgen oder den übernächsten Tag« trennen werden, also trübt ein Hauch Wehmut (»wird schon schiefgehen«) ihr jetziges Glück. Und sobald sie merkt, dass der Graf für die blutjunge Sophie entflammt, räsoniert sie feinsinnig, aber keineswegs verbittert, über das unaufhaltsame Verrinnen der Zeit:

»Wie macht denn das der liebe Gott? Wo ich doch immer die gleiche bin. Und wenn er's schon so machen muss, warum lässt er mich denn zuschau'n dabei, mit gar so klarem Sinn? Warum versteckt er's nicht vor mir? Das alles ist geheim, so viel geheim. Und man ist dazu da, dass man's ertragt.« Ihr Monolog klingt zart, mit verhaltener Traurigkeit. (Wer die Oper, die 1911 uraufgeführt wurde, kennt, wird verblüfft sein, dass die Marschallin in der Vorstellung des Librettisten Hugo von Hofmannsthal »höchstens zweiunddreißig« ist.)

Das Alter – in der Nachkriegszeit wurde es zum Phantom. Vorbei die Epochen der würdigen Alten, der verehrten Patriarchen, der weisen alten Frauen. Für das Altwerden gab es in der Zeit des Wiederaufbaus keine Zeit mehr. Man musste »ran«. Und das konnten nur die Jungen.

Heute gilt es als taktlos, nach dem Alter zu fragen. Dann doch schon eher: »Was verdienen Sie denn so?«

Vom Alter spricht man heute wie einst die Frommen vom Teufel: Sie nannten den Unaussprechlichen den »Gottseibeiuns«, wir nennen die Alten Senioren, Best Ager, Silver Shopper usw. Schon diese Schönfärberei verrät das infantile Grauen vor dem Altwerden, das doch vom Moment der Zeugung an zum Menschsein gehört. Dabei ist der Jugendkult der Moderne, in welcher Verkleidung auch immer, eine Wette, die der Mensch niemals gewinnen kann.

Denn niemals zuvor wurde eine Generation so alt wie wir: Die Lebenserwartung der Frauen in Europa liegt im Schnitt bei 80 Jahren, die der Männer bei 74.

Die meisten Alten sind also schon heute Frauen, Tendenz steigend. Und als Witwen bleiben sie allein, da vor allem im höheren Alter ein Mangel an potenziellen Partnern herrscht.

Alt zu sein ist manchmal schlimm genug. Aber alt und einsam? Schlimmer geht es kaum. Dabei ist das eine fast unvermeidliche Situation für eine Frau in einer normalen Ehe. Die Ältere in einem Yoko-Paar hat schon eher Chancen, im Alter nicht allein zu sein – vorausgesetzt, »es geht nicht schief« mit den beiden.

Wie das Yoko-Paar das Alter entdämonisiert

Ich behaupte: Wir müssen unseren Umgang mit dem Alter ändern.

Einfach ist das nicht, aber die Yoko-Paare können einen entscheidenden Beitrag dazu leisten. Sie befreien das Bild des alternden Menschen von Selbsthass und lähmender Furcht. Sie entgiften das Altwerden, indem sie es vom Brandmahl der Nutzlosigkeit befreien.

Das Yoko-Paar trotzt der Konsummentalität, die einem stets etwas Neues, »Junges« als Ersatz für das »alte Zeugs« (seien es Klamotten, Möbel, unser Körper oder gar ein Partner) aufdrängt. Es bezwingt den Jugendwahn, der durch Werbung und Medien in unser Bewusstsein transportiert wird, weil es beweist, dass auch ältere Menschen attraktiv und sexy sein können – und liebenswert sowieso.

Welche Frau verliebt sich in einen Jüngeren?

Ulrike ist Erzieherin, Lisa Ärztin, Ingrid Hausfrau, Lena Sekretärin, Anne Marketingexpertin, Verena Studentin, Irene Redakteurin, Gisela Unternehmerin, Silke Rechtsanwältin. Die Älteste dieser Yoko-Frauen ist 71, die Jüngste 26. Soll heißen: Weder der Beruf, der Bildungsstand, die finanzielle Ausstattung noch das Alter schützen vor dem Charme des »Prinzen«.

Eine Yoko-Frau ist nicht unbedingt schöner als ihre Freundinnen, die mit einem älteren Mann leben, aber sie hat eine andere Ausstrahlung: »Ich bin mir nicht sicher, ob ich gut aussehe. Aber ich strahle wohl etwas aus, was wichtiger ist als die Falten, hat er mir sogar schriftlich gegeben«, sagt Ingrid (56). Auch Lisa (66) ist überzeugt: »Du kannst gegen die Zeit nicht gewinnen, da bin ich schon ein wenig resigniert. Aber ich denke, dass Sven an mir von Anfang an etwas anderes als eine Topfigur mochte – die ich eh nie hatte. Meine Ausstrahlung. Und die altert nicht, nicht wahr?«

Es scheint, dass die Ältere mit sich im Reinen ist. Sie mag sich, wie sie ist, (auch) weil er sie liebt.

Außerdem hat sie meistens bereits Karriere gemacht und schon ein Beziehungsleben hinter sich, ist also sowohl psychisch als auch finanziell unabhängiger als jüngere Frauen. Sie weiß ziemlich genau, was sie will und was nicht, lässt sich nichts mehr vormachen. Und weil sie es sich leisten kann, hat sie beschlossen, dass es an der Zeit ist, an sich selbst zu denken.

Dennoch fällt der Älteren die Entscheidung für einen Jüngeren meist nicht leicht. Man ist ja auf diese Partnerschaft nicht vorbereitet worden, dafür gibt es weder Kleingedrucktes noch einen Knigge.

Am Anfang wagt so manche Yoko-Frau gar nicht, den anderen das Alter des Neuen zu verraten. Doch die Haut prickelt, die Seele taumelt – ein Prinz hat sie geküsst. Das vitalisiert bislang verdrängte Talente und verwandelt die Yoko-Liebe (erst einmal) in eine Jungbrunnen-Dusche (kein Vollbad). Man muss neuen Mut aufbringen, über sich hinauswachsen, sich ändern. Das kostet Kraft, aber das Ergebnis kann sich sehen lassen.

Natürlich eckt es an. So manche altgediente Gattin erblasst vor Neid, denn sie wagt es nicht einmal im Traum, sich einzugestehen, dass auch sie es gerne mal mit einem Prinzen ausprobieren würde. Heimlich und anonym versteht sich.

Was eine Yoko-Frau also sucht, ist ein Mann, der zu einer wirklich partnerschaftlichen Beziehung fähig ist, ein gleichberechtigter Partner, der mehr will, als zur Arbeit zu gehen und vor dem Fernseher zu sitzen – wie leider allzu oft der Ältere. »Seit ich Kai kenne, gibt es für mich endlich so etwas wie Lebensqualität, Privatleben. Mein Ex-Mann war 18 Jahre älter und 24 Stunden am Tag im Dienst. Ich glaube, er hat gar nicht wahrgenommen, dass unsere Zwillinge in die Schule kamen«, berichtet Gisela (38).

Silke (35), die zwei Beziehungen hinter sich hat, mit einem wesentlich älteren und einem gleichaltrigen Mann, sagt: »Obwohl beide Männer die Beziehung wollten, konnten sie sich nicht auf das Partnerschaftliche, auf den anderen einlassen oder Kompromisse eingehen. Keiner war je auch nur annähernd so perfekt, so mitreißend wie der jetzige.«

Die Yoko-Frau sucht nach Männern, die nicht nach einem festgelegten Schema leben, sondern noch für vieles offen sind. Sie will einen Mann, der ihre Seele anspricht, mit dem sie träumen, das Leben genießen und Neues entdecken kann.

Irene (48) erzählt: »Streit gibt es kaum, aber Diskussionen, reichlich. Das ist ja das Tolle: Wir reden miteinander. Das ist das Wichtigste für mich. Reden, über alles, das darf nicht aufhören, wenn man nicht mehr redet, ist es aus. Das konnte ich mit meinem Ex nie. Er hatte das Wort, immer und unwidersprochen. Irgendwann verstummte ich dann.«

Und Tina (49) erinnert sich: »Wir pflegen unsere Neugierde auf Neues! Das habe ich bei meinem ersten Mann sehr vermisst, der schien schon alles zu wissen, gesehen, erlebt zu haben.«

Man würde gerne glauben, dass nach Dekaden, in denen die Frauenrechtlerinnen für die Gleichberechtigung auf die Barrikaden zogen, der Mann als Macho ein Auslaufmodell sei. Dem ist nicht so. Dabei leiden die Älteren unter ihnen quasi als Generation an einer Identitätskrise, sie schwächeln, beklagen sich verstärkt über Burn-out-Syndrom, Depressionen und Impotenz. Der ältere Versorger wird müd' und müder, will daheim lediglich »seine Ruhe«, »entspannen«, nicht mehr (zu viel) reden bzw. im Bett (auch noch!) gefordert werden.

Welcher Mann verliebt sich in eine Ältere?

Nicht alle Yoko-Männer sind »Prinzen«, aber fast alle näher dran als der ältere Partner.

Ein Jüngerer erwartet weniger und gibt zugleich mehr. Er erzwingt nichts, möchte vielmehr die Welt gemeinsam mit ihr erobern und erforschen. Was ihn auszeichnet, ist weniger Selbstüberschätzung und mehr geistige Substanz. Der Mann ist zwar manchmal verunsichert, hat dafür aber auch weniger Altlasten. Das ist zumindest meine Erfahrung.

Ein Mann, der zu seiner Liebe zu einer reiferen Frau steht, verzichtet auf anhimmelnde Blicke und sucht Augenhöhe. Er braucht keine Dekaden an Erfahrungs- und Machtvorsprung, um sich selbst männlich genug zu fühlen.

Bleibt die Frage, wieso auch immer mehr junge Männer es vorziehen, ihr Leben mit einer Älteren zu teilen als vor noch 20, 30 Jahren.

Vielleicht ganz einfach, weil es heute möglich ist? Weil die Grenzen zwischen den Generationen allgemein durchlässiger werden und es schöne, intelligente, geheimnisvolle, tolle Frauen in jeder Altersgruppe gibt. Man begegnet ihnen jederzeit und überall – auf der Arbeit oder bei der Freizeitgestaltung. Wie sollte man es da verhindern können, sich in eine von ihnen zu verlieben?

Um allerdings ganz ehrlich zu sein: Eine Yoko-Beziehung ist für einen Mann schließlich auch bequemer als das Zusammensein mit einer Jüngeren. Die Ältere schultert ihm keine Verantwortung auf, sorgt sich und unterstützt ihn, fordert und »fördert« ihn, falls er es wünscht und zulässt.

Sie kostet das viel Kraft, je länger das Paar zusammen ist, desto mehr: »Um ehrlich zu sein, manchmal bin ich müde, weil ich nicht auch daheim diejenige sein möchte, die die Entscheidungen trifft. Sehne mich manchmal nach jemanden, der sagt, wo es lang geht. Macht er nie«, konstatiert Lisa (66) nach 30 Ehejahren mit Sven. Und auch Tina (49), die »erst« seit zehn Jahren mit Heinrich verheiratet ist, gesteht: »Meinem Jüngeren werfe ich mangelnden Ehrgeiz und beruflichen Einsatz vor, ihm reicht, was er erreicht hat. Aber auch darüber reden wir, das ist wichtig. Manchmal fürchte ich, der Jüngere delegiert alle Verantwortung auf dich. Ein Älterer gibt Sicherheit in allen Lebenslagen. Der Preis dafür ist: Er bevormundet dich.«

Während eine Jüngere oder gleichaltrige Freundin möglicherweise ans Kinderkriegen denkt und einen Versorger für die Familie braucht, kann man sich an der Seite einer Älteren Zeit lassen, Pflichten und Verantwortung als (Ehe-)Mann zu übernehmen. Und im Falle einer Trennung muss »man« nicht zahlen. Das entlastet.

Und beide profitieren

Wenn sich eine Ältere und ein Jüngerer ineinander verlieben, gleicht ihre Beziehung einer Reise ins Unbekannte, denn es gibt für sie keine erprobten, von der Gesellschaft geduldeten Rollen, keine »Navigationssysteme«. Aber gerade der »Mangel« an Verhaltensmustern sorgt für mehr Spielraum, mehr Selbstbestimmung und dadurch für eine echte Partnerschaft.

Der Jüngere (oft) mit weniger Altlasten, die Ältere (meistens) jenseits von Konventionen – diese Kombination ist die Voraussetzung dafür, dass beide konventionelle Rollenmuster verlassen können, die für viele andere Paare nach wie vor im Alltag gelten.

Wir leben in einer Zeit, in der klar abgegrenzte Lebensphasen verwischen, Flexibilität und unaufhörliche Weiterbildung unumgänglich sind. Während er von ihrer Lebenserfahrung profitiert, findet sie über ihn vielleicht ganz selbstverständlich den Zugang zu den jeweils neuen technischen Errungenschaften und anderen Perspektiven, die sonst vielleicht an ihr vorbeigegangen wären. Beide verlassen die Wissensgrenzen ihrer Generationen – und erweitern ihre Horizonte.

Kurz: Eine Yoko-Beziehung ist eine Win-win-Situation.

Ich möchte für noch mehr Toleranz gegenüber den Yoko-Paaren plädieren. Dafür, dass weniger starre Lebensvorstellungen jüngeren

Männern und älteren Frauen erlauben, sich zu lieben, ohne dass man hinter ihrem Rücken vielsagende Blicke austauscht.

Allein, weil sie uns allen vorleben, dass man das Alter ohne Furcht akzeptieren kann, können sie stolz sein. Ebenso wie darauf, Vorboten einer humaneren Gesellschaft zu sein, für die immaterielle Werte auf der Prioritätenskala ganz oben stehen.

Übrigens: Neulich traf ich in Berlin eine Freundin (eine sehr erfolgreiche Medienfrau) deren einziger 28-jähriger Sohn sich nach mehreren Affären mit Jüngeren in eine um 17 Jahre ältere Frau verliebt hat. Sie ist verzweifelt, hat ihm sogar (nicht ganz ernsthaft) angedroht, ihn zu enterben und baut für ihn eine Etage ihres Hauses in eine Anliegerwohnung um, damit »er weiß, wo er zu Hause ist, er kommt ja kaum noch, ist ständig bei ihr«. Sie weigert sich, die Partnerin ihres Freundes kennenzulernen, und hofft, dass er bald »genug von ihr haben wird«.

Als ich ihr von diesem Buch erzählte, wollte sie wissen, wie es wohl mit den beiden weitergehen würde. Ich fing zögerlich an: »Das hängt davon ab, ob er Vater werden möchte oder nicht ...«, und wurde prompt, fast triumphierend unterbrochen: »Sag ich doch: Die kann bestimmt keine mehr haben und ich will endlich Enkelkinder!« Als ich erwähnte, dass es für ihn die wertvollste, beglückendste Beziehung seines Lebens werden könnte, wurde sie zornig – auf mich: »Du wirst ihn doch nicht noch ermutigen wollen, bei dieser Frau zu bleiben!«

Also begann ich, zu erzählen. Von Dalí, Brahms, Napoleon und Balzac. Ich zitierte Goethe: »Du Einzige, die ich so lieben kann, ohne dass mich's plagt«. Sie wurde nachdenklich: »Das sagt er auch, dass er nur bei ihr so sein kann, wie er ist, dass ich keine Ahnung habe, wer er in Wirklichkeit ist!«

Ich hakte nach: »Meint er nicht auch, dass sie das Beste in ihm aufdeckt, reifen lässt?« Das ging dann vermutlich doch zu weit. Sie, immerhin eine Frau von Welt, lachte: »Ich verfluche dein Buch!« Auch dies war nicht (ganz) ernst gemeint. Da dachte ich: Ein Grund mehr, der dafür spricht, es geschrieben zu haben.

Mein Dilemma im siebten Jahr

Im siebten Jahr war's aus. Ich bekam ein tolles Jobangebot in einer anderen Stadt und unsere Beziehung war für mich kein Grund, darauf zu verzichten. Dennoch wäre es zu einfach, die Schuld an der Trennung meiner Karrierelust zu geben. Klar bin ich ein Workaholic, aber der war ich schon immer. Und der Altersunterschied war ebenso wenig schuld, da bin ich mir ziemlich sicher.

Na gut, da gab es eine jüngere »Kollegin«, mit der er gesichtet wurde. Aber vielleicht war ich zu eingebildet, um mich beunruhigen zu lassen. Was konnte sie ihm schon bieten außer – vielleicht! – weniger Lachfalten? Zuhören, Reden, Streiten über Gott und die Welt? Dabei ist es doch eigentlich fast immer »die Jüngere«, die dir deinen Mann nimmt. Mein Gott, was habe ich gelitten, als mein (älterer!) Mann von ranken Mädels umschwirrt wurde, die auf eine Statistenrolle in einem seiner Filme hofften!

Ich glaube, ich hatte an der Seite meines Jüngeren keine Panik vor der jüngeren Konkurrenz, weil ich »wusste«, dass er mich eines Tages eh deswegen sitzen lassen würde. Das war so unvermeidlich wie die Sonnenfinsternis bei Nacht. Nur: Wäre es wirklich dazu gekommen, hätte dies mein weibliches Selbstbewusstsein sicherlich zerschmettert. In seinen Armen fühlte ich mich schließlich so jung! Mit einer Trennung hätte sich wohl das kalendarische gegen das gefühlte Alter durchgesetzt. Dann hätte ich so alt sein müssen, wie ich bin. Und das musste ich vermeiden!

Warum also ging es schief?

Er war sehr oft allein. Da fing er an, zu verlangen, dass ich mich endlich »normalisieren« und meine Frauenpflichten übernehmen sollte. Putzen, Kochen, ihn bespaßen. Eines Tages schrieb er mir einen Brief: »... das tägliche Allerlei. Kochen, Einkaufen etc. Am Anfang habe ich es gerne getan, aber dann wurde es immer lästiger, zu warten, bis Du nach Hause kamst. Ich bekam das typische Hausfrauen-Syndrom. Vor allem als Du behauptet hast, das wäre alles eine Kleinigkeit. Du hast alles immer gerne mir überlassen.«

Er entfernte sich innerlich von mir und glitt dabei ein Stück weit in die typische Herr-im-Haus-Rolle. Eines Tages bestand er (nicht mehr wirklich nüchtern) auf Sex. Da bekam ich Panik, dass er früher oder später wie mein verstorbener Mann werden würde. Aber das war mit mir nicht mehr zu machen.

Je praller mein Terminkalender, umso weniger Gemeinsamkeiten gab es. Mein Job führte mich in Promikreise. Wenn er als meine Begleitung mitkam, fühlte ich mich zunehmend unwohl. Er wollte genießen, ich war da, um zu arbeiten. Er störte.

Außerdem erwartete ich von ihm das Gleiche wie von mir: Erfolg. Ich konnte ihm nicht verzeihen, dass er keine Bestätigung von außen brauchte, um zu wissen, was er kann. Unsere Lebenswelten drifteten weiter auseinander.

Wir sprachen kaum noch. »Liebst du mich eigentlich?«, wollte ich wissen und erntete Stille. Sex und Schweigen, mehr war nicht. Nein, ich habe um diese Liebe nicht gekämpft. Um die Liebe meines Mannes hingegen schon, wie eine Besessene. Nur weil ich damals jünger war?

Also bin ich ausgezogen, obwohl ich ihn noch liebte.

Rückblickend denke ich, dass er mir an menschlichen Qualitäten überlegen war: Während ich mich vom Sog meiner Arbeit (die mir vor allem wahnsinnig viel Spaß machte) ergreifen ließ, blieb er bei sich. Wollte nicht »mehr«, ich hingegen war gierig nach Wettbewerb, nach Aufgaben jenseits der Routine, nach (warum lügen?) Erfolg und dem Respekt der Kollegen.

Zwei Jahre nach meinem Auszug kam ein Brief: »Du bist allein. Ich bin allein. Warum muss das so sein? So bleibt uns nur noch die Arbeit und viel Geld …«

Hätten wir beide eine echte Chance gehabt, miteinander alt zu werden?

Ich glaube nicht. Ich würde mich lieber umbringen, als irgendjemandem, schon gar nicht dem Liebsten, zur Last zu werden. Ich hätte es niemals zugelassen, dass er mich aus dem Rollstuhl hebt, sollte ich eines Tages aus eigener Kraft nicht mehr aufstehen können. Selbst auf die Gefahr hin, später allein zu sein.

Als mein Mann schwer krank wurde, wusch ich ihn. Mich sollte keiner außer mir waschen. Komischer Stolz.

Ich glaube fast, mein Jüngerer wäre dazu bereit gewesen, mich zu pflegen. Aber ich sah mich schon als klapprige Alte: zänkisch, launisch und vielleicht auch noch senil ... Das war doch keine Zukunftsperspektive für ihn. Ich bin geflüchtet, weil ich beschlossen hatte, das sei das Beste für ihn. War das nicht edel und großmütig? Oder hätte ich ihn fragen sollen, ob er mitkommen möchte nach Berlin? Er wäre eh nicht mitgegangen, redete ich mir immer wieder ein, wenn mich in einsamen Nächten die Sehnsucht nach ihm wach hielt. Doch von wegen Großmut! Ich wollte mich schützen, vor dem Schmerz des Verlassenwerdens. Was, wenn es mit der »Kollegin« doch ernster war als gedacht?

Ich bin sicher, Wolfgang war das Beste für mich. Ich aber wollte etwas anderes. Einen Mann zum Aufschauen, nicht auf Augenhöhe. Ich war nicht mutig und emanzipiert genug für ihn. Als Frau wollte und will ich eine starke Schulter zum Anlehnen und weniger Eigenverantwortung. Oder sollte ich sagen: Ich halte an den konventionellen Rollenbildern fest, die man mir in der Kinderstube einimpfte? Einerseits ja.

Andererseits: Ich blieb allein, weil ich mir nach meinem Jüngeren nicht mehr vorstellen kann, mit einem älteren Mann, mit Viagra in Griffweite, ins Bett zu steigen. Mit einem Mann, bei dem man erst einmal Schichten von Altlasten abtragen müsste, um das Menschliche in ihm ans Licht zu bringen. Dem man gehorchen, den man umsorgen muss, statt von ihm mitgerissen zu werden.

Ja, ich widerspreche mir. Aber hat man einmal vom »Besten« gekostet, ist man für immer »verdorben« und gibt sich kaum mit weniger zufrieden: Für Candace Bushnell, Agatha Christie, Diana de Poitiers, Tina Turner, Rosa Luxemburg, Leni Riefenstahl und viele andere war oder ist der Jüngere ihr (zumindest bislang) letzter Partner. Als wären wir von unseren Prinzen verhext ...

Ich glaube, die meisten Frauen, die eine Zeit lang mit einem Jüngeren gelebt haben, wissen, wovon ich rede, und kennen diese Sehnsucht nach einem Partner, der dich das real existierende Alter vergessen lässt, der deine vom Frust und Stress längst verschütteten Träume wachküsst, der den Alltag mit Leichtigkeit füllt und dich mit seiner Liebe lebendig macht.

Das letzte Wort gehört meinem Jüngeren

Ich war, nein, ich bin älter. Hat dich das nicht gestört?
Dass du älter bist, wurde mir eigentlich erst klar, als du gefragt hast, ob du nicht zu alt für mich bist. Man hat es dir nicht angesehen, wenn du gut zurechtgemacht warst. Für mich war das kein Thema.

Nicht einmal, als deine Mutter dich fragte, ob dich mein Alter nicht stören würde?
Nein. Ich war schon als ganz junger Mann davon überzeugt, dass die beste Zeit der Frau die zwischen 35 und 45 Jahren ist. Da hat sie bereits ihre Erfahrungen gesammelt, hat zu sich gefunden, ist voll erblüht, interessiert sich für mehr als nur für sich selbst. Die jungen Mädchen haben doch nur Klamotten im Kopf, legen Wert auf Äußerlichkeiten, weil man es ihnen im Fernsehen und in den Klatschspalten als erstrebenswert suggeriert. Aber bei dir ging es auch darum, was du dargestellt hattest, und das hat das Thema Alter überstrahlt.

Und du hast dich tatsächlich von meinem »Status« beeindrucken lassen?
Du warst in erster Linie eine Exotin, ein Papagei. Jeder im Verlag hat über dich geredet. Du wusstest auch, dich darzustellen, hattest das Drehbuch für »Tag der Idioten« geschrieben, der Film erhielt den Bundesfilmpreis. Außerdem bist du anfangs mehr auf mich zugegangen als dann ich später auf dich. Es war dir wichtig, mich zu beeindrucken. [Er lacht.] Nicht zu vergessen, du warst auch eine schöne Frau, hast wilde Klamotten und unsägliche Ohrringe getragen, die man schon von Weitem klimpern hörte, und der Sex in der Mittagspause war auch etwas Feines!

Und das war wirklich alles? Sex, Klamotten, Erfolg? Was ist mit meinen berühmten inneren Werten?
Falls du meinst, dass du schwierig bist als Mensch, dann kann ich

nur sagen, dass ich mir leider immer schwierige Frauen gesucht habe, weil man dadurch mehr gefordert wird und das macht das Leben interessanter. Intellektuell standen wir auf gleicher Stufe, also konnten wir uns super unterhalten. Ich habe in dir mehr als alle anderen gesehen: Du warst ja am Anfang, aber ich wusste, dass du Karriere machen wirst.

Also war ich für dich so etwas wie ein Sprungbrett?
Nein, du warst in erster Linie ein Abenteuer. Vielleicht eine Tür zu einer anderen Welt, der Welt der Kulturmacher und auch der Münchner Schickeria, auf die ich neugierig war, aber die dann so gar nicht die meine war, wie ich bald feststellen konnte. Ich bin ja in einem kleinbürgerlichen Dorf aufgewachsen, wo das Leben so ablief, wie es mir meine Eltern vorgelebt hatten: Heiraten, Kinderkriegen, Haus bauen. Du warst für mich die Chance, etwas Neues kennenzulernen. Ich war ja auch ein »Exot« in der Familie, weil ich etwas »Künstlerisches«, also Brotloses studierte und nicht Lehrer, Banker, Ingenieur oder dergleichen werden wollte. Ich wollte gegen die traditionellen Lebensweisen ankämpfen, aus dem Konventionellen ausbrechen – und du bist im richtigen Augenblick aufgetaucht und hast mir geholfen, meine eigenen Lebensvorstellungen zu verwirklichen.

Hast du jemals wirklich an eine gemeinsame Zukunft geglaubt?
Doch, ja. Nach ein bis zwei Jahren war das für mich eine reale Perspektive. Aber dir war deine Karriere wichtiger. Du warst wie getrieben, warst ständig auf der Suche nach der nächsten »Story« – und da bist du hängen geblieben und ich an dir. Ich habe immer versucht, dir den Rücken freizuhalten, Lösungen für deine Probleme gesucht, aber das wusstest du nicht zu würdigen. Das ist schlimm für einen Mann.

Welche Probleme zum Beispiel?
Dass du dich nicht so schonungslos in die Sonne knallst, das macht die Haut nun wirklich alt. Oder die Art und Weise, wie du mit deinem

Geld umgegangen bist. Du hattest keinen richtigen Bezug dazu, vermutlich, weil du in einem sozialistischen Land aufgewachsen bist.

Hat es dich nicht gestört, dass ich mehr verdiente als du?
Ich fand es nicht ungerecht. Wenn man im Verlag glaubte, dass du dein Gehalt wert warst, war es für mich kein Problem.

Es heißt, wer mehr Geld hat, dominiert den anderen ...
Nicht bei uns. Ich habe es ja daheim erlebt: Meine Mutter war der Chef im Haus, sehr dominant, hatte alles im Griff: die Familie, den Betrieb, ihren Mann. Also war mir absolut klar, was meine Künftige nicht sein darf: dominant. Du hast am Anfang versucht, mich herumzukommandieren, aber bist nicht sehr weit damit gekommen. Außerdem hast du schnell begriffen, dass es dir gut tut, bei mir zur Ruhe zu kommen.

Gab es eine Situation, wo du gesagt hast: Das war's, jetzt mag ich nicht mehr weiter?
Ja, die Nacht, als du um zehn von der Redaktion aus angerufen hast, und sagtest, du würdest jetzt losfahren, aber warst um zwei noch nicht daheim. Ich habe die Polizei und Krankenhäuser angerufen, ob es einen Unfall mit einem weißen Nissan gab. Und als du dann erschienen bist, hast du nicht verstanden, warum ich wütend auf dich war. Seit dieser Nacht hatte ich keine Lust mehr aufs Warten, von da an war alles anders. Danach habe ich dich ja auch dazu gedrängt, auszuziehen.

Und – gibt es auch die eine oder andere schöne Erinnerung?
Das Schönste war unser Urlaub in Disneyworld in Florida. Dir hat die Disney-Welt nichts gesagt, aber du bist dennoch mitgekommen. Für mich war das Kreativgenie Walt Disney ein Idol, seinetwegen habe ich schließlich Design studiert. Und die »Jungle Cruise«, das Geisterhaus oder »Pirates of the Caribbean« live zu erleben, das war einer meiner Kindheitsträume ... Wir sind mit der ersten Fähre im Morgendunst hingefahren, standen auf dem Deck und als die Silhouette des »Magic

Mountain« auftauchte, da habe ich dir verziehen, dass du drei Tage zuvor in New York meinen Geburtstag vergessen hast.

Warst du »nach mir« verliebt?
Ich hatte einige Freundinnen, die längste Beziehung dauerte vier Jahre.

Warum hast du nicht geheiratet?
Die einzige Frau, die ich heiraten wollte, mit der ich Kinder haben wollte, hat leider nicht so viel Geduld gehabt wie ich mit dir. Der Heiratsantrag kam zu spät. Und im Moment ist es so, dass die Frauen, die ich kennenlerne, bereits einiges hinter sich haben, meist gerade in Scheidung leben und so verbittert über ihre Exmänner sprechen, dass der Wunsch, ihr »Nachfolger« zu werden, gar nicht erst entsteht. Auch gehören Frauen, die bereits fünf Kinder von drei verschiedenen Vätern haben, nicht unbedingt zu meinen Wunschkandidatinnen. (Er lacht.) Aber das Casting für »Wolfgang sucht die Traumfrau« geht weiter.

Wolfgang Baumann ist Diplom-Kommunikationsdesigner, im Moment wieder Single und lebt in einer Kleinstadt bei München. Dieses Gespräch fand im Juni 2009 statt.

ZUM WEITERSCHAUEN ...

»Liebelei« (1933, Regie: Max Ophüls) mit Magda Schneider, Wolf Liebeneiner; (1958, Regie: Pierre Gaspard-Huit) mit Romy Schneider und Alain Delon. Literaturvorlage: Arthur Schnitzler.

»Der römische Frühling der Mrs. Stone« (1950, Regie: José Quintero) mit Vivien Leigh, Warren Beatty und Coral Browne. Literaturvorlage: Tennesse Williams.

»Boulevard der Dämmerung« (1950, Regie: Billy Wilder) mit William Holden und Gloria Swanson.

»Les Amants« (1958, Regie: Louis Male) mit Jeanne Moreau und Jean-Marc Bory.

»Der Mann in der Schlangenhaut« (1959, Regie: Sidney Lumet) mit Marlon Brando, Anna Magnani und Maureen Stapleton. Literaturvorlage: Tennessee Williams.

»Lieben Sie Brahms?« (1961, Regie: Anatol Litvak) mit Ingrid Bergman, Anthony Perkins und Yves Montand. Literaturvorlage: Francoise Sagan.

»Alfie« (1966, Regie: Lewis Gilbert) mit Michael Caine und Vivien Merchant. Das Remake »Der Verführer lässt schön grüßen« (2004, Regie: Charles Shyer) mit Jude Law und Susan Sarandon.

Der Kultfilm: »Die Reifeprüfung« (1967, Regie: Mike Nichols) mit Dustin Hoffman und Anne Bancroft.

Der Klassiker: »Harold und Maude« (1971, Regie: Hal Ashby) mit Bud Cort und Ruth Gordon. Im Original-Trailer ist eine Liebesszene zwischen beiden zu sehen, die für die Kinofassung herausgeschnitten wurde.

»Schöner Gigolo, armer Gigolo« (1978, Regie: David Hemmings) mit Kim Novak, David Bowie und Sydney Rome.

»American Gigolo« (1979, Regie: Paul Schrader) mit Richard Gere und Lauren Hutton.

»Liebe einen Sommer lang« (1982, Regie: Steven Hilliard Stern) mit Yvette Mimieux und Andrew Stevens.

»Die Skorpionfrau« (1988, Regie: Susanne Zanke) mit Angelica Domröse und Fritz Hammel.

»Ich begehre deinen Sohn« (1996, Regie: Christopher Leitch) mit Brian Austin Green und Sharon Lawrence.

»Diese Liebe« (2001, Regie: Josée Dayan) mit Jeanne Moreau und Ayméric Demarigny. Literaturvorlage: Marguerite Duras und Yann Andrèa)

»Was das Herz begehrt« (2003, Regie: Nancy Meyers) mit Diane Keaton, Keanu Reeves und Jack Nicholson.

»Couchgeflüster – Die erste therapeutische Liebeskomödie« (2005, Regie: Ben Younger) mit Uma Thurman, Bryan Grennberg und Meryl Streep.

»Die Entdeckung der Currywurst« (2007, Regie: Ulla Wagner) mit Barbara Sukowa, Alexander Khuon. Literaturvorlage: Uwe Timm.

»Der Vorleser« (2008, Regie: Stephen Daldry) mit Kate Winslet, David Kross und Raplh Fiennes. Literaturvorlage: Bernhard Schlink.

»Chéri« (2009, Regie: Stephen Frears) mit Michelle Pfeiffer und Rupert Friend. Literaturvorlage: Colette.

ZUM WEITERLESEN ...

Ingeborg Bachmann: »Drei Wege zum See« (1972)
Honoré de Balzac: »Die Lilie im Tal« (1835)
Honoré de Balzac: »Die alte Jungfer« (1844)
Elia Barcelo: »Das Rätsel der Masken« (2006)
Bert Brecht: »Die unwürdige Greisin« (1939)
Candace Bushnell: »Lipstick Jungle« (2006)
Truman Capote: »Frühstück bei Tiffany« (1950)
Catull: »Liebesgedichte an Lesbia« (1. Jahrhundert vor Christi)
Colette: »Chéri« (1920)
Anne Cumming: »Spätsommernächte« (1983)
Hans Magnus Enzensberger: »Josefine und ich« (2007)

Henry Fielding: »Tom Jones« (1749)
Grobian Gans: »Die Ducks – Psychogramm einer Sitte« (1972)
Hermann Hesse: »Demian – die Geschichte von
Emil Sinclairs Jugend« (1919)
John Irving: »Witwe für ein Jahr« (1998)
Elfride Jelinek: »Begierde und Fahrerlaubnis« (1986)
Doris Lessing: »Und wieder die Liebe« (1996)
Thomas Mann: »Die Betrogene« (1953)
Thomas Mann: »Joseph und seine Brüder« (1943)
Terry McMillan: »Männer sind die halbe Miete« (1996)
Maria Nurowska: »Der russische Geliebte« (1996)
Francoise Sagan: »Lieben Sie Brahms?« (1959)
Bernhard Schlink: »Der Vorleser« (1995)
Arthur Schnitzler: »Frau Beate und ihr Sohn« (1913)
Johannes Mario Simmel: »Liebe ist nur ein Wort« (1963)
Christina Stead: »For Love Alone« (1944)
Stendhal: »Rot und Schwarz« (1830)
Alain Claude Sulzer: »Privatstunden« (2008)
Leopold von Sacher-Masoch: »Venus im Pelz« (1870)
Katharine Weber: »Der Liebhaber unserer Mutter« (2003)
Tennesse Williams: »Der römische Frühling der Mrs. Stone« (1950)

ZUM REINHÖREN ...

Paul Anka: »Diana«
»Die Ärzte«: »Ommaboy«
Millie Jackson: »Young Man, Older Woman«
Noel Coward: »Mad About the Boy«
Paul McCartney: »When I'm Sixty-Four«
Sheryl Crow: »Strong enough«
John Lennon: »Grow Old With Me«
Richard Strauss »Der Rosenkavalier«

DIE AUTORIN

Dana Horáková studierte in Prag und New York Philosophie und wurde 1971 promoviert. Sie zählte zum Freundeskreis des Dramatikers und späteren tschechischen Staatspräsidenten Václac Havel. Nachdem sie sich für eine Änderung der politischen Verhältnisse in der Tschechoslowakei engagiert hatte, musste sie 1979 das Land verlassen. Fortan arbeitete sie in München und Berlin als Autorin, Journalistin und Kulturredakteurin für die »Bild-Zeitung« und die »Bunte«. Von 2000 bis 2001 war sie als stellvertretende Chefredakteurin für die »Welt am Sonntag« tätig, bevor sie 2002 in die Politik wechselte und bis 2004 das Amt der Kultursenatorin in Hamburg bekleidete. Dana Horáková hat bereits mehrere Bücher veröffentlicht.

BILDNACHWEIS

action press: 79, 85, 119
akg-images: akg-images 37, 58, 59, 128; akg-images / Erich Lessing 113
dpa Picture-Alliance: picture-alliance / dpa 99; picture-alliance / Helga Lade Fotoagentur GmbH, Ger ©; Rainer Binder / Helga Lade 133; picture-alliance / Newscom 67; picture-alliance / KPA / TopFoto 28
Keystone Pressedienst: Topham Picturepoint / Keystone 53
Laif – Agentur für Photos und Reportagen: Keystone France / laif 141
paris16: 75
Rosa-Luxemburg-Stiftung: 125
Süddeutsche Zeitung Photo: Süddeutsche Zeitung Photo / Rue des Archives 36; Süddeutsche Zeitung Photo / SSPL / National Media Museum 91

ZABERT SANDMANN

Thomas Multhaup
Von einem, der da ist, wenn die Seele Trauer trägt
ISBN 978-3-89883-240-3
160 Seiten, 16,95 [D], 17,50 [A], 30,90 sFr

Hildegard Hamm-Brücher/Norbert Schreiber (Hg.)
»Demokratie, das sind wir alle«
Zeitzeugen berichten
ISBN 978-3-89883-231-1
232 Seiten, 19,95 [D], 20,60 [A], 35,90 sFr

Bernhard von Dadelsen (Hg.)
Aufbruch ins Morgenland
Weltreligion Islam: Geschichte, Kultur, Gesellschaft
ISBN 978-3-89883-230-4
232 Seiten, 19,95 [D], 20,60 [A], 35,90 sFr

Maximilian Dorner
Mein Dämon ist ein Stubenhocker
Aus dem Tagebuch eines Behinderten
ISBN 978-3-89883-198-7
168 Seiten, 16,95 [D], 17,50 [A], 30,90 sFr

Susanne Becker
»Mein Traum von mir«
Hoffnungen im letzten Schuljahr – Chancen für danach
ISBN 978-3-89883-247-2
184 Seiten, 16,95 [D], 17,50 [A], 30,90 sFr

Uli & Michael Roth mit Udo Ludwig
Unser Leben – Unsere Krankheit
ISBN 978-3-89883-263-2
184 Seiten, 16,95 [D], 17,50 [A], 30,90 sFr

Johannes Hebebrand/Claus Peter Simon
Irrtum Übergewicht
ISBN 978-3-89883-219-9
249 Seiten, 19,95 [D], 20,60 [A], 35,90 sFr